기독교대안학교 가이드

모든 인간은 하나님의 형상을 닮은 존엄한 존재입니다. 전 세계의 모든 사람들은 인종, 민족, 피부색, 문화, 언어에 관계없이 존귀합니다. 예영커뮤니케이션은 이러한 정신에 근거해 모든 인간이 존귀한 삶을 사는 데 필요한 지식과 문화를 예수 그리스도의 사랑으로 보급함으로써 우리가 속한 사회에 기여하고자 합니다.

기독교학교교육연구신서 8

기독교대안학교 가이드

펴낸 날 · 2012년 8월 20일 | **초판 1쇄 찍은 날** · 2012년 8월 13일
지은이 · 기독교학교교육연구소 | **펴낸이** · 김승태
등록번호 · 제2-1349호(1992. 3. 31) | **펴낸 곳** · 예영커뮤니케이션
주소 · (136-825) 서울시 성북구 성북1동 179-56 | **홈페이지** www.jeyoung.com
출판사업부 · T. (02)766-8931 F. (02)766-8934 e-mail: jeyoung@chol.com
출판유통사업부 · T. (02)766-7912 F. (02)766-8934 e-mail: sales@jeyoung.com

copyright ⓒ 2012, 기독교학교교육연구소
ISBN 978-89-8350-813-3 (04230)
      978-89-8350-572-9 (세트)

값 12,000원

기독교학교교육연구신서 8

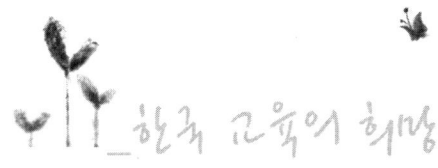

기독교대안학교
가이드

예영커뮤니케이션

서문

'기독교대안학교.' 몇 년 전만 해도 생소한 이름이었는데, 이제는 많은 사람들이 그 존재를 알고 있다. 10여 년 전부터 기독교대안학교가 본격적으로 설립되기 시작하였는데, 최근에 빠른 속도록 확산되고 있다. 교육 본연의 모습을 상실한 공교육에 대한 대안을 모색하되, 기독교적 대안성을 추구하는 기독교대안학교는 기독교교육의 새로운 장이 되고 있다. 기독교교육은 결코 주일 아침에 한 시간 남짓 이루어지는 주일학교 교육만으로는 가능하지 않다. 진정한 기독교교육을 실현할 수 있는 학교 그리고 입시 위주의 왜곡된 교육이 아니라 신앙에 기초한 전인교육을 구현할 수 있는 학교가 바로 기독교대안학교이다. 대부분의 기독교대안학교는 소규모 학교 공동체로서 교사와 학생 간에 인격적인 관계가 형성되어 있다. 기독교적인 교육의지를 지닌 설립자와 기독 교사들이 삶으로 교육하는 학교로서, 신앙과 학업, 예배와 교과가 분리되지 않는 학교이다.

이러한 기독교대안학교가 우리나라에 몇 개교가 있고 그 형태는 어떠한가? 교육이념은 무엇이며, 교육과정은 어떻게 구성되어 있는가? 어떤 교사들이 교육하고 있으며, 그들은 어떤 대우를 받고 있는가? 등록금은 어느 정도이고 교육환경은 어떠한가? 기독교대안학교에 대해 궁금한 것이 많지만 그 현황을 제대로 파악할 수 있는 자료는 찾기가 쉽지 않다. 대부분의 기독교대안학교들이 미인가 형태로 존재하기 때문에 정부가 그 실태를 파악하고 있지 않다. 특히 기독교대안학교에 자녀를 보내고 싶어 하는 부모들은 급증하고 있는데, 기독교대안학교에 대한 정보가 너무 제한되어 있기 때문에 소문이나 지인들의 권유에 근거하여 학교를 선택하는 경우가 많으며, 이로 인해 그 자녀에게 적합한 기독교대안학교를 다니지 못하는 경우들이 발생하게 된다. 뿐만 아니라 기독교대안학교들도 서로에 대해서 잘 모른 채 개별 학교의 경험에 의존하여 교육을 지속하게 되다 보니 발전에 한계가 있을 수밖에 없다.

기독교학교교육연구소는 이런 문제를 해결하기 위해 이미 5년 전에 기독교대안학교의 실태를 조사하여 『기독교대안학교 가이드』를 출간한 바 있다. 그 당시에 조사되어 소개된 기독교대안학교수는 43개교였다. 그런데 지난 5년 사이에 기독교대안학교수가 두 배 이상 증가하였고 다양한 형태의 기독교대안학교들이 새롭게 설립되었다. 이에 본 연구소는 다시 전국적인 규모의 실태조사연구를 진행하였고 그 결과를 새롭게 책자로 발간하게 된 것이다. 이 책에는 기독교대안학교의 현황이 상세하게 소개될 뿐 아니라 지난 5년 사이에 어떤 변화가 일어났는지를 비교 분석하여 설명하고 있다. 또한 개별 기독교대안학교가 어떤 학교인지를 한눈에 알 수 있도록 정리하였다. 더 나아가 기독교대안학교에 대한 궁금증을 풀기 위해 Q&A를 작성하여 수록하였다.

이 책은 기독교대안학교에 대한 호기심을 갖고 있는 모든 분들, 특히 자녀를 기독교대안학교에 보내기를 원하는 학부모들과 다른 기독교대안학교들이 어떻게 교육하고 있는지를 알기 원하는 기독 교사들 그리고 기독교대안학교를 설립하려고 준비하는 분들, 기독교교육에 관심 있는 기독교교육학도들과 교육학자 및 기독교교육학자들이 꼭 읽어야 할 책이다. 기독교대안학교 실태조사를 위해 온갖 수고를 아끼지 않은 김지현 팀장과 성지은, 이하나, 도혜연 연구원을 비롯한 기독교학교교육연구소의 연구원들에게 깊은 감사를 드리며, 이 조사에 협력해 주신 기독교대안학교 관계자 여러분 그리고 기꺼이 이 책의 출판을 맡아 주신 예영커뮤니케이션의 김승태 사장님을 비롯한 직원 여러분들에게도 감사의 마음을 전하며, 이 책이 기독교대안학교가 더 성숙해지는 귀한 디딤돌이 되기를 기대한다.

2012년 8월, 기독교학교교육연구소
소장 박상진(장신대 교수)

목차

표 차례

그림 차례

제1부 기독교대안학교 현실보기

기독교대안학교란?

우리나라 기독교대안학교가 본격적으로 설립되기 시작한 지 15년을 넘어서며, 전국 곳곳에 많은 기독교대안학교가 설립되었다. 이번 기독교대안학교 실태조사에 따르면 2012년 현재, 30개가 넘는 기독교대안학교가 운영되고 있다. 이처럼 활발한 기독교대안학교 설립은 공교육의 한계를 느끼고 이를 극복하고자 하는 대안학교운동과 맥을 같이한다. 하지만 한편으로 그 해법을 기독교교육에서 찾으려는 또 다른 시도라 할 수 있다. 그렇다면 과연 기독교내안학교란 무엇인가?

기독교대안학교에 대한 개념은 학자나 현장에 따라 다양하게 징의뇌고 있다. 기독교대안학교를 규정하는 것이 쉽지 않은데 그 이유는 우리나라의 기독교대안학교 유형이 워낙 다양하고 그에 따라 목적, 대상, 방법 등의 범위가 다르기 때문이다. 이처럼 다양성을 띄는 이유는 기독교대안학교를 설립하는 이유와 동기가 다양하기 때문이다. 한국의 기독교대안학교의 정체성을 설명하기 위해서는 '기독교', '대안,' '학교' 그리고 '한국'이 지니는 의미를 고려해야 한다.[1] 먼저 '기독교대안학교'에 있어서 '기독교'가 무엇을 의미하는지를 분명히 밝혀야 한다. 기독교 안에 다양한 교파가 있고 교단이 있으며, 다양한 신학이 존재하는 만큼이나

---

1) 박상진, 『한국 기독교학교교육 운동』 (예영커뮤니케이션, 2010)

다양한 종류의 '기독교'에 대한 이해가 있고, 이에 따른 다양한 종류의 기독교대안학교가 있을 수 있다.

둘째, '무엇에 대한 대안'(alternative to)인지 설명해야 한다. 일반 대안교육과 같이 근대주의적 교육의 한계를 극복하기 위한 '대안'일 수 있고, 비기독교적(비종교적, 무종교적, 반기독교적) 학교교육에 대한 대안일 수도 있다. 그 외에 다양한 대안적 시도가 있을 수 있고, 꼭 하나만을 의미하지 않을 수도 있다. 기독교대안학교가 무엇에 대한 대안을 추구하는지를 선명하게 드러낼 때 그 정체성이 분명해질 수 있다.

셋째, '학교'로서의 정당성을 확보해야 한다. 교육(education)과 학교교육(schooling)을 구별하여, 기독교대안학교가 왜 '학교'라는 형태로 교육을 실시하는 것인지에 대한 이유를 설명할 수 있어야 한다. 그것의 가장 중요한 대답은 바로 '전문성'일 것이다. 다시 말해 학교라는 전문적 교육기관이 되기 위한 기본적인 요건을 갖추어야 한다는 뜻이다. 이는 '학원'과 구별되는 요소로 학교는 지식교육만이 아닌 전인교육의 장이어야 한다. '학교성'에 대한 고민과 개선의 노력이 기독교교육 전문기관으로서의 독특성을 확보할 수 있을 것이다.

마지막으로 '왜 한국인가?'에 대한 응답을 밝혀야 한다. 기독교대안학교는 '한국'이라는 역사적, 정치적, 사회적, 문화적 상황(context)에 근거해야 한다. 외국의 기독교학교를 배우는 노력 못지않게 한국의 역사에 뿌리를 내려야 한다. 한국 기독교대안학교의 정체성을 찾기 위해서는 초기 한국 교회사에 있어서 활발하게 일어났던 기독교교육운동을 탐구하여야 하고, 구국운동 정신으로 수많은 기독교학교를 설립했던 한국 교회 신앙의 선조들의 정신을 이어받아야 한다.[2] 또한 한국 사회와 문화, 교육과 소통하여야 한다. 이런 지역화(localization)가 전제되었을 때, 서구화(westernization)가 아닌 진정한 세계화(globalization)가 이뤄질 수 있을 것이다.

---

2) 기독교학교교육연구소, 『평양대부흥운동과 기독교학교』 (서울: 예영커뮤니케이션, 2007) 참조.

기독교대안학교를 규정하기 위해 이 모든 요소를 고려한다면, 얼마나 다양한 스펙트럼의 기독교대안학교가 나타날 수 있는지 예상할 수 있을 것이다. 기독교학교교육연구소가 발간한 『기독교대안학교의 교육성과를 말한다』[3]에서는 우리나라의 기독교대안학교의 유형을 다섯 가지로 분류하고 있는데, '기독교(미인가)학교', '기독교수월성학교', '기독교국제학교', '기독교긍휼학교', '대안기독교학교' 등이다. 기독교(미인가)학교는 '기독교성'을 강조하는 학교로서 단지 인가를 받지 않았을 뿐이지 대안성보다는 기독교성에 관심이 있고 이를 추구하는 학교이다. 즉 일반적인 대안교육이 지니는 '인본주의적' 입장을 배격하고 '신본주의적' 입장의 교육을 추구하기를 원하는 학교이다. 기독교수월성학교는 '기독교성'을 강조하면서도 '수월성'을 강조하는 학교로서 소위 기독교인재양성을 목적으로 설립된 학교를 일컫는다. 여기에는 학문적 수월성뿐 아니라 다양한 재능의 수월성도 포함될 수 있다. 기독교국제학교는 국제화시대에 부응하는 기독교인을 양성하는 학교를 말하는데, 국내 대학보다는 해외의 대학교에 학생들을 입학시키기 위한 '준비학교' 형태를 띠는 학교이다. 기독교긍휼학교는 앞에서 논의한 기독교수월성학교와는 대비되는 학교로서 엘리트 양성보다는 소외된 학생들에 대한 기독교적 긍휼을 실천하는 학교이다. 대안기독교학교는 '기독교성'과 함께 '대안성'을 강조하는 입장의 학교로서 오늘날의 교육현실, 특히 근대주의 교육의 한계에 대한 대안으로서의 교육을 추구하는 학교이다.

이처럼 다양한 기독교대안학교들이 존재하기 때문에 어떤 '기독교적 대안성'을 추구하느냐에 따라 다른 성격을 지닌 기독교대안학교를 설립하거나 선택하게 된다. 그러나 이 외에도 기숙형 학교인지 통학형 학교인지, 도시형 학교인지 전원형 학교인지 등에 따라서도 기독교대안학교의 성격은 달라질 수밖에 없다. 본 조사에서는 가능한 한 상세하게 기독교대안학교의 특징을 분석하기 위해서

---

3) 박상진 외, 『기독교대안학교의 교육성과를 말한다』 (예영커뮤니케이션, 2012)

다양한 분류 기준을 사용하였다. 그리고 어떤 기독교대안학교가 이상적이거나 모범적이라는 규범적인 입장보다는 다양한 기독교대안학교의 현실을 있는 그대로 보여 주는 서술적인 입장을 취함으로써 독자들이 스스로 이해하고 판단할 수 있도록 하였다.

기독교대안학교 실태조사

한국의 기독교대안학교들은 현재 어떻게 운영되고 있을까? 기독교학교교육연구소는 2006년, 첫 번째 전국적인 기독교대안학교 실태조사를 실시하였고 5년이 지난 2011년, 두 번째 기독교대안학교 실태조사를 실시하였다. 그동안 변화된 기독교대안학교의 모습을 살펴보고 함께 앞으로의 과제를 찾으며, 한걸음씩 발전해 가는 기독교대안학교가 되길 소망한다.

실태조사란 기존의 불명확한 실정을 답사나 조사에 의해 상세히 조사한 것이라 할 수 있다. 많은 기독교대안학교들이 곳곳에서 설립되고 학생을 모집하며, 활발히 운영되고 있지만 그 실태에 대해서는 자세히 알 길이 없다. 또 기독교대안학교는 대부분이 비인가로 운영되기 때문에 보고의 의무나 어떤 관리도 없기 때문에 그 실정을 파악하기는 더욱 어렵다.

일반적인 대안학교에 대한 실태조사 연구는 꾸준히 실행되고 있는데, 대표적 실태조사로 2007년 교육인적자원부에서 펴낸『대안교육백서』, 2009년 한국교육개발원의 이혜영 외 4인의『대안학교 운영 실태 분석 연구』, 2010년 민들레에서 펴낸『2010 대안학교 길라잡이』[4] 등이 있다. 그러나 일반적으로 대안학교 연구에는 많은 수의 기독교대안학교가 빠져 있는 경우가 많다. 가장 최근에 출간

---

4)『2010 대안학교 길라잡이』는 민들레에서 펴낸 대안학교 안내서로서, 2005년에 첫 출판에 이어 2006년에는 초등, 중등편이 나눠져 두 권의 책이 나왔다.『2010 대안학교 길라잡이』는 이에 이어 나온 세 번째 책이다.

된 『2010 대안학교 길라잡이』에서도 전체 114개[5]의 대안학교 중 기독교대안학
교는 단 15개[6](12.3%)뿐이고, 그 가운데 비인가대안학교는 6개만 포함되었다.

기독교학교교육연구소는 개소 이래 기독교대안학교 연구를 꾸준히 실행해
왔다. 대안학교법의 공포와 개정에 따른 정책 연구, 기독교대안학교 성과분석
연구,[7] 교사교육 연구,[8] 컨설팅 연구 등을 실시했다. 그 가운데 기독교대안학교
실태조사는 한국 기독교대안학교의 현황을 정리하여 소개한 연구로 기독교대안
학교 연구가 미미하던 시절 유용한 기초자료가 되었다. 이는 2006년 12월 기준
43개 학교를 대상으로 설문조사를 실시하여, 2007년 '기독교대안학교 가이드'로
출판했다.

두 번째 실태조사 대상은 2011년 12월 기준으로 한국에 있는 초등~고등학교
까지 운영되고 있는 기독교대안학교로 하고, 인가와 비인가 모두 포함하였다.
학교에 설문참여 요청 공문을 발송하고 동의를 얻는 과정 중, 학교존재 확인이
불가하여 폐교로 여겨지는 학교, 기독교대안학교로 보이나 이단 종파에 속한 학
교, 2006년 기준으로 기독교대안학교 실태조사 목록에 속했고 현재 운영 중이나
대안학교지만 기독교대안학교는 아니라고 밝힌 학교 등을 제외한 109개 학교를
대상으로 하여 설문을 기획하였다. 모든 설문조사를 종료 후 추가로 12개 학교
가 발견되어 2011년 12월 기준, 전국에 121개 기독교대안학교가 있는 것으로 파
악된다. 2012년 개교한 10개 학교까지 포함하면 2012년 6월 현재 131개의 기독

---

5) 전체 소개 학교수가 82개로 보이나 같은 학교 명이나 지역이 다른 학교(예: 꽃피는학교 제천,
   서울, 하남, 대전, 부산)와 중고통합으로 운영되지 않으나 함께 소개한 중학교, 고등학교를
   분리하고, 어린이학교와 멋쟁이학교는 사랑방공동체학교로 통합해 정리하니 총 114개 학교이다.
6) 『2010 대안학교 길라잡이』에 포함된 특성화학교는 공동체비전학교, 달구벌고등학교, 동명고등학교,
   두레자연중학교, 두레자연고등학교, 세인고등학교, 팔렬고등학교, 한빛고등학교이고, 두레학교,
   민들레학교, 산돌학교, 시소학교, 아힘나 평화학교, 사랑방공동체학교(어린이, 멋쟁이학교),
   하나인학교이다.
7) 박상진 외, 『기독교대안학교의 교육성과를 말한다』 (예영커뮤니케이션, 2012)
8) 이정미, 『기독교적 교육과정 산책』 (예영커뮤니케이션, 2011)

교대안학교가 운영되고 있다.

조사 대상이 된 109개 학교 중 응답을 거절한 학교를 제외한 87개[9](80.7%) 학교의 설문을 수거하였다. 거절 이유로는 '학교의 내부적 상황', '설문 응답의 필요성을 느끼지 못함', '설문 문항이 학교 특성과 너무 맞지 않음' 등의 이유가 있었다. 조사는 1, 2차로 나눠서 진행되었고, 2011년 6월부터 12월까지 1차 조사를 실시하였다. 이후 2012년 3월까지 미흡하거나 누락된 설문내용을 보완하는 2차 조사를 실시하였다. 설문은 인터넷 사전 조사, 팩스, 우편, 이메일, 전화를 통해 수합하였다.

설문은 크게 5가지 영역으로 구성하였다. ① 학교 기초사항, ② 학교의 조직 및 운영, ③ 교직원, ④ 학생 및 시설, ⑤ 교육과정이다. 큰 골격은 2006년 1차 실태조사의 틀을 따랐고, 세부 질문내용은 교육인적자원부에서 발간한 '대안교육백서(2007)'와 한국교육개발원의 '대안학교 운영 실태 분석 연구(2009)'를 참조하였다. 영역별 문항내용은 〈표 1〉과 같다.

영역	질문내용
1. 학교의 기초사항[10]	학교 명, 전화번호, 팩스번호, 홈페이지, 주소(새주소), 법적지위, 학교개교일, 교육목표, 학제, 학교유형(전원-도시/기숙-통학)
2. 학교의 조직 및 운영	설립주체, 운영주체, 설립 교단, 이사회, 정기적 이사회 개최, 학부모운영위원회, 소속단체, 학부모임, 학부모계속교육, 기부금, 예탁금, 월수업료, 연 총 세입, 장학금비율, 운영주체 전입금 비율, 학생부담금비율, 후원금 비율
3. 교직원	교직원수(교과-비교과, 남-여, 직위), 자격증 유무, 교원경력, 교사 선발 전형, 교사선발 기준, 교사교육, 교장의 특징, 초임교사 월급
4. 학생 및 시설	학생수(학년 별, 남-여), 재학생 특징, 졸업생 누적수, 학생선발전형, 학생선발조건, 학교 시설 소유 및 사용형태, 학교 주요시설
5. 교육과정	교과서 사용, 외국이동수업, 총 수업일수, 교육과정(신앙교육, 인성 및 체험교육, 평화 및 생태교육, 특기적성교육)

〈표 1 실태조사 영역 별 문항내용〉

9) 사랑공동체학교는 초등과정인 어린이학교와 중고등과정인 꾸러기학교의 설문응답이 학교급의 성격상 차이가 있어 '1-6. 학교유형-도시형, 전원형'부터 개별학교로 분리해 분석하였다. 그래서 전체 응답학교는 88개가 된다.
10) 학교 명, 주소, 법적지위, 학교개교일, 학교급은 전체 기독교대안학교를 대상으로 분석.

수합한 설문은 SPSS 17.0을 활용해 분석하였다. 결과는 5년 전 기독교대안학교 실태조사자료인 『기독교대안학교 가이드』(이하 '2006 기독교대안학교 실태연구'), 같은 시기의 일반 대안학교를 조사한 『대안교육백서』(이하 '2007 대안교육백서'), 최근 대안학교 실태를 연구한 『대안학교 운영 실태 분석 연구』(이하 '2009 일반대안학교 실태연구'), 가장 최근 대안학교 정보를 담은 『2010 대안학교 길라잡이』(이하 '2010 일반 대안학교 조사')와 비교 분석하였다. 각 연구의 그 결과는 1, 2차 내부 전문가 협의회와 세미나를 실시하여 그 의견을 반영하여 서술하였다.

영역	연구 및 도서명	조사시기	특징
기독교대안학교	『기독교대안학교 가이드』	2006	전국 초,중,고 기독교대안학교 43개를 대상으로 설문 실시하고, 인가 비인가 구분없이 분석함
일반 대안학교[11]	『대안교육백서』	2007	인가형대안학교(특성화학교, 위탁형대안학교)와 비인가형대안학교(중등-전원형대안학교, 중등-도시형대안학교, 초등대안학교, 통합형대안학교)로 각각 정리함
	「대안학교 운영실태 분석 연구」	2009	대안교육 특성화학교, 위탁형대안학교, 비(미)인가대안학교 150개 학교 조사하고, 이를 유형별로 분석함
	『2010 대안학교 길라잡이』	2010	대안학교 82개(실제 114개)를 비인기형학교와 인가형 학교로 나누어 학교 별로 소개함

〈표 2 2011 실태조사 참고 연구 및 도서〉

---

11) 대안학교 전반을 조사대상으로 하는 경우, 기독교대안학교 연구와 구분하기 위해 '일반' 대안학교 연구라 부르도록 하겠다.

1. 학교 기초 사항

1-1. 학교명단

한국의 기독교대안학교는 2011년 12월 기준 총 121개가 있다. 이를 〈표 4〉에 지역과 학제 별로 정리하였다. '2006 기독교대안학교 실태연구' 당시 59개[12]였던 것과 비교하면 2배 이상 증가한 수이다. 이번 실태조사에서는 제외되었지만, 2012년 개교한 학교도 10개나 된다(〈표4〉). 2012년 6월 현재 한국의 기독교대안학교는 131개가 있다고 볼 수 있다. 우리가 미처 발견하지 못하거나, 교회나 학원 내에서 운영되어 아직 학교라 보기에 어려운 소규모의 형태의 기독교대안학교, 부모 중심의 공동육아가 발전한 홈스쿨식 기독교대안학교는 더 있을 것으로 보인다.

'2006 기독교대안학교 실태연구'에는 43개의 기독교대안학교에서 설문조사를 실시했고, 이번 조사 학교수는 87개 학교이다(〈표4〉에 *로 표시하였다). 2006년과 비교하면 금번에 설문 조사에 참여하지 않은 학교는 4곳이다. 이들을 살펴보면

---

12) 이번 실태조사 결과를 2006년 12월 기준 59개의 학교가 있었음을 확인했다. 2006년 조사에서는 43개 학교만을 대상으로 연구하였다.

미래지도자학교와 청주중고등성경학교는 학교 성격이 변해 각각 공부방형태와 지역 청소년 유관 기관으로 운영되어 제외되었고, 들꽃피는학교, 산마을고등학교는 대안학교로 운영하고 있으나, 기독교대안학교가 아니라고 정중하게 거절 의사를 밝혀 제외되었다. 2006년에 조사된 학교 중 폐교된 학교는 없으나, 2006년 이후에 개교하고 현재는 운영하지 않거나 확인 불가한 학교는 10개 이상 발견되었다.

1-2. 지역

영역	서울	경기	강원	충청	전라	경상	제주	전체
2011년 기독교대안학교	13	53	5	17	18	11	4	121
	10.7%	43.8%	4.1%	14.0%	14.9%	9.1%	3.3%	100.0%
2006년 기독교대안학교	3	21	0	9	7	3	0	43
	7.0%	48.8%	0.0%	20.9%	16.3%	7.0%	0.0%	100.0%
2010년 일반대안학교[13]	22	40	8	10	16	17	1	114
	19.3%	35.1%	7.0%	8.8%	14.0%	14.9%	0.9%	100.0%

〈표 3 대안학교 지역 별 분포〉

기독교대안학교가 지역 별로 어떻게 분포하고 있는지 보면, 경기(53개, 43.8%), 전라(18개, 14.9%), 근소한 차이로 충청(17개, 14.0%) 순으로 학교들이 위치해 있음을 알 수 있다.

---

13) 이는 '2010 대안학교길라잡이'를 근거해 정리한 것으로 여기에는 기독교대안학교가 14개 포함되어 있다(이하 생략).

	학교	지역	학교급		학교	지역	학교급
1	서울국제기독아카데미(SICA)	서울시 서초구	초	43	한국기독국제학교*	경기도 고양시	초4~고
2	새이레기독학교*	서울시 송파구	초~중	44	푸른꿈비전스쿨(학교)*	인천시 부평구	초5~고2
3	두리하나국제학교(DIS)	서울시 서초구	초~고	45	두레자연중학교*	경기도 화성시	중
4	전인기독학교(서울캠퍼스)*	서울시 송파구	초1~초3	46	샘물중학교*	경기도 성남시	중
	전인기독학교(홍천캠퍼스)*	강원도 홍천군	초4~고	47	쉐마학교*	경기도 수원시	중
5	하늘꿈학교*	서울시 송파구	초~고	48	중앙기독중학교*	경기도 수원시	중
6	효신국제학교*	서울시 중구	초~고	49	태화국제학교	경기도 용인시	중
7	여명학교*	서울시 중구	초2~고	50	산돌학교*	경기도 남양주시	중~고2
8	IT기독학교*	서울시 용산구	중~고	51	그레이스아카데미	인천시 남구	중~고
9	우리들학교*	서울시 관악구	중~고	52	대안교육센터 시소학교*	경기도 의정부시	중~고(무학년제)
10	은혜기독대안학교	서울시 성동구	중~고	53	데오스중고등학교*	경기도 성남시	중~고
11	인투비전학교*	서울시 강남구	중~고	54	독수리기독학교*	경기도 성남시	중~고
12	서울실용음악학교	서울시 중구	고	55	아힘나평화학교*	경기도 안성시	중~고(무학년제)
13	아이미스 실용음악고등학교*	서울시 서초구	고	56	예일크리스챤학교*	경기도 고양시	중~고
14	로고스초등학교*	경기도 부천시	초	57	웨일즈국제학교*	경기도 가평군	중~고
15	삼광국제학교*	경기도 부천시	초	58	자유기독학교*	경기도 평택시	중~고
16	샘물기독초등학교*	경기도 성남시	초	59	지구촌국제학교	경기도 성남시	중~고
17	아름다운학교(JDS)	경기도 안산시	초	60	지우국제학교*	경기도 가평군	중~고
18	정원국제학교	경기도 수원시	초	61	하늘학교	경기도 광주시	중~고
19	크리스천스프라웃대안학교	경기도 용인시	초	62	한국기독사관학교*	경기도 부천시	중~고
20	참빛문화예술학교*	인천시 부평구	초3~초6	63	한꿈학교*	경기도 의정부시	중~고
21	은혜의 동산 기독교학교*	경기도 화성시	초1~초4, 중	64	헤이븐기독학교*	경기도 과천시	중~고
22	경민국제기독학교	경기도 의정부시	초~중	65	성산효마을학교*	인천시 남동구	중2~고
23	광성드림학교*	경기도 고양시	초~중	66	두레자연고등학교*	경기도 화성시	고
24	굿뉴스사관학교*	경기도 부천시	초~중	67	영강쉐마기독학교*	강원도 원주시	초~중
25	다리꿈 성장학교*	경기도 안산시	초~중	68	생명의강학교*	강원도 홍천군	중
26	등대국제학교*	경기도 고양시	초~중	69	태백대안학교*	강원도 태백시	중~고
27	릭스쿨(Live International Christian School)*	경기도 김포시	초~중	70	효신푸른학교*	강원도 태백시	중~고
28	수정국제크리스천학교(SICS)	인천시 서구	초~중	71	팔렬고등학교*	강원도 춘천시	고
29	쉐마기독학교*	경기도 양주시	초~중	72	제자국제기독아카데미*	충북 청원군	초~중2
30	킹씨드모바일스쿨	경기도 남양주시	초~중	73	사사학교*	충남 금산군	초3~고
31	하나인학교*	경기도 고양시	초~중	74	꿈의학교*	충남 서산시	초6~고
32	밀알두레학교*	경기도 남양주시	초~고1	75	다다예술학교*	충북 청원군	초~고
33	제자크리스천학교*	경기도 수원시	초~고1	76	나지르학교	충남 아산시	중
34	갈보리국제학교	경기도 용인시	초~고	77	벧엘국제학교	충남 논산시	중
35	경기국제학교	경기도 파주시	초~고	78	천안대안학교*	충남 천안시	중(무학년제)
36	글로벌리더스기독학교*	경기도 고양시	초~고	79	글로벌선진학교(음성GVCS)*	충북 음성군	중~고
37	두레학교*	경기도 구리시	초~고	80	드림학교	충남 천안시	중~고
38	등대기독학교*	경기도 파주시	초~고	81	로뎀청소년학교	충북 제천시	중~고
39	미디안스쿨	경기도 시흥시	초~고	82	승리기독학교*	대전시 유성구	중~고(무학년제)
40	빛하트크리스챤스쿨	경기도 용인시	초~고	83	예향기독학교	대전시 서구	중~고
41	사랑방공동체학교(어린이, 떳쟁이)*	경기도 포천시	초~고	84	한국축구학교	충북 충주시	중~고
42	한국국제크리스챤스쿨	경기도 부천시	초~고	85	공동체비전고등학교*	충남 서천군	고

	학교	지역	학교급		학교	지역	학교급
86	풀무농업고등기술학교*	충남 홍성군	고	110	온누리국제크리스찬학교*	경남 양산시	초~고
87	보나학교	충북 보은군	중~고	111	한동글로벌학교*	경북 포항시	초~고
88	겸손과섬김의학교	충남 아산시	초~중	112	민들레학교	경남 산청군	중
89	목포국제기독학교	전남 목포시	초	113	꿈꾸는학교*	대구시 남구	중~고
90	꿈꾸는요셉학교*	전남 목포시	초~중2	114	쉐마리더스쿨*	경북 봉화군	중~고
91	다니엘지혜학교*	광주시 광산구	초~고1	115	하누리국제학교*	부산시 해운대구	중~고
92	비전국제학교*	전북 전주시	초~고1	116	달구벌고등학교	대구시 동구	고
93	성샘국제학교	전북 전주시	초~고	117	지구촌고등학교*	부산시 연제구	고
94	올네이션국제학교*	전북 전주시	초~고	118	제주열방대학교부설기독학교*	제주도 제주시	중
95	월광드림스쿨*	광주시 서구	초~고	119	미래창의력학교*	제주도 서귀포시	중~고
96	토기장이학교*	전북 전주시	초~고	120	생명나무학교	제주도 제주시	중~고
97	굿나제사랑학교*	전북 임실군	중~고	121	제주해맑음국제특성화학교	제주도 제주시	중~고
98	시냇가에 심은 나무학교*	전북 진안군	중~고		2012년에 개교한 기독교대안학교		
99	에프랑아카데미*	전남 무안군	중~고				
100	이랑학교*	전북 진안군	중~고	1	지구촌학교	서울시 구로구	초
101	진솔대안학교*	전북 진안군	중~고	2	참빛기독학교	서울시 강동구	중~고
102	한누리기독사관학교	광주시 북구	중~고	3	카라크리스천스쿨	경기도 용인시	초~중
103	동명고등학교*	광주시 광산구	고	4	세계인비전스쿨	경기도 수원시	중
104	세인고등학교*	전북 완주군	고	5	소명중고등학교	경기도 용인시	중~고
105	한마음기독학교*	전북 남원시	고	6	창조학교	경기도 김포시	중~고
106	한빛고등학교*	전남 담양군	고	7	별무리학교	충남 금산군	초~중
107	글로벌선진학교(문경GVCS)*	경북 문경시	초6~고1	8	광주 GVCS Jr.[14]	광주시 남구	초
108	나드림국제미션스쿨*	부산시 부산진구	초~고	9	두란노국제학교	울산시 남구	초~중
109	드림국제학교*	경북 김천시	초~고	10	푸른나무국제학교	경북 의성군	중~고

〈표 4 기독교대안학교 전체 명단(실태조사 응답학교는 *표시)〉

이를 2006년 조사와 비교해 보면 경기에 위치한 학교들의 비율이 5% 가량 줄은 것 같지만, 서울-경기로 합치면 여전히 약 55%의 학교가 서울-경기에 집중되어 있음을 알 수 있다. 이는 서울-경기가 인구밀도가 높아 안정적 학생모집이 가능하고, 교육에 대한 관심이 높은 만큼 대안교육에 대한 수요가 있기 때문이라고 보인다. 일반 대안학교의 지역적 분포 역시 경기(40개, 35.1%)가 가장 높고 서울-경기를 합치면 전체의 약 55% 차지하여 기독교대안학교와 비슷한 분포를 보인다. 그러나 경기 다음으로 경상(17개, 14.9%)의 비율이 높은 것이 기독교대안학교와 다른 점이다.

14) 2011년까지 호남글로벌비전크리스천스쿨로 운영되었으나, 2012년 GVCS에 인수되어 재개교.

1-3. 학제

	초등학교	중학교	고등학교	초,중	중,고	초,중,고	무학년통합	전체
2011년 기독교대안학교	9	10	12	16	38	32	4	121
	7.4%	8.3%	9.9%	13.2%	31.4%	26.4%	3.3%	100.0%
2006년 기독교대안학교	7	3	11	1	14	7	0	43
	16.3%	7.0%	25.6%	2.3%	32.6%	16.3%	0.0%	100.0%
2010년 일반대안학교	23	11	27	5	31	14	3	114
	20.2%	9.6%	23.7%	4.4%	27.2%	12.3%	2.6%	100.0%

〈표 5 대안학교의 학제 별 분류〉

대안학교의 학제는 초등학교, 중학교, 고등학교, 초중통합, 중고통합, 초중고통합, 무학년통합으로 학교의 교육목적과 특성에 맞게 다양하게 운영된다. 이번 조사 결과를 보면 중고통합학교가 38개(31.4%)로 가장 많았다. 이는 2006년(14개, 32.6%)과 비슷한 비율이다. 그 다음은 초중고통합학교 32개(26.4%)로서 초등학교, 중학교, 고등학교를 각각 운영하는 학교 전체 31개(25.6%)보다 많다. 이는 대안학교의 경우, 교육의 연계성을 중시하여 학년 간 통합교육을 지향하고 있기 때문이며, 2006년에 비해 증가한 것은 12학년제를 계획하던 학교들이 5년의 세월이 지

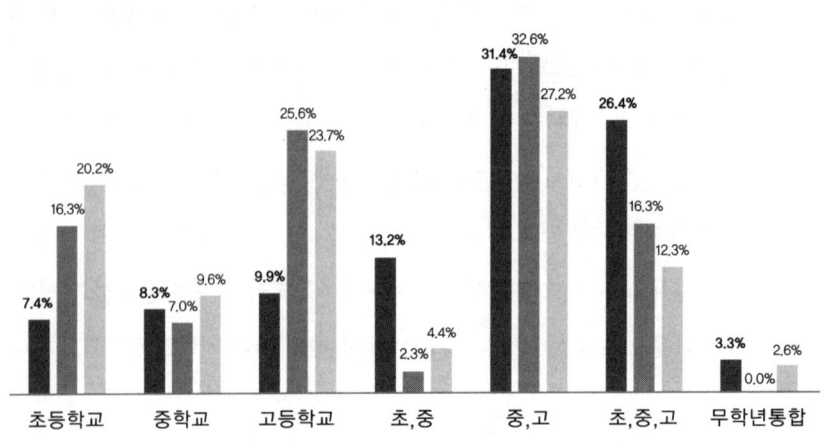

[그림 1 대안학교 학제 별 분류]

나며 초등학교에서 시작해서 중고로, 초중에서 시작해서 고등학교로 연장해 갔기 때문이다. 이 추세라면 초중고인 학교는 더 늘어날 것으로 보인다. 이번에는 무학년제로 운영되는 4개교(3.3%)도 조사하였다. 무학년제를 실행하는 학교는 학교규모가 작아 학년을 나누는 것이 여의치 않거나, 통합교육을 적극적으로 실현하기 위해서이다. 후자의 경우, 대안교육의 특징적인 교육과정으로 연구해 볼 필요가 있다.

일반 대안학교의 경우도 역시 중고통합학교가 31개(27.4%)로 가장 높다. 중고가 많은 이유로 '2009 대안학교 실태연구'에서는 대안교육이 공교육의 반발에서 출발했음을 들고 있다. 다시 말해 구체적 대안교육 담론이 공교육 문제가 크게 들어난 주로 중고등학교에서 일어났던 탓에, 대부분의 대안학교가 중고등학교, 청소년층에 맞추어져 있다는 것이다. 이와 같은 연유로 중고통합학교 다음으로 고등학교(27개, 23.7%)가 많은 것으로 보인다. 기독교대안학교와 비교해서는 초중고통합학교의 비율이 낮고, 초등학교와 고등학교 비율이 높은 것이 특징인데, 이는 기독교대안학교가 초중고통합교육의 필요성을 더 느끼고 있다고 보인다. 그리고 초등의 비율의 차이는 일반대안학교는 공동육아로 시작해 초등과정까지 세운 경우들이 있기 때문이다.

1-4. 법적분류

	비인가 대안학교	대안교육 특성화학교[15]	인가 대안학교	위탁형 대안학교	전체
2011년 기독교대안학교	101	11	5	4	121
	83.5%	9.1%	4.1%	3.3%	100.0%
2006년 기독교대안학교	30	11	0	2	43
	69.8%	25.6%	0.0%	4.7%	100.0%
2010년 일반대안학교	84	26	0	4	114
	73.7%	22.8%	0.0%	3.5%	100.0%

〈표 6 기독교대안학교의 법적분류〉

대안학교의 유형을 법적 위상에 따라 네 가지로 분류하고 있다. 첫째는 학교형태로 운영되고 있으나 인가 받지 않은 비인가대안학교,[16] 두 번째, 정규교육의 틀 안에서 특성화된 교육을 지향하는 대안교육 특성화학교이고, 세 번째는 2007년 제정되고, 2009년 개정된 「초·중등 교육법」 제60조 3에 근거한 각종 학교로서의 대안학교인 인가대안학교, 마지막으로 일반 학교에서 위탁한 학생에게 대안적 교육을 받게 하고 학력을 인정하는 위탁형대안학교이다.

기독교대안학교는 비인가대안학교가 101개(83.5%)로 가장 많다. 인가 받은 특성화학교(11개, 9.1%), 인가대안학교(5개, 4.1%), 위탁형대안학교(4개 3.3%)는 모두해서 16.5%가 되지 않는다. 비인가대안학교의 비율은 2006년과 비교해 크게 높고, 일반 대안학교와 비교해도 높다. 최근 5년간 꾸준히 설립되는 대안학교들 대부분이 비인가형태이기 때문이다.

특성화학교의 경우, 학교의 규모 등이 일정 수준 이상을 요하기 때문에 이를 갖추는 것이 쉽지 않다. 2007년 이후 기독교대안학교 중 특성화학교로 인가 받은 것은 '중앙기독중학교'뿐이다. 대신 개정된 대안학교법으로 인가 받은 학교가 5곳이 있고, 2012년에 개교한 지구촌학교도 국내 최초 초등대안학교로 인가를 받았다. 2012년 4월 기준 인가대안학교는 〈표 7〉에서 보다시피 총 14개이다. 하지만 이 또한 아직 활발히 이루어지고 있다고 보기 어렵다.

---

15) 풀무농업고등기술학교(이하 풀무학교)는 '고등기술학교'에 속하지만, 이는 특수한 유형이므로 이 분석에서는 풀무학교를 특성화학교에 포함하였다.

16) 인가를 받지 않은 대안학교를 비(非)인가 또는 미(未)인가대안학교로 부른다. 이 둘은 인가를 받지 않음과 받지 못함의 미세한 뉘앙스 차이가 있으나 혼용되어 사용되고 있다. 이 글에서는 '비인가'로 통일해 사용하였다.

	설립 연도	학교명	소재지	학제	설립 법인		설립 연도	학교명	소재지	학제	설립 법인
1	'09	서울실용음악학교	서울시	고	사립	8	'11	대안학교 청	인천시	고	사립
2	'10	여명학교	서울시	고	사립	9	'11	화요일아침예술학교	경기 연천군	고	사립
3	'12	지구촌학교	서울시	초	사립	10	'12	인천해밀학교	인천시	중고 통합	공립
4	'12	서울다솜학교	서울시	고	공립	11	'11	글로벌선진학교	충북 음성군	중고 통합	사립
5	'08	TLBU글로벌학교	경기 고양시	초중 통합	사립	12	'12	그라시아스음악학교	대전시	고	사립
6	'11	쉐마기독학교	경기 양주시	초중고 통합	사립	13	'12	한국폴리텍다솜학교	충북 제천시	고	사립
7	'11	은혜학교	경기 용인시	중고 통합	사립	14	'11	한동글로벌학교	경북 포항시	초중고 통합	사립

〈표 7 인가대안학교 현황(2012.4.1. 현재, 지역-설립연도-학제순)〉

1-5. 개교년도

기독교대안학교의 시초는 1958년에 설립된 풀무농업고등기술학교이다. '2007 대안교육백서'에서도 대안교육의 빼놓을 없는 사례로 꼽으며, 전인교육, 생태교육, 지역사회교육, 공동체교육, 프로젝트형 수업 등 지금까지 큰 영향을 주고 있다고 서술하고 있다. 그 후 대안교육운동과 함께 1990년도 중후반에 다시 기독교대안학교들이 설립되게 되는데, 이때의 학교들은 대부분 특성화학교 정책에 의해 인가를 받았다. 그 영향을 이어받아 2000년에 들어 지금까지 꾸준히 기독교대안학교들이 설립되고 있다.

지난 '2006 기독교대안학교 실태연구'에서 43개 학교를 대상으로 하였는데, 〈표 8〉를 보았을 때, 2006년 당시 설립된 기독교대안학교는 59개이고, 그 이후 5년간 설립된 기독교대안학교는 62개나 된다. 지난 5년간 매년 평균 약 12개 이상의 학교가 세워졌다는 뜻이다.

연도별	2011 기독교대안학교		
1958	풀무농업고등기술학교	1	0.8%
1994	로뎀청소년학교	1	0.8%
1998	꿈의학교, 동명고등학교, 보나학교, 한빛고등학교	4	3.3%
1999	두레자연고등학교, 세인고등학교	2	1.7%
2000	로고스초등학교, 서울실용음악학교	2	1.7%
2001	한동국제학교	1	0.8%
2002	독수리기독학교, 사랑방공동체학교(유치원인 꾸러기학교는 1992년 개교), 지구촌고등학교, 진솔대안학교	4	3.3%
2003	공동체비전고등학교, 글로벌선진학교(음성GVCS), 드림학교(구 천안하늘꿈학교), 사사학교, 천안대안학교, 하늘꿈학교, 한국기독국제학교, 한국기독사관학교, 효신국제학교	9	7.4%
2004	굼나제사랑학교, 그레이스아카데미, 달구벌고등학교, 두레자연중학교, 산돌학교, 삼광국제기독학교, 성산효마을학교, 승리기독학교, 여명학교, 예드랑아카데미, 전인기독학교, 킹씨드 모바일스쿨, 하누리국제기독학교, 한국국제크리스챤스쿨(KICS), 한꿈학교	15	12.4%
2005	나드림국제미션학교, 다니엘지혜학교, 대안교육센터 시소학교, 두레학교, 벧엘국제학교, 빅하트크리스챤스쿨, 쉐마리더스쿨, 쉐마학교, 아힘나 평화학교	9	7.4%
2006	광성드림학교, 등대국제학교, 릭스쿨(Live International Christian School), 샘물기독초등학교, 성샘국제학교, 쉐마기독학교, 지우국제학교, 크리스천스프라웃대안학교, 태백대안학교, 팔렬중고등학교, 하나인학교	11	9.1%
2007	굿뉴스사관학교, 꿈꾸는 요셉초등학교, 나지르학교, 드림국제학교, 민들레학교, 생명나무학교, 자유기독학교, 제자국제기독학교, 중앙기독중학교, 태화 국제학교, 한누리기독사관학교, 한마음기독학교	12	9.9%
2008	글로벌리더스기독학교, 다리꿈학교, 데오스중고등학교, 새이레기독학교(유치원은 1998년 개교), 아름다운학교(JDS), 아이티 기독학교, 영강쉐마기독학교, 예향기독학교, 올네이션스국제학교, 웨일즈국제학교, 은혜의 동산 기독학교, 정원국제학교, 제자크리스천스쿨, 참빛문화예술학교, 토기장이학교, 헤이븐기독학교	16	13.2%
2009	겸손과 섬김의 학교, 경기국제학교, 다다예술학교, 두리하나국제학교(DIS), 비전국제학교, 샘물중학교, 시냇가에 심은 나무 학교, 예일크리스천국제학교, 월광드림학교, 이랑학교, 제주해맑음국제특성화학교, 지구촌국제학교	12	9.9%
2010	등대기독학교, 생명의강학교, 수정국제크리스천학교(SICS), 우리들 학교, 은혜기독대안학교, 인투비전학교, 하늘학교, 효신푸른학교	8	6.6%
2011	서울국제기독아카데미(SICA), 갈보리국제학교, 경민국제기독학교, 꿈꾸는학교, 목포국제기독학교, 글로벌선진학교(문경GVCS), 미디안스쿨, 밀알두레학교, 아이머스 실용음악고등학교, 온누리국제크리스천학교, 제주열방대학부설기독학교, 푸른꿈비전스쿨, 한국미래창의력학교, 한국축구학교	14	11.6%
합계		121	100.0%

〈표 8 개교년도 별 기독교대안학교 목록〉

1-6. 학교유형

	도시형	도시+전원(절충형)	전원형	전체
2011년 기독교대안학교	38	14	24	76
	50.0%	18.4%	31.6%	100.0%

〈표 9 기독교대안학교 학교 유형- 도시형, 전원형〉

	통학	기숙+통학(통합형)	기숙	전체
2011년 기독교대안학교	38	22	26	86
	44.2%	25.6%	30.2%	100.0%
2006년 일반대안학교	17	7	19	43
	39.5%	16.3%	44.2%	100.0%

〈표 10 기독교대안학교 학교 유형- 기숙형, 통학형〉

대안학교를 그 성격과 교육과정의 특징을 내포한 중요한 기준으로 학교의 유형을 도시-전원형으로 나눈다. '2007 대안교육백서'에서도 도시형, 전원형을 나누어 비인가 중등학교를 소개하고 있고, '2010 대안학교 조사'에서도 학교를 소개하며, 이를 명시해 학부모들의 이해를 돕고 있다. 박상진(2012)[17]도 기독교대안학교의 여러 준거 중의 하나로 도시/전원형을 들며, 도시형은 학교가 도시 안에 위치하면서 일상적인 삶과 문화, 생활 속에서 이루어지는 교육이라고 한다면, 전원형은 자연친화적인 생태환경 속에서 노작을 통한 경험을 중시하는 교육이라고 설명하였다. 물론 도시형이라고 반전원적 가치를 지녔거나, 전원형이라고 해서 모두 반도시적 가치를 지녔다 할 수 없다. 그래서 이번 설문에서는 절충형(도시+전원)도 구분하였다. 예를 들어 학교는 주소상 도시에 위치해 있으나, 최대한 전원적 환경을 갖추기 위해 노력하고 이를 지향하는 학교들이 여기에 해당된다고 할 수 있다.

기독교대안학교들은 50.0%(38개)가 귀 학교가 도시형이라 응답하였고, 그 다음으로 전원형(24개, 31.6%), 절충형(14개, 18.4%)이라 답하였다. 이와 연관지어 기숙-통학형도 중요한 학교 유형으로 나누어 보았다. 이는 학부모들이 학교를 선택할 때 중요하게 고려하는 요건이라고 할 수 있다. 전원형 학교의 경우 도시에 떨어져 있다 보니 당연히 기숙형이 많고, 도시형의 경우 통학형일 가능성이 높겠지만 학교 이념상 공동체성을 지향하는 경우 도시형이지만 기숙을 운영하는 경우가 있다. 또한 초중고통합학교인 경우, 학생의 연령을 고려해 저학년 때는 통학을 하다가 고학년이 되었을 때 기숙을 하는 혼합형(기숙+통학)이 있어 설문에서는 이 세 가지를 구분해 질문하였다.

여기에 대해서는 도시형의 응답비율이 높은 것과 같이 통학형이라 답한 학교가 44.2%(38개)이고, 다음으로 기숙형(26개, 30.2%), 혼합형(22개, 25.6%) 순이다. 2006년에 비해 통학형과 기숙형이 줄고 혼합형은 늘어나는 경향을 보임을 알 수 있다.

2. 학교의 조직 및 운영

2-1. 설립, 운영주체

	교회	법인	'사립학교법'에 의한 학교법인	법인이 아닌 단체	특정 개인	전체
2011년 기독교대안학교	35	17	10	9	13	83
	41.7%	20.2%	11.9%	10.7%	15.5%	100.0%
2006년 기독교대안학교	17	13			13	43
	39.5%	30.2%			30.2%	100.0%

〈표 11 기독교대안학교 설립주체〉

설립주체와 같다	설립주체와 다르다				전체
72	13				85
84.7%	15.3%				100.0%
	법인	특정 개인	'사립학교법'에 의한 학교법인	법인이 아닌 단체	
	2	1	3	6	13
	16.7%	8.3%	25.0%	50.0%	100.0%

〈표 12 기독교대안학교 운영주체〉

	장로교						감리교	성결교	독립교단	침례교	기타	전체
	예장통합	예장합동	고신	예장개혁	기독교장로	예장정통						
2011년 기독교대안학교	10	7	4	2	2	1	3	2	2	1	1	35
	28.6%	20.0%	11.4%	5.7%	5.7%	2.9%	8.6%	5.7%	5.7%	2.9%	2.9%	100.0%
2006년 기독교대안학교	6	3	1	0	0	0	2	1	0	0	4	17
	35.3%	17.6%	5.9%	0.0%	0.0%	0.0%	11.8%	5.9%	0.0%	0.0%	23.5%	100.0%

〈표 13 기독교대안학교를 설립한 교회 교단〉

　기독교대안학교의 설립주체는 '2006 기독교대안학교 실태연구'과 동일하게 교회(35개, 41.7%)가 가장 많았다. 다음으로 법인(20.2%)과 특정개인(15.5%), 학교법인(11.9%), 법인이 아닌 단체(10.7%)의 순으로 나타났다. 2006년에 비해서는 특정개인이 설립하는 경우는 줄고, 법인이나 단체가 설립하는 경우가 늘어남을 알 수 있다.

　운영주체에 대한 질문에는 대부분의 학교가(84.7%) 설립주체와 동일하다고 응답하였다. 이는 설립목적과 이념에 따른 학교운영으로 일관성 있는 교육실현이라는 긍정적 효과가 있을 것으로 판단된다. 운영주체가 설립주체가 다른 경우, 운영주체로 단체(50.0%), 학교법인(25.0%), 법인(16.7%)가 많은데, 이는 교사, 학부모에게 교육을 일입했거나, 학교설립 후 학교의 안정성과 공공성을 위해 법인을 설립한 경우라 사료된다. 동명고등학교, 여명학교, 성산효마을학교, 천안대안학교 경우 2006년 조사에는 모두 교회 설립을 표시했으나, 금번 연구에는 법인 설립으로 학교법인 또는 법인이 설립주체라 응답하였다. 이들도 설립주체와 운영주체가 다르고 운영주체가 학교법인 또는 법인인 경우라고 볼 수 있다.

　교회가 설립한 경우 교회가 속한 교단을 분석해 보았다. 〈표 13〉의 결과와 같이 학교를 설립은 장로교가 76.5%로 가장 많이 설립한 것으로 나타났다. 감리교의 산돌학교 경우는 교회가 아닌 감리신학교에서 설립한 특별한 사례이다. 2006년에 비해 다양한 교단에서 학교를 세우고 있다는 것을 알 수 있고, 앞서 말한 것처럼 동명고등학교(2006년 응답: 동명교회), 여명학교(남서울은혜교회), 성산효마을학교(순복음인천교회), 천안대안학교(중부순복음교회)까지 포함하면 교회가 설립한 사례는 더 많고, 교단도 다양해진다.

2-2. 이사회

있다	없다	전체
63	23	86
73.3%	26.7%	100.0%

〈표 14 기독교대안학교 이사회 유무〉

한다	안 한다	전체
57	6	63
90.5%	9.5%	100.0%

〈표 15 기독교대안학교 이사회 개최 유무〉

학교 이사회는 학교의 조직 중 가장 상위단계로서 건강한 이사회 운영은 학교의 정체성을 지키면서 행정 및 운영을 체계적이고 투명하게 하려는 노력 중 하나라 할 수 있다. 학교의 규모와 성격상 반드시 이사회가 아니더라도 운영에 있어 객관적인 의사결정기구를 두는 것은 모든 학교에 필요하다. 기독교대안학교의 73.3%는 이사회가 있고, 그 가운데 90.5%는 정기적으로 이사회를 개최한다고 응답하여 비교적 잘돼 가는 것으로 보이나, 실제 얼마나 그 역할을 충실히 하는지는 알 수 없다.

2-3. 학부모

기독교대안학교에서는 교육의 일차적 책임이 부모에게 있다고 본다. 하지만 우리나라의 대부분 가정 현실은 그렇지 못하다. 학교와 사교육에 자녀교육을 맡긴 채 안절부절 불안해 하는 모습을 쉽게 볼 수 있다. 이런 문제의식을 가진 많은 기독교대안학교에서는 학생교육과는 별도로 학부모 모임과 교육을 실시하고 있다. 이를 통해 첫째, 부모가 교육의 주체로서 회복되기를 기대하고, 둘째, 학교-

학부모 관계 개선과 학교의 교육철학을 공유하는 기회로 삼고자 한다. 학부모교
육을 통해 학교의 소식 및 전달사항을 전하고, 학교를 위해 함께 기도하며, 동역
자 의식을 함양하게 된다. 또 혹시 학교나 교사, 또는 학부모와 갈등이 있을 때에
도 학부모 모임이 이를 해결하는 통로가 된다.

있다	없다	전체
60	26	86
69.8%	30.2%	100.0%

〈표 16 기독교대안학교 학부모운영위원회 유무〉

	정기적 부모교육	학부모기도회	초입 학부모교육	예비 학부모교육
한다	65	59	58	38
	73.9%	67.0%	65.9%	43.2%
안 한다	21	21	19	32
	23.9%	29.5%	21.6%	36.4%
무응답	2	3	11	18
	2.3%	3.4%	12.5%	20.5%

〈표 17 기독교대안학교의 학부모 모임(응답학교수=88개)〉

시기	학기중 연수	주중 1회	방학중	외부기관
한다	52	17	14	1
	59.1%	19.3%	15.9%	1.1%
정기적 부모교육 한다고 응답한 학교 내 비율(65개)	80.0%	26.2%	21.5%	1.5%

〈표 18 기독교대안학교의 학부모 교육시기(응답학교수=88개)〉

학부모운영위원회는 학부모가 교육의 중요한 파트너로서 학교 운영에 공식
적으로 참여할 수 있는 기회를 제공하는 제도이다. 공교육에서는 의무적으로 운
영되는 기구지만, 기독교대안학교는 학교의 상황에 맞춰 선택적으로 운영되고
있다. 전체 응답 기독교대안학교 중에는 60개(69.8%)가 학부모운영위원회가 있다
고 답하고 있다. '2009 대안학교 실태연구'에서 학부모에게 '실제로 학교 운영과
관련된 모임에 자주 참여한다.'를 5단척도로 물었을 때, 특성학교 학부모 경우,
45.6%가 '그런 편', '매우 그런 편'이라고 긍정적으로 응답하였고, 비인가대안학

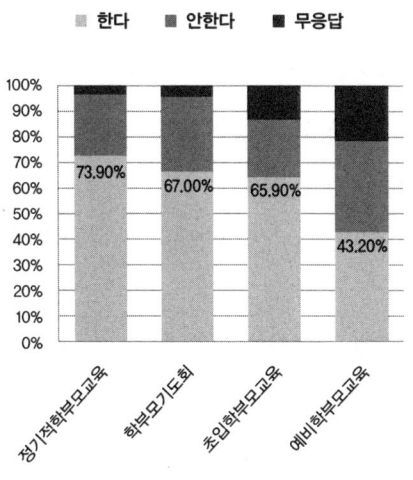

[그림 2 기독교대안학교의 학부모 모임]

교 학부모는 70.4%가 긍정적으로 답하여 비인가대안학교 학부모가 훨씬 교육참여에 적극적임을 알 수 있다. 학부모운영위원회 조직 자체 유무와 학부모 참여율은 다를 수 있겠지만, 기독교대안학교는 일반 대안학교의 비인가대안학교와 비슷한 수준을 추측할 수 있다.

학부모모임에 대한 질문에는 정기적 부모교육을 한다는 학교가 65개(73.9%)로 하지 않는다는 응답보다(21개, 23.9%) 3배 이상 높았다. 이는 앞서 언급한 것처럼 학생교육만큼 부모교육을 중요하게 여긴다는 증거라고 할 수 있다. 학부모기도회도 59개(67.0%) 학교가, 초입 학부모교육은 58개(65.9%) 학교가 시행하고 있었고, 입학 전 예비학부모교육까지 실시하는 학교도 38개(43.2%)나 되었다. 그 시기는 주로 학기중 연수형태(52개, 정기적 학부모교육을 실행하는 학교 중 80.0%)로 이루어지고, 주중에 한 번씩 만나는 형태도 17개 학교정기적 학부모교육을 실행하는 학교 중 26.2%나 된다. 그 외 방학 중에 실시하거나 외부기관에 의존하는 경우도 있다.

2-4. 소속단체

기독교 대안학교연맹	기독교학교 교육연구소	ACSI/ ACSI KOREA	대안교육연대	기타
43	18	12	8	12
48.9%	20.5%	13.6%	9.1%	13.6%

〈표 19 기독교대안학교 소속단체(응답학교수=88개)〉

기독교대안학교는 학교의 특성에 따라 연합단체에 가입한다. 이는 그 단체가 학교의 성격을 대변해 주고, 단체의 명성으로 공신력을 확보하기 위해서이기도 하다. 정기적 모임을 통해 일반 정보를 교환하고, 대정부를 상대로 정책개선을 위해 한목소리를 내기도 한다. 또 작게는 학교 운영에 있어서 고민들에 대한 해결 방안 아이디어를 나누고 건전한 피드백을 받으며, 실질적의 도움을 받을 수 있다.

기독교대안학교에게 소속단체를 묻는 질문에 48.9%(43개)의 학교가 기독교대안학교연맹 소속이라고 응답했다. 그 뒤로 20.5%(18개)가 기독교학교교육연구소 소속, 13.6%(12개) 학교가 ACSI KOREA 소속, 그 외 13.6%(12개)가 기타, 9.1%(8개)가 대안교육연대의 순으로 답했다. 기독교대안학교연맹[18]은 기독교대안학교의 대표적 연합단체로 2005년에 설립되었고 현재 48개의 회원학교들이 있다. 매년 1월에 컨퍼런스를 개최해 전국의 기독교대안학교들이 모이는 연합행사를 개최하고, 매년 8월에는 기독교학교교육연구소와 함께 기독교대안학교박람회를 열며, 기독교대안학교의 연대활동과 소통의 장을 제공하고 있다. 기독교학교교육연구소[19]는 2006년에 설립되어 기독교학교교육 전반을 연구하는 단체로 23개 협력, 회원학교들이 소속되어 있다. 다양한 연구물의 교류와 세미나 및 교육프로그램 제공으로 학교의 내실화를 다지는 데 도움을 주고 있다. ACSI(Association of Christian Schools International)[20]는 기독교학교국제연합기구 중 하나로 2012년 8월, 31개의 기독교대안학교가 협정을 맺고 있는 것으로 파악된다. 2011년 간담회를 시작으로 김요셉 목사(수원중앙기독학교)가 주축이 되어 ACSI KOREA 창립되었다. 앞으로 한국에서 건전한 역할이 기대되는 단체이다. 마지막으로 대안교육연대[21]

18) www.casak.org
19) www.cserc.or.kr
20) www.acsi.org
21) www.psae.or.kr

는 대안학교를 아우르는 단체로 2002년 세워져 회원단체로 53개교가 있다. 대안 교육의 발전과 정체성을 지키기 위한 다양한 프로그램과 대정부 연대 활동을 활 발히 하고 있다.

2-5. 재정

1) 기부금, 예탁금, 월수업료

	없다	100만원 미만	100만원- 300만원 미만	300만원- 500만원 미만	500만원- 1,000만원 미만	1,000만원 이상	전체
2011년 기독교대안학교	35	6	12	8	11	1	73
	47.9%	8.2%	16.4%	11.0%	15.1%	1.4%	100.0%
2006년 기독교대안학교	32	0	0	1	2	3	38
	84.2%	0.0%	0.0%	2.6%	5.3%	7.9%	100.0%

〈표 20 기독교대안학교 기부금〉

	없다	100만원 미만	100만원- 300만원 미만	300만원- 500만원 미만	500만원- 1,000만원 미만	1,000만원 이상	전체
2011년 기독교대안학교	63	2	3	1	3	0	72
	87.5%	2.8%	4.2%	1.4%	4.2%	0.0%	100.0%
2006년 기독교대안학교	35	0	0	0	2	1	38
	92.1%	0.0%	0.0%	0.0%	5.3%	2.6%	100.0%

〈표 21 기독교대안학교 예탁금〉

금액	없다	10만원 미만	10만원-30 만원 미만	30만원-50 만원 미만	50만원-100 만원 미만	100만원-150 만원 미만	150만원 이상	전체
2011년 기독교대안학교	1	8	10	18	27	9	1	74
	1.4%	10.8%	13.5%	24.3%	36.5%	12.2%	1.4%	100.0%
2006년 기독교대안학교		7	9	12	9	2		39
		17.9%	23.1%	30.8%	23.1%	5.1%		100.0%

〈표 22 기독교대안학교 월수업료〉

학부모가 자녀를 기독교대안학교에 보내려고 하면 많은 비용을 지불해야 한 다. 입학금, 수업료, 특별활동비(체험학습비, 보충학습비 등) 등은 물론, 학교에 따라 기 부금, 예탁금, 기숙사비, 통학차량운행비, 해외이동수업비 등을 내기도 한다. 이

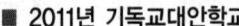 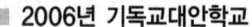

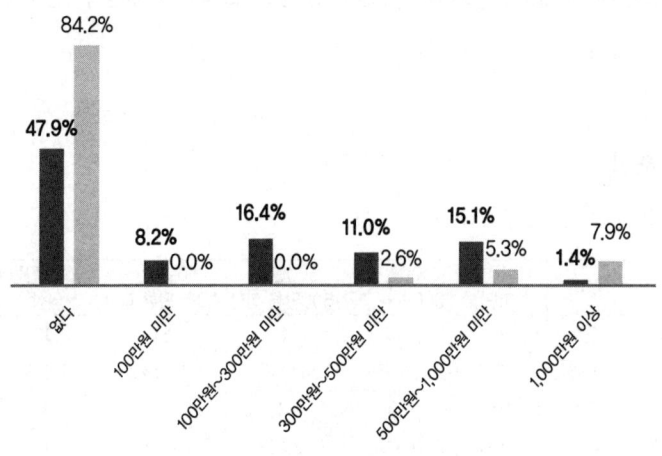

[그림 3 기독교대안학교 기부금]

번 설문에는 이 가운데 기부금, 예탁금, 월수업료에 대해 조사하였다.

기부금은 학교의 건축이나 운영 발전을 위하여 학부모가 일정 금액 이상의 돈을 학교에 기부하는 금액을 말하고, 예탁금은 학교의 일정한 운영을 위해서 입학시에 일정 금액의 돈을 학교에 납부하였다가, 졸업 혹은 전학 등으로 학교를 떠날 상황에서 학교가 다시 돌려주는 돈을 말한다. 월수업료는 학교에 따라 학기 별, 분기 별로 내는 경우가 있어 1년치 수업료를 12개월로 나눈 비용으로 응답하게 하였다.

기부금에 대해서 응답한 73개교 중에서 기부금이 없다고 응답한 학교는 47.9%인 35개 학교였다. 규모가 작고 위탁형, 특성화학교인 곳에서 없다고 답한 비율이 높았다. 기부금이 있다고 응답한 학교는 100만 원~300만 원이 16.4%(12개), 500만 원~1,000만 원이 15.1%(11개), 300만 원~500만 원이 11.0%(8개), 100만 원 미만이 8%(6개), 1,000만 원 이상이 1.4%(1개)로 나타났다. 기부금 평균은 208만 원으로 추정할 수 있다.

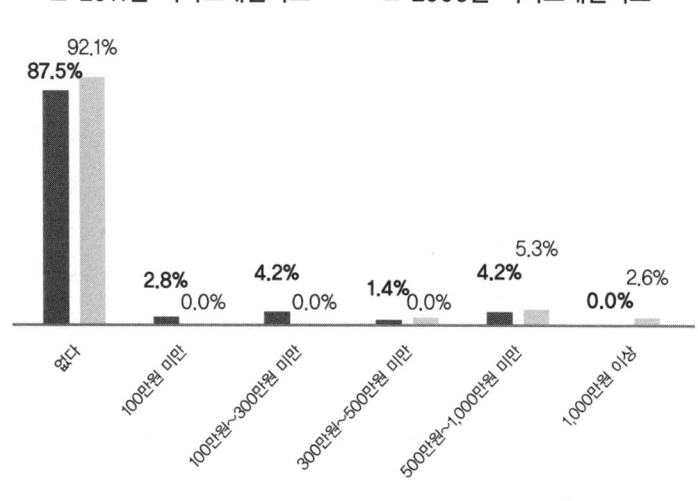

[그림 4 기독교대안학교 예탁금]

예탁금은 응답한 72개교 중에서 87.5%인 63개교가 없다고 응답하였다. 그리고 예탁금이 있는 학교 중에서 100만 원~300만 원인 학교와 500만 원~1000만 원인 학교가 각각 4.2%(3개), 100만 원 미만인 학교가 2.8%(2개)이며, 100만 원~500만 원인 학교가 1.4%(1개)의 순으로 나타났다. 이를 바탕으로 추정한 예탁금 평균은 47만 원이다. 학교들이 예탁금보다는 기부금의 형태로 학부모들의 후원을 빌고 있었는데, 이는 일시적으로 예치해 두는 예탁금의 경우, 한 번에 여러 명의 학부모가 빠져 나갈 시에 학교에 재정적 위협이 될 수 있기 때문이다.

월수업료는 응답한 74개 학교 중에서 27개 학교인 36.5%가 50만 원~100만 원으로 가장 많이 응답했고, 24.3%(18개)가 30만 원~50만 원으로 다음 순위를 이어 답했다. 그리고 10만 원~30만 원이 13.5%(10개), 100만 원~150만 원이 12.2%(9개), 10만 원 미만이 10.8%(8개)였고, 없다는 응답과 150만 원 이상이라는 응답이 1개(1.4%) 학교씩 있다. 기독교대안학교의 월수업료 평균은 58만 원으로 추정할 수 있다.

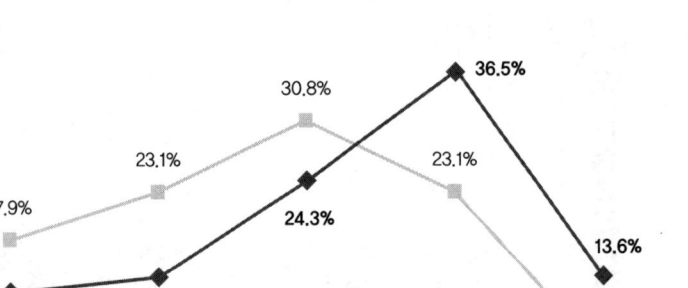

[그림 5 기독교대안학교 월수업료]

2006년과 비교해 보면 기부금, 예탁금, 월수업료 모두 상승한 것을 알 수 있다. 2010년 통계청과 한국은행이 발표한 자료에 따르면 물가상승률 2005~2010년 소비자 물가상승률 16.1% 대비 교육비상승률은 22.8%에 달한다고 하는데,[22] 기독교대안학교도 그 수준으로 오른 듯 보인다. 비인가대안학교는 정부로부터 지원을 전혀 받지 못하고, 특성화학교라도 기독교학교로서 충실한 학교운영을 하기 위해 정부로부터 지원을 받지 않는 경우가 있어 그 부담을 학부모에게 지울 수밖에 없다. 하지만 학비로 인해 기독교학교에 자녀를 보내는 것을 주저하거나 포기하는 사례들을 볼 때, 학비는 속히 해결되어야 할 문제이다.

학비에 대한 부담을 완화시키고 저소득층 자녀의 교육기회를 열어 주기 위해 마련된 것이 장학금이다. 학교 별로 전체 등록금 대비 장학금 비율을 물었다. 이에 응답한 학교는 51개 학교였고, 평균 전체 등록금 대비 16.5%을 장학금 혜택으로 주고 있었다. 미응답 학교를 포함해 장학금이 없는 학교도 있고, 최대 50%

---

22) http://magazine.hankyung.com/business/apps/news?popup=0&nid=01&c1=1001&nkey=2012043000856000321&mode=sub_view

까지 장학금을 받는 경우도 있다. 학교마다 차이가 있지만 아직 재정 운영이 넉넉하지 않고, 후원문화가 정착되지 않는 우리나라에서 장학금은 활발히 실행되지 못하는 것으로 보인다.

2) 연 총 세입

	운영주체 보조금 비율	학부모(학생) 부담금 비율	후원금 비율	기타 비율	전체
전체 기독교대안학교 평균	16.1%	64.4%	9.7%	16.1%	100%
비인가 기독교대안학교 평균	11.2%	70.7%	11.1%	7.4%	100%

〈표 23 기독교대안학교 연 총 세입 비율(전체 학교수=43개/비인가학교수=33개)〉

10% 미만	10-20% 미만	20-30% 미만	30-40% 미만	40% 이상	전체
13	7	2	1	2	24
54.2%	29.2%	8.3%	4.2%	8.3%	100%

〈표 24 기독교대안학교 운영주체 보조금 비율〉

20% 미만	20-40% 미만	40-60% 미만	60-80% 미만	80% 이상	전체
3	6	5	12	16	42
7.1%	14.3%	11.9%	28.6%	38.1%	100%

〈표 25 기독교대안학교 학생(학부모) 부담금 비율〉

학교의 연 총 세입은 41개 학교가 응답하였고, 평균 13억 9천 8백만 원 가량이며, 최소 3천 8백만 원에서 91억 원까지 나타났다. 연 총 세입을 91억 원이라 응답한 학교는 학교 건축비까지 포함한 금액이어서 이처럼 높게 나타난 것이다. '2009 대안학교 실태연구'에서 비(미)인가대안학교(91개 학교) 2008년 연 총 세입은 학교당 2억 8천 9백만 원 가량이라고 한 것과 비교하면 기독교대안학교의 재정 규모가 훨씬 커 보인다. 미인가 기독교대안학교만을 보아도 평균 11억 6천 4백만 원 가량으로 마찬가지이다(73개교 중 31개교만 응답).

그렇다면 연 총 세입의 비율을 어떻게 될까? 학부모(학생) 부담금이 64.4%로 가장 높고, 운영주체 보조금 비율과 기타 비율이 16.1%, 후원금 비율이 9.7%였

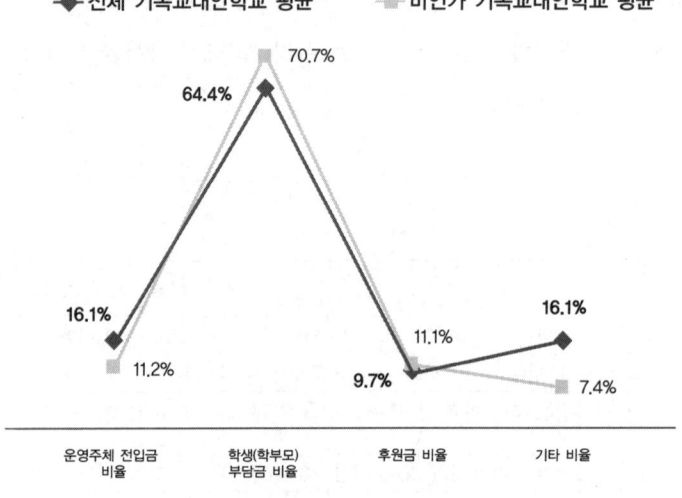

[그림 6 기독교대안학교 연 총 세입 비율]

다. 기타 비율이 높은 정부지원을 받는 학교들이 있기 때문이다. 비인가 기독교 대안학교만을 대상으로 분석했을 때는 학부모(학생)부담금이 70.7%로 훨씬 높아 졌고, 운영주체 전입금이 11.2%로 낮아지고, 후원금이 11.1%, 기타 7.4% 순으로 나타났다. '2009 대안학교 실태연구'에서 비(미)인가대안학교(91개 학교)는 학부모 (학생) 부담금이 65.0%, 운영주체 보조금이 10.9%, 정부 보조금 9.2%, 외부 지원 금 3.9%, 기관 사업 수입 2.5% 순이었다(교육기술과학부, '2009 미인가 대안교육기관 재정 지 원 사업' 신청서). 학부모(학생)부담금이 가장 높은 것은 같으나 학부모(학생)부담금이 5.7% 가량 낮은데, 이는 큰 금액은 아니지만 정부재정지원을 받고 있기 때문이 다.[23]

다시 기독교대안학교의 운영주체 보조금 비율과 학생(학부모)부담금 비율을

---

23) 교과부는 학업중단학생에 대한 국가책무성 제고 차원에서 '06년 11월부터 미인가 시설에 대한 재정지원(특별교부금)을 실시하고 있으나, 그 지원금액은 미미한 실정이다. 2007년 비인가대안학교 학생당 평균지원 금액은 39만 원이었다. 연도 별 지원금액: '09년 1,298백만 원/ '10년 958백만 원/ '11년 1,200백만 원/ '12년 1,370백만 원.

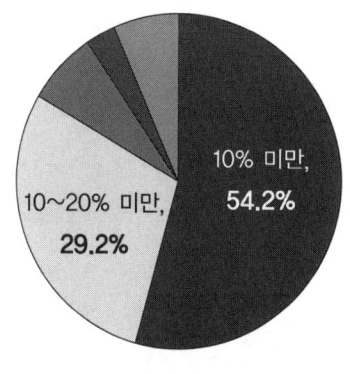

[그림 7 운영주체 보조금 비율]

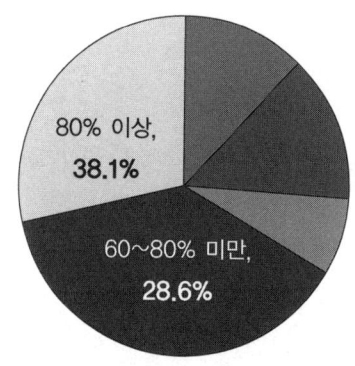

[그림 8 학생(학부모) 부담금 비율]

살펴보면, 운영주체 전입금 비율은 반 이상(54.2%)이 10% 미만의 보조금을 지급하고 있었고, 학부모(학생)부담 비율이 80% 이상인 학교는 38.1%(16개), 60~80% 미만 학교도 28.6%(12개)인 것으로 나타나 운영주제 보조금 적고, 학생(학부모)의 의존도가 높음을 알 수 있다.

3. 교직원

3-1. 교직원수

	전체 교원	정교사	비교과교사	비상근교사	남	여
응답학교수	88	85			78	
전체(명)	2,192	1,110	46	654	768	1,178
평균(명)	24.9	13.1	0.5	7.7	9.8 39.5%	15.1 60.5%
한 학교에 근무하는 최소 인원(명)	6	2	0	0	2	2
한 학교에 근무하는 최대 인원(명)	82	45	5	44	34	49

〈표 26 기독교대안학교 전체 교원수와 분류〉

	전임교사						교과담당 비상근 교사		
	교장	교감	교목	부장교사	교사	특수교육교사	기간제	시간강사	자원교사
전체(명)	84	45	61	104	806	10	80	441	133
평균(명)	1.0	0.5	0.7	1.2	9.5	0.1	0.9	5.2	1.6
해당 교사가 있는 학교 수(개)와 비율	84 98.8%	41 48.2%	48 56.5%	42 49.4%	84 98.8%	7 8.2%	16 18.8%	56 65.9%	10 11.8%
한 학교에 근무하는 최소 인원(명)	0	0	0	0	0	0	0	0	0
한 학교에 근무하는 최대 인원(명)	1	2	4	8	38	3	13	33	22

〈표 27 기독교대안학교 교과담당 교사수(응답학교수=85개)〉

	비교과교사			행정직원		
	양호	사서	상담	상근행정	비상근행정	봉사자
전체(명)	7	13	26	200	22	40
평균(명)	0.1	0.2	0.3	2.4	0.3	0.5
해당 교사가 있는 학교수(개)와 비율	6	11	15	60	13	10
	7.1%	12.9%	17.6%	70.6%	15.3%	11.8%
한 학교에 근무하는 최소 인원(명)	0	0	0	0	0	0
한 학교에 근무하는 최대 인원(명)	2	2	5	25	4	10

〈표 28 **기독교대안학교 비교과교사 및 행정직원수**(응답학교수=85개)〉

기독교대안학교 전체 교원수는 88개 학교 응답, 2,192명이고 학교당 평균은 24.9명이다(〈표 26〉). 한 학교에 근무인원은 최소 6명에서 82명까지 있다. 전체 교원에는 상근으로 근무하는 모든 교사와 직원(정교사, 비교과교사, 상근행정직원)을 포함하였다. '2009 대안학교 실태연구' 자료를 토대로 학교 유형 별로 교원수와 교원수 평균을 〈표 29〉에 정리했는데, 이와 비교하면 전체 교원수는 비슷하나, 교원수 평균이 크게는 2배까지 차이가 남을 알 수 있다. 전체 교원수가 많은 것은 기독교대안학교에 초중고통합학교 비율이 높은 것과 연관이 있어 보인다.

	특성화고등학교	특성화중학교	인가대안	위탁	비인가	전체
학교수	21	8	2	46	94	171
교원수	322	94	26	675	1,188	2,305
교원수 평균	15.3	11.8	13.0	14.7	12.6	13.5

〈표 29 **대안학교 교원수**〉

기독교학교의 정교사는 85개 학교 응답 1,110명이 있고, 평균 13.1명씩 있으면 최소 2명, 최대 45명이 근무한다. '2006 기독교대안학교 실태연구' 정교사수 학교당 12.8명과 비슷하다 하겠다. 비교과교사는 전체 46명이 있고, 평균 0.5명씩 있으면 최소 0명, 최대 5명까지 근무한다. 비상근교사는 654명이 있고, 평균 7.7명씩 있으면 최소 0명, 최대 44명이 근무한다.

정교사를 더 자세히 살펴보면, 교장, 교감, 교목, 부장교사, 교사, 특수교육교사들이 있다. 교장은 85개 학교 중 84개(98.8%)가 1명씩 있다. 일반 대안학교 중에는 교장이 없는 경우도 있는데, '2009 대안학교 실태연구'에서 조사한 91개 학교 중 80개 학교만 교장이 있다고 응답했다. 이는 독립적인 학교 형태가 갖추어지지 못하고 다른 기관에 부속되거나 프로그램 일부만 위탁 운영되는 등의 경우에는 교장을 두지 않는 학교가 상당수이기 때문이라고 했다. 교감은 전체 평균 0.5명, 41개 학교(48.2%)에 있고 최대 2명까지 있다. 교목은 평균 0.7명, 48개 학교(56.5%)에 최대 4명까지 있으므로 교감보다 그 비율이 높게 나타났다. 부장교사는 일종의 리더급 교사로 평균 1.2명이고, 42개 학교(49.4%)가 부장교사제도를 가지고 있는 것으로 보이며, 최대 8명까지 있다. 교사는 학교당 평균 9.5명, 84개 (98.8%) 학교에 교사가 있다고 응답했는데, 교사가 없는 한 학교는 모든 교사가 부장교사라고 응답하였다. 최대 교사가 많은 학교는 38명까지 근무하고 있다.

교과를 담당하는 비상근교사는 기간제, 시간강사, 자원교사가 있다. 이중 시간강사를 가장 선호한다. 기간제 교사는 평균 0.9명, 16개 학교(18.8%)에 있고 최대 13명까지 있다. 시간강사는 평균 5.2명, 56개(65.9%)가 있다고 했고, 최대 33명까지 채용된 학교가 있다. 자원교사는 말 그대로 봉사로 가르치는 무급교사인데, 평균 1.6명, 10개(11.8%) 학교에 있고 최대 22명이 봉사하는 학교가 있다.

비교과교사는 대표적으로 양호교사, 사서, 상담교사가 있다. 이들 모두 다른 교사에 비해 수가 매우 적다. 전체 학교에서 양호교사는 7명(6개 학교), 사서는 13명(11개 학교)뿐이다. 그나마 상담교사는 그중 가장 많은 26명(15개 학교)이 재직하고 있다. 모두 합쳐 평균 0.6명 정도이다.

행정직원은 상근행정직원, 비상근행정직원, 봉사자로 나눠서 조사했다. 상근행정은 평균 2.4명, 60개 학교(70.6%)에서 최대 25명이 근무한다. 비상근행정은 평균 0.3명으로 매우 작고 13개 학교(15.3%) 최대 4명이 있다. 마지막으로 봉사자는 평균 0.5명, 10개 학교(11.8%), 최대 10명이 있다.

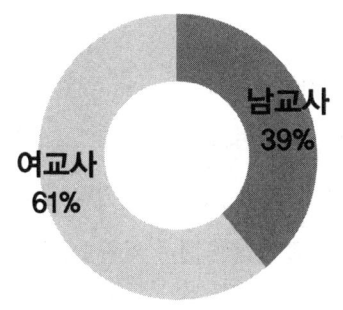

[그림 9 기독교대안학교 교사남녀비율]

남녀교사수를 답한 78개 학교 결과, 남교사 9.8명, 여교사 15.1명이고, 학교 별 남녀교사 평균비율은 남교사 39.5%, 여교사 60.5%로 여교사가 다소 높게 나타났다. '2007 대안교육백서'에서 일반 정규학교가 남녀교사 비율이 46.1%, 53.9%로 나타나 여교사가 많은데, 이에 비해 특성화학교(남녀교사 비율 59.2%, 40.8%)와 전원형대안학교(남녀 53.8%와 46.2%)는 남교사 비율이 높았다고 서술했다. 기독교대안학교는 비율상으로 일반 대안학교보다 일반 학교에 가깝게 나타난 것이 특징이다.

3-2. 교직원의 특징

		응답학교수	교원 1인당 학생수	정교사 1인당 학생수
2011년 기독교대안학교	전체	79	3.4	6.1
	비인가	77	2.8	5.4
2006년 기독교대안학교	전체	40	-	6.8
	비인가	30	-	6.4

〈표 30 기독교대안학교 교원 1인당 학생〉

		응답학교수	한 학교에 자격증 소지자 평균(명)	자격증 소지자 비율
2011년 기독교대안학교	전체	63	12.0	53.3%
	비인가	77		53.1%
2006년 기독교대안학교	전체	43	9.1	71.2%
	비인가	33		60.6%

〈표 31 기독교대안학교 자격증 소지자(응답학교수=63개)〉

3년 미만	3년-5년 미만	5년-7년 미만	7년-10년 미만	10년 이상
4.7	4.3	3.1	1.6	1.9
30.3%	27.5%	19.8%	10.3%	12.0%

〈표 32 기독교대안학교 학교당 경력 별 평균 교사수(응답학교수=63개)〉

1) 교사 1인당 학생수

기독교대안학교의 교원당 학생수 3.4명, 비인가학교는 2.8명이다. 이를 정교사만으로 다시 계산하면 교사 1인당 학생 6.1명, 비인가학교는 5.4명로 크게 늘어난다. 그러나 이 수치는 2006년에 비해서는 소폭 줄었음을 알 수 있다. '2009 대안학교 실태연구'에 나온 전체 교원수와 학생수로 계산한 결과 교원 1인당 학생수는 3.9명이다. 학교 유형 별 교원 1인당 학생수 차이를 보이는데, 비인가대안학교를 보면, 교원 1인당 학생수가 3.4명으로 기독교대안학교보다 조금 높다. 그러나 둘 다 일반 정규학교의 초등과 중등 17.3명, 고등 14.8명에 비해서는 매우 낮음을 알 수 있다.

	특성화고등학교	특성화중학교	인가대안	위탁	비인가	전체
학교수	21	8	2	46	94	171
교사당 학생수	7.6	10.4	8.5	1.9	3.4	3.9

〈표 33 대안학교 교원 1인당 학생수〉

초등학교	중학교	고등학교
17.3	17.3	14.8

〈표 34 일반학교 교원 1인당 학생수〉

2) 자격증 유무

자격증 유무에 대해서는 정교사와 비교과교사까지 포함해 물었다. 한 학교에 자격증 소지자 평균은 12.0명이고, 소지자 비율은 53.1%이다. 비인가 기독교대안학교도 53.1%로 전체 비율과 크게 차이 나지 않는다. '2006 기독교대안학교 실태연구'에서는 전체 549명의 교사 중 해당 자격증 소지 교사는 391명으로 한 학교당 9.1명, 전체 교사의 71.2%였고, 비인가학교들로 계산했을 때는 60.6%였다. 자격증 소지자 인원은 2배가 증가했는데, 전체 비율로는 줄었다. '2009 대안학교 실태연구'에서는 자격증 소지자로 따져 특성화학교의 경우 97.5%, 위탁대안학교는 88.6%로 매우 높았고 비인가대안학교는 46.6%로, 절반이 채 되지 않는 것을 알 수 있다. 기독교대안학교와 비인가대안학교 모두 자격증 소지 비율은 반쯤이다. 이는 자격증을 소지한 교사 채용이 어려워서 그럴 수도 있고 이를 그리 중요한 기준으로 여기지 않기 때문이기도 하다.

	특성화학교	위탁대안학교	비인가대안학교
응답학교수	19	34	26
자격증 소지자 비율	97.5%	88.6%	46.6%

〈표 35 대안학교 자격증 소지자〉

3) 경력 별 교원수

3년 미만이 30.3%로 가장 높고, 그 다음으로 3~5년 미만 교사(27.5%)가 많다. 이를 합치면 58.8%나 된다. 기독교대안학교의 과반수 이상은 5년 미만 교사라 할 수 있다. '2009 대안학교 실태연구'에도 역시 대안학교 교사 경력이 그리 길지 않음을 발견할 수 있다. 2년 자료임을 고려해 '3년 미만' 교사만 보면 특성화학교는 32.5%이지만, 비인가대안학교는 69.7%가 된다. 그리고 비인가대안학교는 전체 약 90%가 5년 미만 교사들로 구성되어 있다. 이는 대안학교 역사가 그리 길지 않기 때문이기도 하지만, 안정적이지 못한 생활로 수명이 길지 못하기 때문이기도 하다. 대안교육의 오랜 세월 몸담은 우수한 교사들이 근무할 수 있는 여건이 속히 만들어지기 바란다.

	1년 미만	1년-2년 미만	2년-3년 미만	3년-4년 미만	4년-5년 미만	5년-10년 미만	10년-15년 미만	15년-20년 미만	20년 이상	전체
특성화 학교	32	47		62		61	39	1	0	243
	13.20%	19.30%		25.50%		25.10%	16.0%	0.40%	0.0%	100.0%
비인가 대안학교	417	369	246	180	116	153				852
	28.2%	24.9%	16.6%	12.2%	7.8%	10.3%				100.0%

〈표 36 대안학교 경력 교사수〉

3-3. 교직원 선발

	면접	자기소개서	이력서	세례교인증명서	수업시연	추천서	기타	포트폴리오	캠프	독후감
한다	78	76	75	44	42	41	20	13	8	5
	94.0%	91.6%	90.4%	53.0%	50.6%	49.4%	24.1%	15.7%	9.6%	6.0%
안 한다	5	7	8	39	41	42	63	70	75	78
	6.0%	8.4%	9.6%	47.0%	49.4%	50.6%	75.9%	84.3%	90.4%	94.0%

〈표 37 기독교대안학교 교사 선발 전형(응답학교수=83개)〉

	1순위		2순위		3순위		가중치점수	순위
	학교수(개)	백분율	학교수(개)	백분율	학교수(개)	백분율		
소명의식	27	33.3%	20	24.7%	20	24.7%	141	1위
영성	23	28.4%	13	16.0%	13	16.0%	108	2위
인성	8	9.9%	20	24.7%	20	24.7%	84	3위
학교 이념 동의	6	7.4%	14	17.3%	14	17.3%	60	4위
교사자격증 여부	9	11.1%	3	3.7%	3	3.7%	36	5위
교과에 대한 기독교세계관 해석능력	1	1.2%	3	3.7%	3	3.7%	12	6위
외국어 구사 능력	2	2.5%	2	2.5%	2	2.5%	12	6위
교사 경력	2	2.5%	1	1.2%	1	1.2%	9	8위
예비교사교육 참여	2	2.5%	1	1.2%	1	1.2%	9	8위
기타	0	0.0%	3	3.7%	3	3.7%	9	8위
선교단체 훈련 여부	1	1.2%	1	1.2%	1	1.2%	6	11위
전체	88	100.0%	88	100.0%	88	100.0%		

〈표 38 기독교대안학교 교사 선발 기준〉

기독교대안학교의 교사는 어떤 방식과 기준으로 선발될까? 먼저 선발 전형을 살펴보면 대부분의 학교(78개, 94.0%)가 면접을 보고 다음으로 자기소개서(76개, 91.6%), 이력서(75개, 90.4%) 순으로 본다고 답했다. 일상적 선발 전형으로 교사를 뽑는 것으로 보인다. 그리고 과반수 정도의 학교가 세례교인증명서(53.0%), 수업시연(50.6%), 추천서(49.4%)를 보고, 그 외에 기타(24.1%), 포트폴리오(15.7%), 캠프(9.6%), 독후감(6.0%)을 반영해 선발한다고 답했다.

교사 선발 기준을 1, 2, 3순위로 꼽아 달라고 질문했을 때 88개의 학교에서 다음의 순위를 두어 응답했다. 교사 선발 기준 1순위로 33.3%의 학교에서 중요시한 첫 번째 기준은 소명의식이었다. 그리고 두 번째 기준은 28.4%로 영성, 세

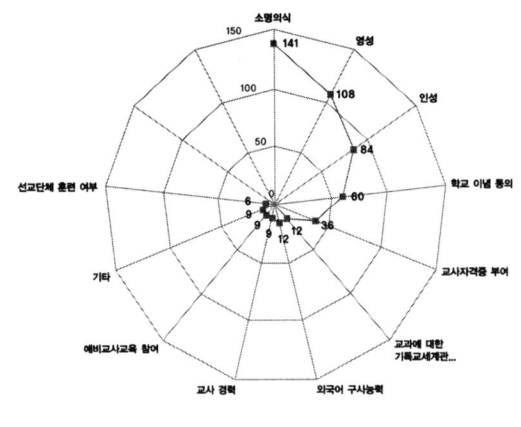

[그림 10 기독교대안학교 교사 선발 기준율]

번째 기준은 9.9%로 인성이었다. 2순위로 응답한 첫 번째 기준은 24.7%로 소명의식과 인성이 차지했으며, 17.3%로 학교 이념 동의로 나타났다. 또한 3순위의 첫 번째 기준은 24.7%로 소명의식과 인성이 차지했고, 다음으로 17.3%로 학교 이념 동의였다.

전체적인 순위를 평가하기 위해 가중치를 주어 결과를 보았을 때, 141점으로 전체적인 선발기준 1위는 소명의식으로 나타났으며, 2위는 108점으로 영성, 3위는 84점인 인성으로 나타났다. 또한 60점인 학교 이념 동의가 4위, 36점인 교사 자격증 여부가 5위, 12점인 교과에 대한 기독교세계관 해석능력과, 외국어 구사능력이 6위였으며, 교사경력과, 예비교사 교육참여, 기타 그리고 선교단체 훈련 여부의 순서로 중요도가 나타났다.

'2006 기독교대안학교 실태연구'에서는 교사 선발 기준에 대한 질문에 영성, 전문성이라고 답했는데, 교사의 전문성을 구체적으로 판단하기 어렵지만 자격증 여부나 교과에 대한 기독교세계관해석능력이 기독교대안학교 교사로서 갖춰야 할 전문성으로 본다면 이에 비해 소명의식, 인성, 학교 이념 동의 등이 더 앞순위인 것은 약간의 변화라 하겠다.

'2009 대안학교 실태연구'는 일반 대안학교의 교사채용에서 인터뷰를 거쳐 선발한다고 했고, 선발 기준으로 대안교육에 대한 지원자의 열정이나 관심 정도, 또 공동체 생활에 대한 헌신을 주로 본다고 하였다.

3-4. 교사교육

	예비 교사 교육	초임 교사 교육	자체 연구 모임	계속 교육	계속교육 시기 및 방법						
					학기중	방학	외부 기관	주중 1회	대학원, 유학	기타	국가 기관
한다	29	54	32	71	48	44	25	23	14	8	5
	40.3%	75.0%	44.4%	98.6%	66.7%	61.1%	34.7%	31.9%	15.9%	11.1%	6.9%
안 한다	43	18	40	1	24	28	47	49	58	64	67
	59.7%	25.0%	55.6%	1.4%	33.3%	38.9%	65.3%	68.1%	80.6%	88.9%	93.1%

〈표 39 기독교대안학교 교사교육 실시 여부 및 시기(응답학교수=72개)〉

기독교대안학교에서 교사는 매우 중요하다. 아무리 훌륭한 교육목표와 체계적인 교육과정을 가지고 있다고 해도 그것을 실제로 교실에서 구현하는 것은 교사이기 때문이다. 현재 한국에 기독교학교 교사를 양성하는 기관이 매우 적고, 개별 학교의 교육철학과 교육과정 및 방법들을 공유하기 위해서는 별도의 교사교육이 필요하기 때문에 자체적으로 시행하는 학교가 많다.

이번 설문에는 교사교육 실시 여부와 계속교육 시기 및 방법에 대해 조사하였다. 이에 대해 72개 학교가 응답하였는데, 먼저 예비교사교육은 40.3%(29개), 초임교사교육은 75.0%(54개)가 한다고 응답했다. 직접적 교사교육은 아니지만, 교사 성장에 도움이 되는 자체 연구 모임은 44.4%(32개)에서 가지고 있다. 앞서 기독교대안학교에서 교사교육의 필요성을 언급했듯이, 계속교육은 거의 모든 학교(98.6%, 71개)에서 실시하고 있다.

계속교육의 시기 및 형태는 학기중 교육이 66.7%와 방학중 교육이 61.1%로 과반수를 넘었고, 다음으로 외부기관연수가 34.7%, 주중 1회 교사교육을 실행하는 곳도 31.9%로 나타났으며, 대학원, 유학 지원은 15.9%, 기타 11.1%, 국가기관을 통해서는 6.9%가 한다고 답했다. 이들 교육들을 2개 이상 실시한 학교들도 다수 있다.

'2009 대안학교 실태연구'에서는 대안학교 교사가 되기 전이나 된 후에 받은 교사교육에 대한 질문에 27.4%의 교사들은 받은 적이 없다고 답해 기독교대 안학교에 비해 대안학교 교사들에게 교육과 연수가 아직까지 보편화되지는 않 은 것으로 조사되었다. 교사들이 가장 많이 받은 교사교육은 '대안교육 단체에 서 제공하는 교사교육 프로그램'(39.1%)이며, 그 다음은 '개별 대안학교에서 제공 하는 교사교육 프로그램'(34.3%), '평생교육시설에서 제공하는 교사교육 프로그 램'(13.5%), '교과부나 시도 교육청이 주관하는 연수'(10.9%) 순으로 답했다. 교사교 육이 학교에서 교육활동을 수행하는 데 도움이 되느냐는 문항에 92.2%가 긍정 적으로 답해 교사교육이 학교뿐 아니라 교사에게도 필요함을 알 수 있다. 또 다 른 질문으로 수업 및 생활지도능력 등 전문성 신장에 가장 큰 도움을 주고 있는 요인을 물었을 때, '선배나 동료교사와의 대화'(31.3%)에 응답한 교사들이 가장 많 았다. 또 '학교 외부 연수'(21.4%)가 '학교 자체 연수'(18.3%)나 '교과 연구 모임'(13.4%) 보다 더 도움이 된다고 응답한 경우가 많았다. 이외에도 '독서, 인터넷 등'(9.4%), '대학원 수학'(2.7%)을 든 교사들도 있었다.

3-5. 교장의 특징

	교육학 전공	공교육 교사경험	목회자	대안학교 교사경험	설립 담임목사	박사 학위소지자
이다/ 있다	31	23	19	18	16	15
	49.2%	36.5%	30.2%	28.6%	25.4%	23.8%
아니다/ 없다	32	40	44	45	47	48
	50.8%	63.5%	69.8%	71.4%	74.6%	76.2%

〈표 40 기독교대안학교 교장의 특징(응답학교수=63개)〉

어느 조직이 그렇듯 기독교대안학교 역시 리더, 교장의 역할이 중요하다. 교 장은 기독교대안교육이라는 대양 앞에서 방향을 정해 새로운 길을 개척하고, 위 기상황에 대처해야 하는 막중한 사명을 가지고 있기 때문이다. 그래서 기독교대 안학교마다 학교에 꼭 맞는 교장을 찾기 위해 여러 노력을 한다. 그렇다면 한국

기독교대안학교의 교장들은 어떤 특징을 가지고 있을까? 63개 학교가 응답해 준 결과, 공통된 특징으로 교육학 전공인 경우가 49.2%, 공교육교사 경험이 있는 경우는 36.5%, 목회자인 경우는 30.2%, 대안학교 교사 경험이 있는 경우는 28.6%, 설립교회 담임목사인 경우는 25.4%, 박사 학위 소지자인 경우는 23.8%로 나타났다. 교육학을 전공한 교장이 1/2 정도 되고, 기독교학교인 만큼 목회자가 리더인 경우가 약 1/3 정도 되는 것이 특징으로 볼 수 있지만, 뚜렷한 특징은 발견하지 못했다.

『기독교대안학교의 교육성과를 말한다』(2012)에서 '학교장의 대안교육에 대한 확신과 실행의지'와 '학교장의 학교경영능력'(리더쉽)에 대한 질문에 대해 교사, 학부모 모두 높게 평가하였다.[24] 이는 기독교대안학교 교장들이 위에 요소 이외에 긍정적 특징을 가지고 있다는 뜻이다. 이에 대한 연구가 앞으로 기독교학교 발전을 위해 필요하며, 전문성 향상을 기르기 위한 리더쉽 교육이 요구된다.

3-6. 교사 월급

100만원 미만	100만원-150 만원 미만	150만원-200 만원 미만	200만원-250 만원 미만	250만원-300 만원	300만원 이상	전체
17	19	23	12	1	0	72
23.6%	26.4%	31.9%	16.7%	1.4%	0.0%	100.0%

〈표 41 기독교대안학교 초임교사 월급〉

교사 복지는 기독교대안학교에서 크게 다루고 있지 않은 사각지대 중 하나이다. 지난 실태조사에서도 교사 월급에 대해서 조사하려 했으나, 학교에서 공개를 꺼려 하여 제대로 조사하지 못하였다. 그래서 이번 조사에서는 초임교사 월급을 기준으로 하고 객관식으로 질문하였다. 그 결과 초임교사 월급은 150만 원~200만 원 사이가 72개교 중에서 23개교(31.9%)로 가장 많았다. 그리고 100만 원

---

24) 학교장의 대안교육에 대한 확신과 실행의지: 교사 4.42점, 학부모 4.42점/학교장의 학교경영능력(리더쉽): 교사 4.10점, 학부모 4.50점(5점 만점).

~150만 원이 19개교(26.4%), 100만 원 미만이 17개교(23.6%)였고, 200만 원~250만 원 12개교(16.7%), 250만 원~300만 원이 1개교(1.4%)로 나타났다. 이 결과를 통해 평균 초임교사 월급이 142만 원으로 추정된다.

'2009 대안학교 실태연구'에서는 교사들의 응답을 통해 교원 월급을 분석했는데, 〈표 42〉에서 보는 것과 같이 비인가대안학교와 특성화학교가 크게 차이가 남을 알 수 있다. 이 같은 특성화학교는 많은 경우 교사의 인건비를 지방교육청으로부터 지원받고 있기 때문에 일반 정규학교 교사와 같은 수준이라고 볼 수 있다. 비인가대안학교 상근교원 평균월급이 116만 원이라고 밝혔다. 대안학교자료는 2년 전 조사이고, 경력직 교사까지 포함하였고, 이번 기독교대안학교 조사에서는 특성화학교를 구분하지 않기 때문에 절대비교는 어렵지만, 둘 다 특성화학교, 일반 정규학교 교사에 비해서는 열악한 여건임을 알 수 있다.

금액	80만원 미만	80만원-100만원 미만	100만원-150만원 미만	150만원-200만원 미만	200만원-250만원 미만	250만원-300만원	300만원 이상	전체
2009 비인가대안학교의 해당 월급의 상근 교원수	65	52	76	37	8	0	0	238
	27.3%	21.8%	31.9%	15.5%	3.4%	0.0%	0.0%	100.0%
2009 특성화학교의 해당 월급의 상근 교원수	0	0	16	68	15	74	74	247
	0.0%	0.0%	6.5%	27.5%	6.1%	30.0%	30.0%	100.0%

〈표 42 대안학교 교원 월급〉

4. 학생 및 시설

4-1. 학생수

	전체 학교 총 학생수	한 학교의 전교생수 평균	학급당 학생수 평균
2011년 기독교대안학교	7,266	92.0	10.6
2006년 기독교대안학교	3,396	84.9	14.5

〈표 43 기독교대안학교 총 학생수, 전교생 평균 및 학급당 학생수(응답학교수=2011년 79개, 2006년 40개)〉

	50명 미만	50-100명 미만	100-150명 미만	150-200명 미만	200-250명 미만	250명 이상	전체
2011년 기독교대안학교	37	18	6	8	4	6	79
	46.8%	22.8%	7.6%	10.1%	5.1%	7.6%	100.0%
2006년 기독교대안학교	12	16	8	2	2	0	40
	30.0%	40.0%	20.0%	5.0%	5.0%	0.0%	100.0%

〈표 44 기독교대안학교 학생수 별 분류(응답학교수=2011년 79개, 2006년 40개)〉

남학생	여학생
49.9	47.5
51.2%	48.8%

〈표 45 기독교대안학교 학교당 남녀학생수 평균(응답학교수=61개)〉

2011년 기준 기독교대안학교 79개 학교에 다니는 학생은 7,266명이다. 이는 일반 정규학교 학생수의 0.1%에 해당하는 수이며(2011년 전체 학생수 6,986,853명), 2006년 3,396명과 비교해 2배 이상 증가한 수이다. 한 학교의 전체 학생는 92.0명이고, 학급당 학생수는 10.6명이다. 일반 정규학교의 학급당 학생수가 2011년 교육통계에 따르면 30.5명인데, 그에 비해 1/3 수준으로 매우 낮다. 학생 규모 별로 분류한 〈표 44〉를 보면 50명 미만 학교가 46.8%(37개)로 절반 가까이 되고, 다음으로 50~100명 미만 학교(18개, 22.8%)이다.

'2009 대안학교 실태연구'에서는 전체 171개 학교에 다니는 학생이 8,908명이고, 학교당 평균은 52.1명이었다. 특성화학교, 인가대안학교는 110명 내외인데, 위탁형대안학교와 비인가대안학교의 규모는 그 절반 이하이어서 전체 평균 52.1명으로 나타났다. 기독교대안학교에 비해서는 작은 규모임을 알 수 있는데, 기독교대안학교는 초·중·고 통합학교의 비율이 높기 때문으로 보인다. 학급당 학생수는 특성화학교와 인가대안학교만 정리되었는데, 학급규모 110명 내외, 92.0명이 비슷한 데 비하면, 기독교대안학교가 크게 낮다.

	특성화고등학교	특성화중학교	인가대안	위탁	비인가	전체
학교수	21	8	2	46	94	171
총 학생수	2,436	974	222	1,283	3,993	8,908
전체 학생수 평균	116.0	121.8	111.0	27.9	42.5	52.1
학급당 학생수 평균	20.7	23.8	18.5	-	-	-

〈표 46 대안학교 학생수〉

기독교대안학교 남녀 비율은 각각 51.2%, 48.8%로 크게 차이가 나지 않는다. 이는 아래 '2009 대안학교 실태연구'의 결과 〈표 47〉와 다른 점이다. 일반 대안학교는 남자의 비율이 높고, 위탁형대안학교의 경우는 학교의 특성상 더 높게 나타났다.

	남학생	여학생
위탁형대안학교	635	322
	66.4%	33.6%
비인가대안학교	2,238	1,676
	57.2%	42.8%

〈표 47 대안학교 남녀학생수〉

4-2. 초·중·고 별 학생수

각 초·중·고과정의 학생수를 조사했다. 초등과정에는 남녀가 각각 평균 13.1명, 12.7명이 다니고, 초등과정 학생수는 평균 25.7명이고, 최대 186명까지 있다. 학교당 학급수는 3.1개로 6년 과정임을 고려하면, 한 학년당 0.5개 학급이 있다고 할 수 있다. 이는 중고등과정에 비해 초등과정이 적기 때문이다. 다른 이유로 학교들 중 초등과정을 전 학년을 운영하지 않고 중등과정 전 6학년만 또는 유치원과 연계해 1, 2, 3학년부터 매해 한 학년씩 늘려 가는 경우가 있기 때문일 수 있다. 초1과정은 학생수 평균 4.3명(남 2.1, 여 2.2), 총 학생수는 241명이고, 초2과정은 학생수 평균 4.6명(남 2.2, 여 2.4), 총 학생수는 256명이고, 초3과정은 학생수 평균 4.6명(남 2.4, 여 2.2), 총 학생수는 258명이고, 초4과정은 학생수 평균 4.3명(남 2.3, 여 1.9), 총 학생수는 238명이다. 초5과정은 학생수 평균 4.0명(남 2.0, 여 2.1), 총 학생수는 225명이고, 초6과정은 학생수 평균 4.0명(남2.1, 여1.9), 총 학생수는 223명이다.

〈표 50〉를 보면, 초등과정이 있는 학교는 23개(41.1%) 학교이고, 이 학교만을 고려했을 때는 학급당 학생수는 9.2명이고, 초등과정 전교생 평균은 62.7명이다. 위의 25.7명과 차아나는 것은 〈표 49〉의 평균이 초등과정만이 아닌 전체 응답학교 56개 학교 대비해 초등과정 학생수 비율을 보기 위한 값이기 때문이다. 중등과정이 있는 학교는 40개(71.4%) 학교로 학급당 학생수는 11.2명, 중등과정 전교생 평균은 55.7명이다. 고등과정이 있는 학교는 38개(67.9%) 학교로 학급당 학생수는 11.4명, 고등과정 전교생 평균은 56.8명이다. 학급당 학생수를 일반 정규학

교와 비교하면 그 차이가 매우 커, 일반 학교의 약 1/3 수준이다.

초등학교	중학교	고등학교	전체
25.5	33.0	33.1	30.5

〈표 48 일반 학교 학급당 학생수〉

	전체		초1		초2		초3		초4		초5		초6	
	남	여	남	여	남	여	남	여	남	여	남	여	남	여
남녀학생수 평균(명)	13.1	12.7	2.1	2.2	2.2	2.4	2.4	2.2	2.3	1.9	2.0	2.1	2.1	1.9
한 학교당 학생수 평균(최대학생수)	25.7(186)		4.3		4.6		4.6		4.3		4.0		4.0	
한 학교당 학급수 평균	3.1		0.5		0.4		0.5		0.5		0.6		0.6	
총 학생수	1,441		241		256		258		238		225		223	
	전체		중1		중2		중3							
	남	여	남		여		남		여		남		여	
남녀학생수 평균(명)	19.9	19.8	7.1		5.9		6.1		6.7		6.8		7.3	
한 학교당 학생수 평균(최대학생수)	39.8(333)		12.9				12.8				14.0			
한 학교당 학급수 평균	3.0		1.0				1.0				1.0			
총 학생수	2,226		724				718				786			
	전체		고1		고2		고3							
	남	여	남		여		남		여		남		여	
남녀학생수 평균(명)	20.2	18.4	8.1		7.3		6.7		5.7		5.4		5.3	
한 학교당 학생수 평균(최대학생수)	38.5(278)		15.4				12.4				10.7			
한 학교당 학급수 평균	2.8		1.1				0.9				0.8			
총 학생수	2,158		864				695				599			

〈표 49 기독교대안학교 초중고 별 학생수(응답학교수=56개)〉

초등			중등			고등		
학교수	학급당 학생수	초등과정 전교생 평균[25]	학교수	학급당 학생수	중등과정 전교생 평균	학교수	학급당 학생수	고등과정 전교생 평균
23	9.2	62.7	40	11.2	55.7	38	11.4	56.8
41.1%			71.4%			67.9%		

〈표 50 기독교대안학교 초중고 별 분석(응답학교수=56개)〉

---

25) 해당 과정이 있는 학교만 고려해서 낸 학교당 전체 학생수 평균.

4-3. 학생의 특징

	기독교 가정 학생비율	해외거주 학생비율	학교 부적응 학생비율	북한이탈 청소년 비율	장애학생 비율	다문화 학생비율
평균 비율	84.9%	9.7%	9.5%	4.0%	3.6%	0.2%
해당 학생이 있는 학교 수(개)와 비율	72	28	26	5	20	4
	93.5%	36.4%	33.8%	6.5%	26.0%	5.2%
한 학교에 재학하는 최대비율	100.0%	90.3%	100.0%	100.0%	100.0%	7.2%

〈표 51 기독교대안학교 재학생 특성 별 구성(응답학교수= 77개)〉

초등과정	중등과정	고등과정
947	1,465	3,721

〈표 52 기독교대안학교 학교급 별 졸업생 누적수(응답학교수= 초등과정 10개, 중등과정 19개, 고등과정 33개)〉

기독교대안학교에 다니는 학생들은 어떤 특징을 가지고 있을까? 가장 높은 비율을 역시 기독교가정학생 비율이었다(84.9%). 다음으로 해외거주 경험이 있는 학생은 9.7%, 학교부적응학생비율 9.5%, 장애학생비율 3.6%, 북한 이탈 청소년 비율 4.0%, 다문화학생비율 0.2%로 나타났다. 이를 다시 각각 살펴보면 기독교 가정학생 비율에 대한 응답으로 5개 학교가 0%라고 답했다. 이는 기독교가정 학 생이 한 명도 없다는 뜻이 아니고 기독교가정학생 여부를 중요하게 생각하지 않 는다는 의미로 보인다. 이들 학교를 제외하면 72개 학교의 기독교가정학생비율 은 90%에 이른다. 다시 말해 실제적으로 기독교대안학교에는 90%의 학생이 기 독교가정자녀라는 것이다. 해외거주학생이 있는 학교는 28개(36.4%)로 두 번째 로 많았는데, 이들 비율이 최대 90.3%까지 이르는 학교들도 있다. 이들 중에는 단순 유학뿐 아니라, 선교사 자녀도 포함되어 있다. 기독교국제대안학교 중에 는 선교사자녀(MK)를 위해 세워진 학교들도 있다. 학교부적응학생이 있는 학교 는 26개(33.8%)이고, 학교부적응학생만을 위한 학교들이 있기 때문에 최대 비율 은 100.0%이다. 다음은 북한 이탈 청소년인데, 학교는 5개(6.5%) 학교밖에 되지 않지만 이들 학교들이 대부분 북한 이탈 청소년만을 위한 학교들이기 때문에 전체 비율이 높게 나타났다. 다음으로 장애학생은 20개 학교(26.0%)에 있고, 이 역시 장애학생만을 위한 기독교대안학교가 한 곳 있기 때문에 최대 비율은 100.0%이다. 다문화 학생은 4개 학교(5.2%)에 있고, 최대 7.2%까지 가장 낮게 나타났는데, 2012년 다문화 학생들을 위한 기독교대안학교(지구촌학교)도 생기면서 차츰 관심이 높아질 것으로 보인다.

'2009 대안학교 실태연구'의 일반 대안학교의 구성을 살펴보면, 〈표 53〉와 같다. 특성화학교와 비인가대안학교 안에서도 차이가 나는 것을 볼 수 있는데, 북한 이탈 청소년의 경우, 북한 이탈 청소년만을 위한 한겨레학교로 인해 특성화학교가 높은 비율을 보였다. 다른 특성의 학생들은 대체로 비인가대안학교가 높았다. '다문화'는 비인가대안학교 〉 특성화학교 〉 기독교대안학교순이고, '장애학생'은 기독교대안학교 〉 비인가대안학교 〉 특성화학교 순이고, '해외유학생'은 기독교대안학교 〉 특성화학교 〉 비인가대안학교 순으로 높았다.

	다문화	북한 이탈 청소년	장애	해외유학
특성화학교	0.4%	20.3%	0.3%	5.5%
비인가대안학교	3.4%	0.1%	2%	1.0%

〈표 53 **대안학교 특성 별 구성**(응답학교수=특성화학교 19개, 비인가대안학교 29개)〉

얼마나 많은 학생들이 기독교대안학교 졸업하였을까? 88개 중 32개 학교가 2008년 이후에 개교했기 때문에 졸업생이 없고, 〈표 52〉의 응답학교수로 추정했을 때, 졸업생을 배출한 학교는 초등과정 10개, 중등과정 19개, 고등과정 33개 이상이 있다고 할 수 있다. 위탁학교인 경우 졸업생이 없고, 계절학교의 경우는 전체 수에 포함시키지 않았다. 기독교대안학교 졸업생은 초등과정 947명, 중등과정 1,465명, 고등과정 3,721명이 있다. 이 학생들의 앞으로 어떤 삶을 사느냐가 기독교대안학교에 진정한 성과라 할 수 있다. 『기독교대안학교의 교육성과를 말한다』에서 기독교대안학교의 졸업생 연구를 실시하였는데, 졸업생이 느끼는

교육성과로 삶을 보는 시각의 변화, 상호신뢰의 인간관계 경험 그리고 자기 주도
적 학습능력을 꼽았다. 앞으로 기독교 졸업생들의 사회에서의 역할과 긍정적 영
향력들이 기독교대안학교 인식 변화와 발전에 기여할 수 있다고 보인다.

4-4. 학생의 선발

	학생 면접	부모 면접	논술	기타	전학교 내신	지필 고사	체험 관찰	봉사 활동	관련 수상 경력	포트 폴리오
한다	85	71	31	29	25	22	17	14	10	6
	98.8%	82.6%	36.0%	33.7%	29.1%	25.6%	19.8%	16.3%	11.6%	7.0%
안 한다	1	15	55	57	61	64	69	72	76	80
	1.2%	17.4%	64.0%	66.3%	70.9%	74.4%	80.2%	83.7%	88.4%	93.0%

〈표 54 기독교대안학교 학생 선발 전형(응답학교수=86개)〉

	예		아니오		전체	
부모가 기독교인이어야 한다.	49	62.0%	30	38.0%	79	100.0%
학생이 기독교인이어야 한다.	47	60.3%	31	39.7%	78	100.0%
정기적인 학부모교육에 반드시 참여해야 한다.	61	76.3%	19	23.8%	80	100.0%
입학 이후 사교육을 받지 않아야 한다.	34	44.2%	43	55.8%	77	100.0%
수업에 있어 기본적인 영어 소통 능력이 필요한 사람이어야 한다.	13	18.6%	57	81.4%	70	100.0%
설립 및 운영교회 교인 자녀이어야 하거나 입학우선권이 주어진다.	17	24.3%	53	75.7%	70	100.0%

〈표 55 기독교대안학교 학생 선발 조건〉

　기독교대안학교의 학생 선발 전형과 특징적인 선발 조건에 대해 질문하였
다. 학생 선발은 주로 면접(학생-98.8%, 부모-82.6%)으로 이루어진다고 볼 수 있다. 그
외에 상대적으로 비율이 높은 순으로 논술 36%, 전학교 내신 29.1%, 지필고사
25.6% 있다. '2006 기독교대안학교 실태연구'에서도 학생 선발 전형이 서류와
면접(부모, 학생)으로 이루어진 것과 같이 여전히 면접의 비율이 가장 높음을 볼 수
있다. 또한 공동체생활을 통한 점검과정을 보는 체험관찰의 경우도 2011년과 같
이 약 20%이다.

'2009 대안학교 실태연구'에서는 특성화학교와 비인가대안학교 신입생 선발전형을 조사했는데, 특성화학교(14개)는 면접의 평균 반영 비율은 61.7%로 가장 높았고, 그 다음은 이전 학교의 내신 16.7%, 집단토론·체험관찰 10.8%, 논술 9.6%, 봉사활동 등 관련 경력 5.4%의 순으로 나타났다. 비인가대안학교들(26개)은 신입생 선발 방법으로 대부분 면접을 사용하는 것으로 나타났다. 일부 학교들이 자기소개서 등 논술을 일부 반영하기도 했지만 대부분은 학생과 학부모를 대상으로 한 면접과 지원 학생들의 입학 전 캠프활동 등을 통해 해당 학교에 적합한지를 판단하는 과정을 거치고 있었다. 설문조사에 응한 학교 가운데 내신 성적을 사용하는 경우는 없었으며, 한 개 학교만 자체 지필고사 성적을 10% 반영한다고 답했다. 기독교대안학교는 특성화학교 선발 전형과 가까움을 알 수 있다.

학생 선발의 특징적인 조건으로 부모와 학생이 기독교인이어야 하는지 물었는데, 기독교대안학교 재학생 특성 별 구성 〈표 51〉에서 기독교가정의 비율이 84.9%(실제 90%)라고 응답한 것과 달리 부모와 학생이 '기독교인이어야 한다.'의 비율은 각각 62.0%(49개), 60%(47개)로 생각보다 높지 않다. 반면 '정기적인 학부모 교육에 반드시 참여해야 한다.'의 비율이 76.3%(61개)로 가장 높은 조건으로 나타났다. 이는 기독교대안학교에서 부모교육을 그만큼 중요하게 생각한다는 반증이다. 그리고 사교육을 통제하는 학교는 44.2%(34개)로 사교육에 의지하고 있는 현 교육실태의 문제의식을 갖고 있다는 점에서 긍정적이다. 영어 소통 능력이 필요한 학교는 18.6%(13개)인데, 기독교국제대안학교에서 전 수업을 영어로 진행하는 경우가 해당된다. 마지막으로 설립, 운영교회 교인자녀 우선입학은 24.3%(17개)인데, 교회 설립 학교의 경우 재정지원을 많이 하는 만큼 이런 혜택을 주는 것으로 보인다.

4-5. 학교 시설

자가	전세	월세	장기임대	기타	전체
67	5	6	5	3	86
77.9%	5.8%	7.0%	5.8%	3.5%	100.0%

〈표 56 기독교대안학교 학교시설 소유형태〉

학교독립건물	교회건물사용	건물(부분)임대	기타	전체
48	20	11	3	82
58.5%	24.4%	13.4%	3.7%	100.0%

〈표 57 기독교대안학교 학교시설 사용형태〉

	교실	교무실	식당	도서관	컴퓨터실	음악실	운동장	미술실	과학실	양호실	강당	기숙사	상담실
있다	84	79	79	72	65	60	51	47	42	39	20	20	8
	100%	92.9%	92.9%	84.7%	76.5%	70.6%	60.0%	55.3%	49.4%	45.9%	23.5%	23.5%	9.4%
없다	0	6	6	13	20	25	34	38	43	46	65	65	77
	0%	7.1%	7.1%	15.3%	23.5%	29.4%	40.0%	44.7%	50.6%	54.1%	76.5%	76.5%	90.6%

〈표 58 기독교대안학교 학교 주요 시설 현황(응답학교수=85개)〉

기독교대안학교의 학교시설 소유형태는 자가소유가 77.9%(67개)로 가장 높았고, 월세 7.0%(6개), 전세와 장기임대는 각각 5.8%(5개), 기타 3.5%(3개)였다. 그러나 자가소유의 의미가 교회가 설립한 경우, 학교가 속한 법인 또는 학교의 소유가 아닌 교회건물을 사용하는 것을 자가소유로 인식하고 응답했을 가능성이 있다. '2009 대안학교 실태연구'에서 비인가대안학교 가운데 학교 소유의 건물을 가지고 있는 학교가 38개(42.2%)인 데 반해, 임차 건물을 활용하는 경우가 52개(57.8%)로 자기 건물을 가지고 있지 못한 학교가 더 많다.

기독교대안학교가 어떤 건물을 학교시설로 사용하고 있는지 물었다. 학교독립건물을 사용하는 경우가 58.5%(48개), 교회건물 사용은 24.4%(20개), 건물(부분)임대는 13.4%(11개), 마지막 기타는 3.7%(3개)로 응답하였다. '2006 기독교대안학교 실태연구'시, 학교건물과 교회건물 사용에 대한 물음에 각각 34개(79.1%), 9개(20.9%)라 답한 것에 비하면 교회건물을 사용하고 있는 비율이 약간 증가함을 알 수 있다.

학교 주요시설 현황을 살펴보면 교실은 모든 학교에 있었고, 식당, 교무실 각 각 92.9%(79개), 도서관 84.7%(72개), 컴퓨터실 76.5%(65개), 음악실 70.6%(60개) 순 으로 높은 비율을 보였다. 그 다음으로 운동장(60.0%, 51개), 미술실(55.3%, 47개), 과학 실(49.4%, 42개), 양호실(45.9%, 39개)은 학교들의 절반 정도가 갖추고 있고 열악한 시 설로는 강당과 기숙사(23.5%, 20개), 상담실(9.4%, 8개) 등이 있었다. 기숙사의 경우는 기숙형 학교(30.2%, 26개)와 통합형(기숙+통합, 25.6%, 22개)인데, 기숙사 보유 학교 비율 이 23.5%밖에 되지 않는 것에 의문이 든다.

5. 교육과정

5-1. 교과서

교과서 사용	2011 기독교대안학교		2006 기독교대안학교	
국가교육과정에 따른 교과서를 사용한다	25	29.1%	8	18.6%
외국교과서를(그대로 혹은 번역하여) 사용한다	8	9.3%	9	20.9%
학교 자체 내에서 개발한 교과서를 사용한다	3	3.5%	26	60.5%
기독교 세계관으로 재구성한 교과서를 사용한다	3	3.5%		
교과 별로 다르다	47	54.7%		
전체	86	100.0%	43	100.0%

〈표 59 기독교대안학교 교과서 사용 실태〉

　기독교대안학교의 교과서 사용 실태는 교육과정 운영 기본 방향을 알아보기 위함이다. 이번 조사 결과 '교과 별로 다르다.'가 54.7%(47개)로 가장 많이 나왔고, '국가교육과정에 따른 교과서를 사용한다.'는 29.1%(25개), '외국교과서를 (그대로 혹은 번역하여) 사용한다.'가 9.3%(8개), '학교 자체 내에서 개발한 교과서를 사용한다', '기독교 세계관으로 재구성한 교과서를 사용한다.'는 응답이 합쳐서 7.0%(6개)가 나왔다. 2006년에 비해 외국교과서 사용은 줄고, 그 비율만큼 국가교육과정에 따른 교과서 사용 비율이 높아졌다.

　'2009 대안학교 실태연구'에서는 특성화학교와 위탁형대안학교에서 〈표 60〉

에서 보는 것과 같이 약 80%가 국가교육과정에 따른 교과서를 사용한다. 반면 비인가대안학교에는 국가가 정한 국민공통기본교육과정을 따르지 않는 학교들이 대부분이다. 26개 학교 중 9개(31.0%) 학교만 국민공통기본교육과정을 20~70% 반영하고 있다고 답했다. 나머지 학교들은 국민공통기본교육과정을 전혀 반영하지 않거나 참고만 하는 것으로 조사됐다. 국민공통기본교육과정을 반영하는 학교들은 일부 국정교과서를 사용하기도 하지만 대부분의 학교에서는 자체 제작한 교과서나 일반 도서를 교과서로 활용하고 있었다. 기독교대안학교와 비슷한 상황으로 보인다. 금번 연구에서 주요 과목 별로 교과서 사용과 특징 등 조금 더 심도 있는 교육과정에 대해 조사하려 했으나, 학교 입장에서 교과 별, 교사 별, 학년 별 다양한 현황을 파악하는 것이 쉽지 않아 제대로 이루어지지 않았다. 추후 실태조사에는 이 점을 보완하여 실행하기 바란다.

	특성화학교	위탁형대안학교
국정교과서	17.6%	13%
검정교과서	56.3%	52%
인정교과서	5.4%	13%
자체 제작	26.9%	-
기타	-	22%(자체 제작 포함)
전체	100.0%	100.0%

〈표 60 대안학교 교과서 사용 현황〉

5-2. 교육과정

		성경공부(수업)	채플	QT	절기교육	단기선교
신앙 교육	한다	74	70	70	26	25
		85.1%	80.5%	80.5%	29.9%	28.7%
	안한다	13	17	17	61	62
		14.9%	19.5%	19.5%	70.1%	71.3%
		견학 및 탐방	성품교육	봉사활동	멘토링	국토순례
인성 및 체험 교육	한다	64	62	59	50	31
		73.6%	71.2%	67.8%	57.5%	35.6%
	안한다	23	25	28	37	56
		26.4%	28.7%	32.2%	42.5%	64.4%

평화 및 생태 교육		환경교육	노작	통일교육	가정실습	평화교육	목공실습	다문화교육
	한다	38	37	27	26	24	22	14
		43.7%	42.5%	31.0%	29.9%	27.6%	25.3%	16.1%
	안 한다	49	50	60	61	63	65	73
		56.3%	57.5%	69.0%	70.1%	72.4%	74.7%	83.9%

특기 적성 교육		음악활동	체육활동	독서	미술활동	영어캠프	사진 및 영상	컴퓨터교육	공연예술
	한다	78	73	72	66	44	39	37	35
		89.7%	83.9%	82.8%	75.9%	50.6%	44.8%	42.5%	40.2%
	안 한다	9	14	15	21	43	48	50	52
		10.3%	16.1%	17.2%	24.1%	49.4%	55.2%	57.5%	59.8%

〈표 61 기독교대안학교 특성화 교육과정 편성(응답 학교수=87개)〉

기독교대안학교의 교육과정 중 특징 있는 교육들에 대해 조사하였다. 이들을 4가지 영역으로 구분해 신앙교육, 인성 및 체험교육, 평화 및 생태교육, 특기적성교육으로 놓고, 각각 대표적 과목의 개설 여부를 체크하도록 하였다.

먼저 신앙교육에서 가장 많은 응답은 수업으로 하는 성경공부로 85.1%(74개)에서 실시하고 있다. 다음 비슷한 비율로 채플과 QT가 각각 80.5%(70개)로 나타났다. 그 외 절기교육(29.9%, 26개)과 단기선교(28.7%, 25개)는 약 30% 학교들이 하고 있다. 인성 및 체험교육은 견학 및 탐방(73.6%, 64개), 성품교육(71.2%, 62개), 봉사활동(67.8%, 59개)이 비슷한 수준으로 70% 내외 학교에서 실행되고 있고, 멘토링이 57.5%(50개), 국토순례는 35.6%(31개)가 실행되고 있다. 평화 및 생태교육에서는 비교적 환경교육 43.7%(38개)과 노작 42.5%(37개)이 많이 실행되는 과목이고, 통일교육 31.0%(27개), 가정실습 29.9%(26개), 평화교육이 27.4%(24개), 목공실습 25.3%(22개), 다문화교육 16.1%(14개) 순으로 대체로 다른 영역에 비해 낮은 비율을 보였다. 특기적성교육은 음악활동 89.7%(78개), 체육활동 83.9%(73개), 독서 82.8%(72개), 미술 75.9%(66개)로 많은 학교에서 개설하고 있는 것으로 나타났다. 이어 영어캠프 50.6%(44개), 사진 및 영상 44.8%(39개), 컴퓨터교육 42.5%(37개), 공연예술 40.2%(35개)을 실행하고 있다.

이 과목들을 개설 백분율 순으로 나열하면 아래 〈표 62〉와 같다. 표에서 보다시피 기독교대안학교에서는 '특기적성교육'과 '신앙교육'에 관련된 과목 그리고 '인성 및 체험 교육'의 활동들이 행해진다. 이에 비해 앞에서 언급했듯이 '평화 및 생태 교육'에 관련된 강좌는 상대적으로 적게 개설됨을 알 수 있다.

　기독교대안학교에 다양한 특성화교육과정이 개설되는 것은 바람직한 일이다. 일반 교과에서 다루지 못하는 다양한 주제와 활동으로 학생들의 전인적 발달에 긍정적 영향을 줄 것이다. 이런 과목들이 학교의 목표와 특성을 반영하기 마련인데, 이뿐 아니라 학생의 필요와 사회와 시대의 요구들까지 고루 반영해 선택, 구성되길 바란다.

순위	1위	2위	3위	4위	5위		7위	8위	9위	10위
영역	특기적성	신앙	특기적성	특기적성	신앙	신앙	특기적성	인성체험	인성체험	인성체험
과목	음악활동	성경공부(수업)	체육활동	독서	채플	QT	미술활동	견학 및 탐방	성품교육	봉사활동
학교수	78	74	73	72	70	70	66	64	62	59
	89.7%	85.1%	83.9%	82.8%	80.5%	80.5%	75.9%	73.6%	71.2%	67.8%

〈표 62 특성화 교육과정 개설 순위〉

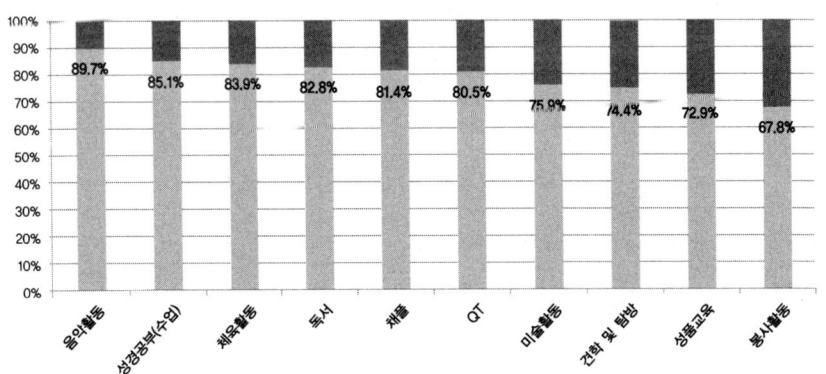

[그림 11 특성화 교육과정 개설 순위]

5-3. 해외 이동 수업

한다		안 한다	전체
37		42	79
46.8%		53.2%	100.0%
전원참석	6개월 이상		
22	19		
59.5%	51.4%		

〈표 63 해외 이동 수업 여부〉

미국	캐나다, 뉴질랜드	필리핀	중국	두 군데 이상	기타	전체
11	2	2	2	9	7	33
33.3%	6.1%	6.1%	6.1%	27.3%	21.2%	100.0%

〈표 64 해외 이동 수업 지역〉

해외 이동 수업은 일반 대안학교에는 많지 않은 기독교대안학교의 특징 중 하나다. 해외 이동 수업은 기독교국제대안학교가 아니더라도 많은 학교에서 실행하고 있는데, 조사결과 46.8%(37개)에서 실행하고 있었다. 전원 참석하는 비율은 그중 59.5%(22개)였고, 6개월 이상 학교의 51.4%(19개)였다. 지역은 미국이 가장 많아 33.3%(11개), 그 다음이 두 군데 이상 가는 경우 27.3%(9개), 기타 지역 21.2%(7개), 캐나다 또는 뉴질랜드, 필리핀, 중국 각각 6.1%(2개)였다.

해외 이동 수업의 목적은 '2006 기독교대안학교 실태연구'에서도 언급했듯이, 기독교 문화권을 체험하며, 글로벌시대에 필요한 국제적 인재 양성을 목적으로 하기도 하고, 선교의 차원에서 이루어지는 경우도 있을 것이다. 방문지역을 보면 기타 지역(동남아, 일본, 프랑스, 매년 바뀜 등)을 제외하고는 대부분 언어연수를 위한 성격이 강해 보이고, 두 군데 이상 가는 경우 중 5곳은 영어권(미국, 필리핀 등) 중 한 곳과 중국에 가고 있다고 응답했다. 외국 지역과 기간을 보았을 때는 약 25% 정도는 연수를 목적으로 가는 것으로 추정되고 나머지는 체험활동이나 선교활동의 성격이 강한 듯하다.

5-4. 수업일수

	1학기	2학기	전체 수업일수
평균	102.5일	97.9일	200.1일

〈표 65 수업일수(응답학교수=81개)〉

마지막 교육과정에 대해서 수업일수에 대해 물었다. 평균 수업일은 1학기가 2학기보다 많고, 전체 수업일수는 평균 약 200일로 조사되었다. 일반 정규학교는 205일 내외로 운영되는데, OECD 평균인 190일 이상으로 조정하고 있어 학교장이 재량껏 운영할 수 있는 수업일이 20일이고, 그에 따라 학교 별로 다를 수 있다고 한다. 수업일수 측면에서는 기독교대안학교가 일반 정규학교와 거의 비슷하게 운영되고 있다.

6. 종합

　지금까지 기독교대안학교 실태조사 결과를 살펴보았다. 여기에서는 이를 전체적으로 종합하고 정리하면서 오늘날 한국의 기독교대안학교가 어떤 과제를 안고 있는지를 파악하려고 한다. 먼저 기독교대안학교의 전반적인 변화의 추이와 특징을 파악하고, 대안학교의 인가문제, 교사의 전문성 및 복지 문제 그리고 학생선발, 시설, 교육과정에 있어서 중요한 변화가 무엇인지를 분석하고 기독교대안학교의 향후 발전을 위한 과제를 논의하려고 한다.

1) 기독교대안학교의 전반적인 추이

　한국 기독교대안학교 실태조사에서 가장 중요한 특징으로 들 수 있는 것은 급속하게 기독교대안학교의 수가 증가했다는 점이다. 2006년 당시 기독교대안학교의 전체 수는 59개교였는데, 2011년의 실태조사에 의하면 121개교인 것으로 파악되었다. 이는 5년 사이에 두 배 이상 증가한 수치로서 가히 폭발적인 성장이라고 할 수 있다. 이는 한 해에 평균 12개교 이상 설립된 것인데, 10여 년 전부터 시작된 소위 '기독교대안학교 설립운동'이 계속되고 있음을 보여 준다. 먼

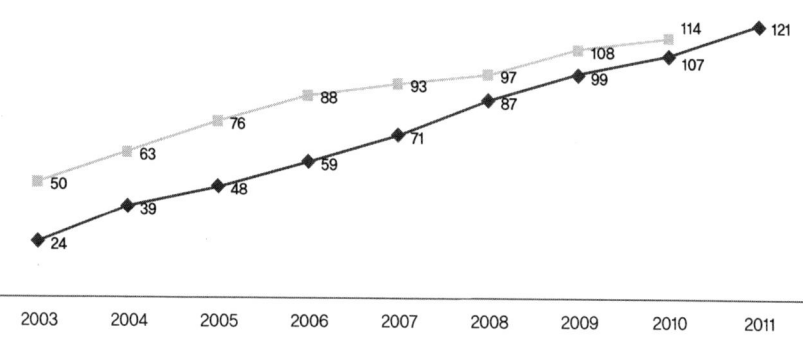

[그림 12 기독교대안학교와 일반 대안학교 설립학교 수 추이]

저 기독교대안학교 수의 추이를 그래프로 나타내면 위와 같다.

일반 대안학교의 경우와 비교해 보면, 일반 대안학교가 2007~2010년까지 26개, 평균적으로 약 8개가 세워진 것을 알 수 있다.[26] 일반 대안학교도 꾸준히 증가하고 있지만, 기독교대안학교의 수는 급속하게 증가하여 현재 학교수에 있어서 기독교대안학교의 수가 일반 대안학교의 수를 넘어선 것으로 추정되고 있다. 더욱이 금번 실태조사에 포함되어 있지는 않지만 2012년도에 개교한 기독교대안학교도 10개나 되어서, 2012년 6월 현재 한국의 기독교대안학교는 131개가 존재하는 것으로 나타나고 있다. 이는 기독교대안학교의 설립 확장의 흐름이 계속되고 있음을 알 수 있고, 향후 더 많은 기독교대안학교가 설립될 것임을 예상할 수 있다.

그리고 기독교대안학교의 설립이 전국적으로 이루어지고 있다는 점도 중요한 변화라고 할 수 있다. 아래의 표에서 볼 수 있듯이 지난 2006년 실태조사에서는 강원도와 제주도의 경우에는 기독교대안학교가 파악되어 있지 않았는데,[27]

---

26) 일반 대안학교 설립학교수에 대한 표는 부록에 수록.
27) 실제로 2006년에 강원도에 팔렬중고등학교와 태백대안학교가 설립되었지만 2006년도 연구에는

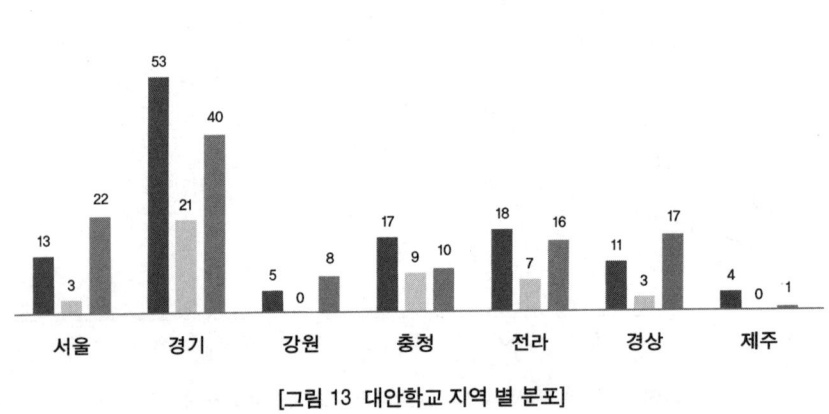

[그림 13 대안학교 지역 별 분포]

금번 2011년 실태조사에서는 강원도에 5개교, 제주도에 4개교가 설립되어 있는 것으로 밝혀졌다. 이는 지난 5년 사이에 이들 학교들이 설립되었음을 의미하는데, 이로 인해서 이제는 전국의 모든 도에 기독교대안학교들이 존재하게 되었다([그림 13] 참조).

이들 기독교대안학교들의 활발한 설립이 지니는 의미가 무엇인지를 자세히 살펴보도록 하자.

가. 기독교국제학교의 증가

기독교대안학교가 많이 설립되었다면 어떤 유형의 기독교대안학교들인가에 대해 궁금증을 갖지 않을 수 없다. '기독교대안학교란?'에서 박상진의 분류 방식을 따른다면,[28] 기독교대안학교를 기독교국제학교, 기독교수월성학교, 기독교(미인가)학교, 기독교긍휼학교, 대안기독교학교 등의 다섯 가지 유형으로 나눌 수 있는데, 과연 어떤 유형의 학교들이 증가하고 있는가? 이 유형대로 기독교대안

빠져 있었다.
28) 박상진 외, 『기독교대안학교의 교육성과를 말한다』 (예영커뮤니케이션, 2012)

학교들을 분류하기 위해서는 별도의 통계조사가 필요하기 때문에 본 실태조사에 포함되어 있지 않지만, 설립된 학교의 이름을 통해서 대략적인 유형을 파악해 볼 수 있다. 왜냐하면 학교의 이름은 학교의 이념과 교육목적 등 그 학교의 정체성을 담고 있기 때문이다. 금번 실태조사에서 학교명에 들어간 단어를 중복 체크하여 횟수를 기록하는 방법으로 분석한 결과를 〈표 66〉로 정리하면 다음과 같다. 또한 기독교대안학교의 목표 역시 같은 방식을 분석 정리하여 그 성격 별로 기독교성/국제성, 수월성/인성/독특성으로 나누어 〈표 67〉에 정리하였다.

기독교대안학교에서 학교명으로 가장 많이 쓰는 단어는 '기독' 또는 'christian'이다. 121개의 학교 중 33개(27.9%)의 학교에서 사용하고 있다. 그 다음은 '국제' 또는 '글로벌'로, 32개(26.2%)이다. '기독'을 교명에 사용하는 것은 기독교적 정체성을 강조하기 위한 것으로 여겨진다. 그런데 중요한 특징으로 부각되는 것이 '국제, 글로벌'을 강조하는 경향이다. 그리고 이 두 가지를 함께 사용하는 '기독교국제학교'가 많이 설립되는 경향이 있는 것이다. 이는 일반 대안교육에서는 찾아보기 어려운 단어로 기독교대안학교가 국제화에 민감하게 반응하고 있음을 나타낸다.

기독, Christian	국제, 글로벌	꿈, 드림	두레	쉐마
33	32	12	4	4
27.0%	26.2%	9.8%	3.3%	3.3%

〈표 66 기독교대안학교 학교 명 분석(전체학교=121개)〉

분류	단어	학교수	
기독교성	하나님	36	40.9%
	예수, 그리스도	18	20.5%
	기독교	17	19.3%
	영성	13	14.8%
	신앙	11	12.5%
	기독교 또는 성경적 세계관	8	9.1%
	제자	7	8.0%
국제성 수월성	리더, 인재, 지도자	36	40.9%
	글로벌, 국제, 월드, 세계, 열방	25	28.4%
	실력	15	17.0%
	비전	9	10.2%
인성	인성, 인격, 품성	22	25.0%
	섬기는, 섬김	21	23.9%
	사랑	17	19.3%
	공동체	7	8.0%
독특성	학교의 특징 반영	15	17.0%

〈표 67 기독교대안학교 교육목표 분석(응답 학교수= 88개)〉

교육목표에서도 비슷한 경향을 보이는데, 기독교대안학교 교육목표에 가장 많이 등장하는 단어는 '하나님'과 '리더/인재/지도자'로 각각 36개 학교(40.9%)에서 사용하고 있었다. 그 다음으로 많이 사용하는 단어가 '글로벌/국제/월드/세계/열방'이라는 단어로 25개(28.4%) 학교가 사용했다. 그 후에 '인성, 인격, 품성'(22개, 25.0%)이 나온다. '하나님'은 기독교학교임을 드러내는 중요한 단어임에 분명한데, '리더/인재/지도자'라는 단어와 '글로벌/국제/월드/세계/열방'은 또 다른 지향성을 보여 주고, 그 형태로 '기독교국제학교'들이 설립되고 있다고 본다.

긍정적으로 이해한다면 급속도로 세계화되는 시대 속에서 세계를 무대로 활동하는 기독교 인재를 육성하는 교육을 추구하는 학교들이라고 볼 수 있다. 사실 '국제' 또는 '글로벌'이라는 교명을 사용하지 않는 일반 기독교대안학교들도 어떤 형태로든 '기독교적 국제성'을 교육 가치 속에 포함시켜야 할 것이다. 지금 학생들이 살고 있는 시대가 세계화 시대이고 거기에 따른 국제성을 요청하고 있기 때문이다. 그러나 세계화가 미국화를 의미하는 것이 아니며, 국제성이 영어

를 강조하는 것과 동일시되어서는 안 될 것이다. 단지 외국 유학 준비학교의 형
태를 띠거나 원어민 강사를 통해서 영어 몰입교육이나 영어실력을 높이는 교육
을 넘어서서 하나님 나라의 관점에서 자문화중심주의를 극복하고 다양성과 다
름을 이해하고 선진국만이 아니라 저개발국가에 대한 관심과 그들을 향해 섬김
과 선교의 정신을 실천할 수 있는 교육을 추구하는 학교들이 되어야 할 것이다.

나. 도시형 학교의 증가

최근 증가하고 있는 기독교대안학교의 또 하나의 중요한 특징은 도시형 학교
들이 대다수를 차지한다는 점이다. 기독교대안학교를 전원형과 도시형으로 구
분하였을 때 과거에는 전원형이 큰 비중을 차지하였는데, 최근으로 올수록 도시
형이 상대적으로 큰 비중을 차지한다는 점이다. 지난 10여 년의 기독교대안학교
설립의 역사를 10년 이상의 오랜 역사를 지닌 기독교대안학교부터 3년 미만의
짧은 역사를 지닌 기독교대안학교까지 다섯 분류로 나누어 각 시기마다 설립된
학교의 도시형-전원형의 특성을 파아해 보면 아래 [그림 14]와 같다.[29]

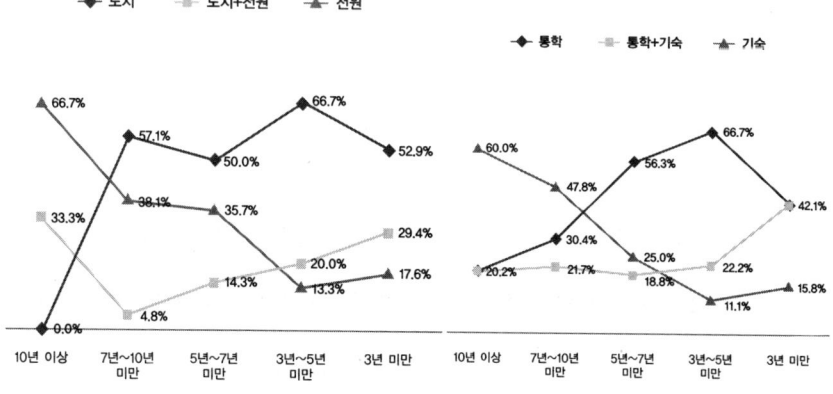

[그림 14 개교년도에 따른 학교유형(도시, 전원형)]　　　[그림 15 개교년도에 따른 학교유형(기숙, 통학형)]

---

29) 표 부록에 수록

즉 설립된 역사에 따라 도시형, 전원형의 차이가 의미있게 나타나고 있는데, 10년 이상된 학교의 경우는 전원형이 67%를 차지한 것에 비해서 역사가 짧을수록 도시형의 비중이 큰 것으로 나타나고 있다. 이는 보다 '대안성'이 강조되는 학교, 즉 생태, 노작, 평화, 자율 등 자연환경 속에서 근대문명의 한계를 극복하는 대안을 추구하는 학교보다는 도시 속에 위치한 학교가 늘어나고 있음을 의미한다. 이는 위의 [그림 15]에서 볼 수 있듯이 최근에 올수록 기숙형 학교보다는 통학형 학교의 설립이 증가하고 있는 경향과도 맥을 같이한다고 볼 수 있다. 또한 어느 정도 평화교육이나 환경교육을 강조하는가를 파악해 보아도 마찬가지 결과를 얻을 수 있는데, 아래 [그림 16, 17]에서 보듯이, 과거에는 평화교육과 환경교육을 실천하는 학교가 많은 것에 비해서 최근에 오면서는 이를 강조하지 않는 학교들이 증가하고 있는 경향이 있는 것이다.[30]

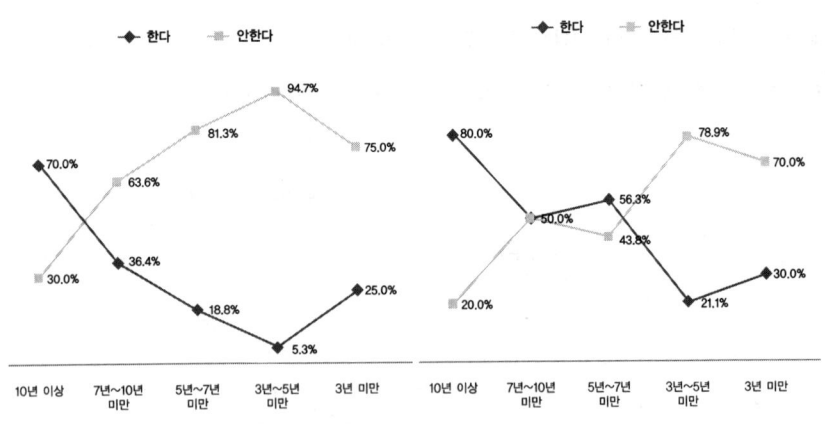

[그림 16 개교년도에 따른 평화교육 유무] [그림 17 개교년도에 따른 환경교육 유무]

---

30) 표 부록에 수록.

다. 교회 설립 학교의 증가

기독교대안학교의 설립이 늘어나는 중요한 요인 중의 하나가 교회가 설립하는 기독교대안학교의 꾸준한 증가라고 볼 수 있다. 아래의 표에서 볼 수 있듯이, 2006년도 기독교대안학교 실태조사에서도 교회가 전체 기독교대안학교 설립의 39.5%를 차지해서 개인, 법인, 교회 중 가장 많은 비중을 기록하였는데([그림18] 참조), 2011년도 실태조사에서는 교회가 설립한 경우가 이보다 더 많은 41.7%를 차지하고 있는 것으로 나타났다. 교회가 기독교대안학교 설립의 주체가 된다는 것은 교회가 교육적 사명을 강하게 인식하고 종래의 주일학교 차원의 교육에 머무르는 것이 아니라 주중의 학교에서도 명실상부한 기독교교육이 이루어져야 함을 깨닫고 이를 실천하는 경향이 있음을 보여 준다. 이는 교회의 '기독교적 교육'의 외연 확대 그리고 신앙과 학업을 통합하는 노력이라는 긍정적인 면과 동시에 학교의 교육적 자율성이 약화될 수 있다는 부정적인 면이 작용할 수 있음을 암시하고 있다.

기독교대안학교를 설립한 교회의 교단 별 분포를 보면 아래 [그림 19]와 같은데, 여전히 장로교가 가장 많고, 그중에서도 통합 교단이 가장 많은 비중을 차지

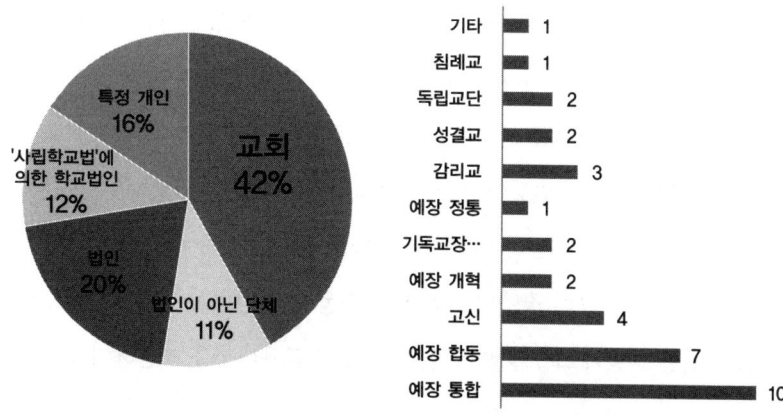

[그림 18 기독교대안학교 설립주체(2011)]　　　[그림 19 기독교대안학교 설립 교회 교단분석(2011)]

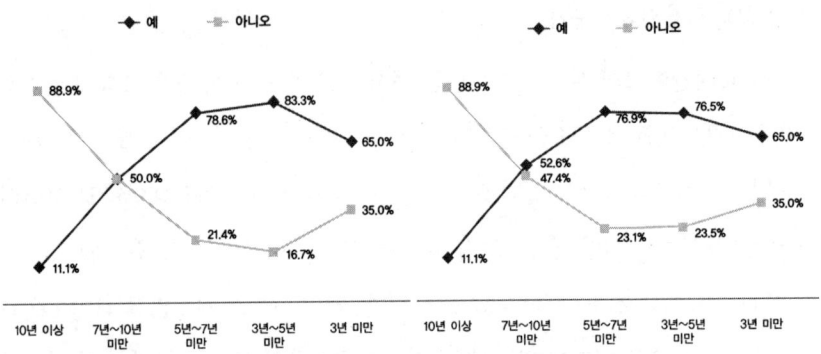

[그림 20 개교년도에 따른 학생선발요건]
(부모가 기독교인이어야 한다)

[그림 21 개교년도에 따른 학생선발요건]
(학생이 기독교인이어야 한다)

하고 있음을 알 수 있다. 그러나 이제는 거의 모든 교단들이 기독교대안학교 설립에 동참하고 있어서 범교단적으로 그리고 초교파적으로 기독교대안학교 설립운동이 확산되고 있음을 알 수 있다.

교회가 기독교대안학교를 설립하는 경우는 '기독교성'이 강한 학교를 설립하게 되는 경향이 있다. 앞에서 학교 명칭에 '기독'이 들어간 경우가 가장 많은 것도 교회가 설립한 학교가 많기 때문이기도 하다. 이러한 경향은 학생 선발에서도 나타나는데, 최근에 올수록 보다 더 기독교인만을 대상으로 하는 기독교대안학교가 늘어나는 추세인 것이다. 개교년도에 따른 학생 선발 기준에 있어서 신앙을 강조하는 경향의 변화를 분석하여 그래프로 나타내면 위와 같다.[31]

이 그래프에서 알 수 있듯이 과거에 설립된 기독교대안학교들은 부모가 기독교인이어야 한다거나 학생이 기독교인이어야 한다는 기준이 강하지 않았는데, 최근에 들어올수록 그런 경향이 강해지는 것을 알 수 있다. 더욱이 기독교대안학교를 설립한 교회가 그 교회의 교인 자녀로 그 교육대상을 제한하거나 일정 비

---

31) 표 부록에 수록.

율을 확보하는 경우는 해당 교회 밖의 가정의 자녀들에게는 기회가 제한되는 문제점을 야기할 수 있다. '기독성'을 강조해야 하는 기독교대안학교로서 교회와의 관계를 어떻게 정립하느냐의 문제는 향후 해결되어야 할 중요한 과제 중의 하나라고 할 수 있다.

2) 기독교대안학교의 인가 문제

우리나라의 기독교대안학교가 직면하고 있는 가장 중요한 이슈 중의 하나는 역시 인가문제이다. 대부분의 기독교대안학교는 여전히 미인가의 상태로 남아 있다. 먼저 기독교대안학교들의 법적분류를 도표로 나타내면 다음의 [그림 22]와 같다.

[그림 22]에서 알 수 있듯이 전체 기독교대안학교 중 83.5%가 미인가 또는 비인가학교이다. 대안학교로서 인가 받은 학교는 단지 4.1%에 불과하다. 2006년도 실태조사 시에는 비인가학교의 비율이 69.8%였는데, 비인가학교의 비중은 오히려 크게 상승했다고 볼 수 있다. 이는 일반 대안학교의 경우보다도 훨씬 높

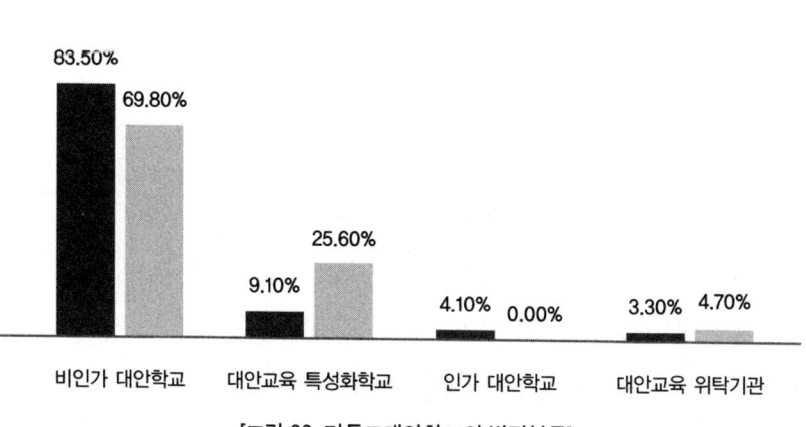

[그림 22 **기독교대안학교의 법적분류**]

은 수치라고 할 수 있다. 기독교대안학교가 인가를 받는 것이 바람직한지, 받지 않는 것이 바람직한지에 대한 논의는 간단하지 않다. 일단 법적인 지위를 얻고 이에 따른 학력 인정이나 재정 지원 등의 혜택을 받기 위해서는 인가를 받는 것이 필요하지만, 인가를 받음으로 인해서 기독교대안학교로서의 자율성과 독특성이 약화될 수 있는 가능성이 있기 때문이다.

2010년 기독교학교교육연구소는 대안학교법 개정 직후, 3년 이상 된 미인가 대안학교[32] 118개를 모집단으로 하여 설문조사를 실시한 적이 있다. 모집단을 대상으로 설문지를 배포하고 대표자에게 응답하게 하였으며, 이중에 67개 학교의 설문을 수거해 대안학교 설립 희망과 어려움 등에 대해 조사하였다. 대안학교 설립인가를 받기 원하냐는 질문에 48개 학교(77.4%)는 '예', 14개 학교(22.6%)는 '아니오'라고 응답하였다(〈표 68〉). 설립을 원하는 이유로 학력인정, 학생들의 진로, 학생들의 안정적 교육환경 순으로 답하여서, 학생들을 위해 안정된 교육환경 조성을 위해 설립인가를 원하고 있음을 알 수 있다. 반면 학교에서 느끼는 설립인가를 받는 경우 겪게 되는 어려움은 설립 정신 훼손 우려, 교사(校舍)와 교지(校地) 소유, 재원 마련 순이었다. 이는 대안학교들이 학교 정체성 유지를 가장 중요하게 여기는 동시에 열악한 재정적 상황으로 인해 인가를 받는 데 있어서 현실적 어려움이 있음을 토로한 것으로 보인다.

예	아니오	합계
48	14	67
77.4%	22.6%	100.0%

〈표 68 대안학교 설립인가 희망 여부〉

마지막으로 현재 대안학교법에 대한 생각을 묻는 질문에 대안학교는 79.1%가 '현재의 대안학교법의 개정이 필요하다.'고 응답했고, 아예 '새로운 대안학교법이 필요하다.'라고 19.4%가 답하였다. 반면 그에 비해 대안학교법이 현행 그대

---

32) 일반 대안학교 67개, 기독교대안학교 51개가 포함.

로 유지되어야 한다는 응답은 단 한 개도 없었다. 이는 현재의 대안학교법이 현
장에 있는 대안학교에서 반영하기에는 어려움이 있음을 반영하는 결과이다.

현 시행령의 개정이 필요하다	새로운 대안학교 법이 필요하다	잘 모르겠다	그대로 유지하는 것이 좋다	합계
53	13	1	0	67
79.1%	19.4%	1.5%	0%	100.0%

〈표 69 대안학교법에 대한 의견〉

일반 대안학교 진영에서도 인가문제는 중요한 이슈라고 할 수 있는데, '2009
대안학교 실태연구'에 따르면 대안교육 제도화에 대한 의견이 서로 상충하고 있
음을 알 수 있다. 교사의 경우 제도화가 '대안교육의 성장·확대를 위해 필요하
다.'는 응답자가 42.3%로 '대안교육의 특성을 훼손할 가능성이 큰 조치'라고 응
답한 비율인 41.4%보다 조금 더 높았지만 유의미한 차이는 아닌 것으로 나타났
다. 반면 학부모들은 대안교육의 성장·확대를 위해 필요하다고 응답한 비율이
29.7%에 불과한 데 반해 55.9%는 대안학교의 특성을 훼손할 가능성이 크다고
응답하였다. 즉 교사보다 학부모들이 제도화에 대한 거부감이 훨씬 큰 것으로
나타났다. 대안학교 발전을 위해 필요한 일은 무엇이냐는 물음에 대한 응답에서
학부모와 교사 두 집단 모두 1순위 응답 중 가장 많이 꼽은 것은 '정부의 재정 지
원 확대'이다. 1순위 응납 중 두 번째로 많이 든 것은 학부모의 경우는 '대안학교
졸업생들에 대한 학력 인정', 교사의 경우는 '대안학교 교육의 질 향상'이다. 2순
위 응답에서도 학부모와 교사 모두 '정부의 재정 지원 확대'를 가장 많이 들었으
며, 그 다음으로는 '대안학교 졸업생들에 대한 학력 인정'을 들었다. 제언에서 대
안교육 관련 법령 정비 방안을 제안하고 있는데, 그 이유로 첫째, 아직까지 대안
교육기관의 다수를 차지하고 있는 비(미)인가대안학교들의 불안한 법적 지위 때
문이다. 둘째, 교육은 다른 어느 사회적 활동보다 많은 인적·물적 자원의 투입을
요하는 활동이기 때문이다. 셋째, 그동안의 노력에 의해 특성화학교로서 또 각

종학교로서 일부의 대안교육기관들이 공교육제도에 정착했음에도 불구하고, 이들 학교들도 국가·사회 그리고 국민들로부터 지속적으로 새로운 요구를 기대 받고 있기 때문이다. 이를 해결하기 위한 개선방안으로 ① 특성화학교의 법적 지위 강화, ② 각종 학교로서의 대안학교 법제 정비를 통한 비(미)인가대안학교 적극수용, ③ 위탁형대안학교 관련 근거 조항의 상위법으로의 격상, ④ 비(미)인가대안학교의 불법적인 법적 지위 해소 등을 들고 있다.

기독교대안학교도 이런 논의를 참고하여 인가문제를 해결할 필요가 있는데, 인가를 받더라도 기독교적 대안성을 추구하는 데에 어려움이 없는 자율성 확보를 전제로 인가를 받을 수 있어야 할 것이다. 현재 기독교대안학교들이 겪는 재정적인 어려움을 해결하기 위해서는 인가와 함께 재정적인 지원도 필요한데, 미국의 바우처제도처럼 교육세를 환급받는 방식을 포함한 다양한 방안도 고려하여 합리적인 대안을 제시하되, 부모의 자녀교육에 대한 정당한 권리가 인정되는 방식으로 대안이 모색되어야 할 것이다. 또한 여기서는 언급하지 않았지만 인가후 대안학교가 겪는 어려움도 또 하나 해결해야 할 과제이다. 이는 대안학교 인가에 대한 법은 제정되었지만, 이를 뒷받침할 만한 대안학교 실정을 고려한 행정지원은 이루어지지 않고 있기 때문이다. 이후에 정책 전반과 인가대안학교에 대한 실질적 연구가 요구된다.

3) 교사의 전문성과 복지 문제

기독교대안학교의 가장 중요한 특징 중의 하나가 소규모 학교이면서 동시에 소규모 학급이라는 점이다. 교사 1인당 학생수를 공교육의 일반 학교와 비교해 볼 때 월등히 작은 것을 볼 수 있다. [그림 23]에서 확인할 수 있는 것처럼 대안학교의 교원 1인당 학생수의 평균은 3.4명에 불과하다. 이는 일반 초등학교와 중학교의 경우가 17.3명, 고등학교의 경우가 14.8명인 것과 비교하면 상당히 작은 편

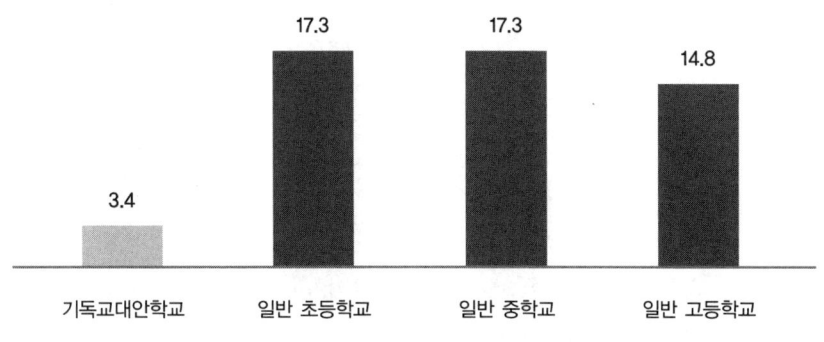

[그림 23 교원 1인당 학생수 비교]

임을 알 수 있다

이러한 교원 1인당 학생수가 작은 것은 그만큼 교사와 학생 간의 인격적인 관계를 맺을 수 있는 가능성이 있고, 학생 한 사람 한 사람의 다양성과 개성, 은 사가 존중되는 교육이 가능할 수 있다. 우리나라 기독교대안학교의 가장 큰 장 점은 바로 이런 교사와 학생 간의 친밀한 관계와 개인을 존중할 수 있는 풍토 그 리고 개별지도가 가능한 학습환경이라고 할 수 있다.

그러나 기독교대안학교의 교사들이 어느 정도 전문성을 지니고 있는지는 또 다른 질문일 수 있다. 기독교대안학교 교사의 교사자격증 소지 여부를 보면 아 래 [그림 24]에서 볼 수 있듯이 특성화학교는 공교육 체제 속에 있기 때문에 거의 대부분인 97.5%가 교사자격증을 소지한 교원인 것에 반해 기독교대안학교는 절 반을 약간 넘는 53.3%만이 교사자격증을 소지하고 있는 것으로 파악되었다. 이 는 기독교대안학교의 특성상 교사의 소명과 영성, 인성 등의 자질이 더 중요하기 때문에 상대적으로 교사자격증이나 교과 전문성은 덜 중요시된 결과라고 볼 수 있으나 기독교대안학교의 교육의 질이나 교육의 전문성을 생각할 때 보완이 필 요한 부분이라고 할 수 있다.

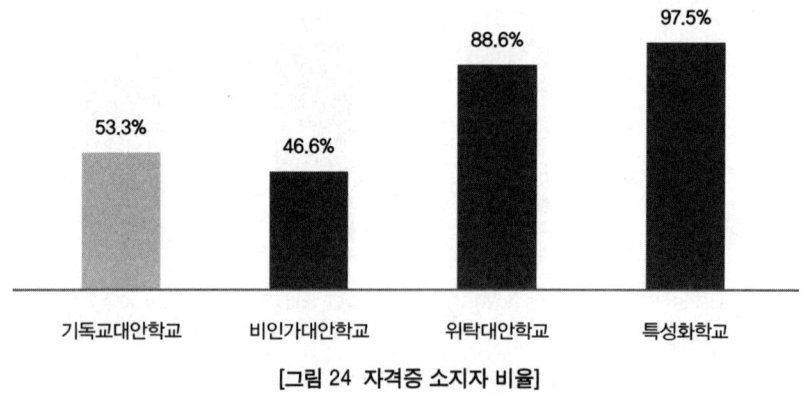

[그림 24 자격증 소지자 비율]

이러한 교사의 전문성은 기독교대안학교에 재직하는 교사들의 경력에 있어서도 나타나는데, 대부분의 교사들이 오른쪽 [그림 25]에서 볼 수 있듯이 3년 미만의 짧은 경력의 소지자가 많은 것으로 나타나고 있다. 이는 대부분의 기독교대안학교들이 초임교사들과 함께 개교를 하는 경향이 있음을 알 수 있는데, 이러한 경력 부족이 교사의 헌신이나 열정은 강할 수 있는 반면, 교과 이해나 교수방법의 숙련도 그리고 학생 지도의 경험 등에 있어서 전문성이 약할 수 있는 문제점을 지니고 있음을 의미하는 것이기도 하다.

기독교대안학교의 교원 1인당 학생수가 적은 것은 반대로 학생수 대비 교사수가 많아야 함을 의미하고, 이는 교원 처우가 어려울 수 있음을 암시한다. 기독교대안학교의 초임 교사 월급은 다음의 [그림 26]과 같다.

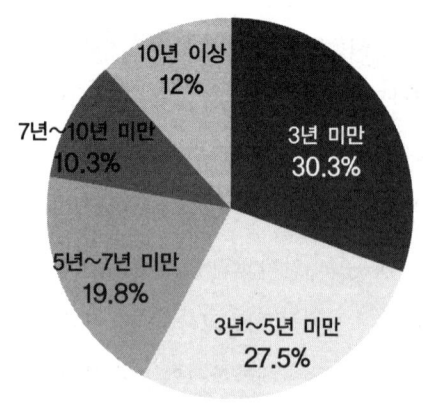

[그림 25 기독교대안학교 경력 별 교사]

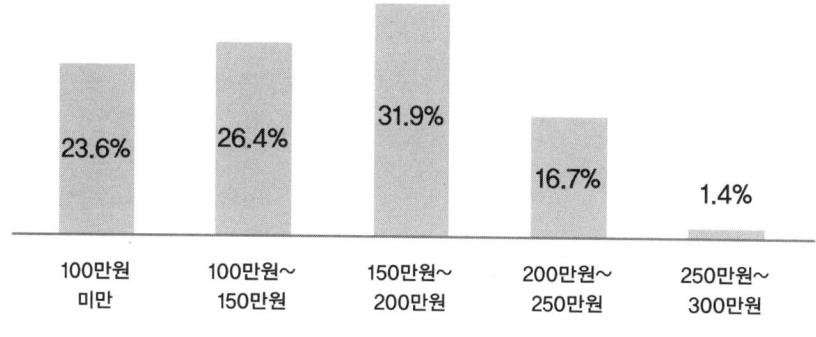

[그림 26 기독교대안학교 초임교사 월급]

위의 [그림 26]에서 볼 수 있듯이, 초임교사의 월급이 150만 원 미만인 경우가 50%이며, 대부분의 경우가 200만 원 미만인 것을 알 수 있다(평균 초임교사 월급 142만 원). 미인가 기독교대안학교의 경우 정부의 재정적인 보조가 전혀 없는 상태에서 대부분의 경우 학생 등록금에 의존할 수밖에 없는 구조이다. 이는 학생의 부모와 가정의 재정적 부담을 가중시키기 때문에 학교 충원율을 약화시키는 요인으로 작용할 뿐 아니라 교사에 대한 처우와 복지가 소홀히 여겨질 수 있는 문제점을 안고 있다. '2009 대안학교 실태연구'에서 응답 교사의 93.2%는 현제의 학교 근무에 만족하는 것으로 나타났지만, 교사들이 근무하면서 느끼는 가장 큰 어려움으로 '경제적 불안정'(34.2%)을 든 교사가 가장 많은 것을 나타났다. 현재 기독교대안학교가 기독교사들의 헌신과 열정에 의해서 운영되는 측면이 강하다. 이것이 기독교대안학교가 지니는 강점일 수도 있지만 장기적으로 학교가 안정되게 운영되고 질 높은 교육이 이루어지기 위해서는 교사의 처우와 복지를 개선하는 특별한 노력이 필요하다고 여겨진다.

4) 학생 선발, 시설 및 교육과정의 문제

기독교대안학교가 학생들을 선발할 때에 어떤 방식으로 선발하느냐는 학교의 정체성과 관련이 있다. 만약 지필고사를 통해 학생들의 지적인 능력을 평가하고 그에 따라 지적 수준이 높은 학생을 선발하는 기독교대안학교는 그만큼 수월성을 추구하는 정체성을 지닌 학교임을 의미하는 것이다. 본 실태조사를 통해서 기독교대안학교가 학생을 선발할 때 어떤 기준을 적용하는지를 분석하여 [그림 27]로 나타냈다.

이 [그림 27]에서 볼 수 있듯이, 대부분의 경우 학생 면접을 중시여기며, 다양한 방법으로 학생들을 평가하고 선발하고 있음을 알 수 있는데, 전학교 내신을 고려하는 경우가 29.1% 그리고 지필고사를 실시하는 경우가 25.6%인 것으로 나타나고 있다. 또한 관련 수상 경력을 선발 기준으로 삼는 경우도 11.6%가 되며, 논술을 보는 경우는 36%나 된다. 이는 기독교대안학교들 가운데 지적인 능력을 중요한 선발 기준으로 삼고 있는 경우가 어느 정도 된다는 점을 보여 준다. 학생 선발은 대상의 전인적인 사항 모두를 고려해야 하겠지만 일반 공교육이 시험으

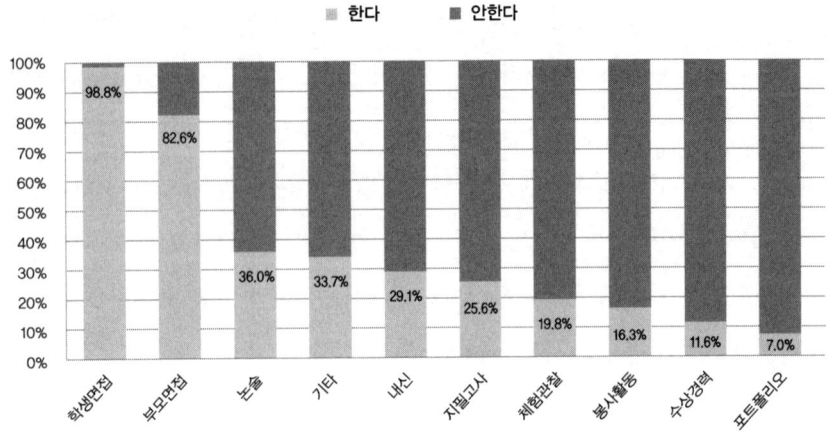

[그림 27 학생 선발 전형]

로 학생을 선발하는 방식을 취하는 데 대해서 나름대로 대안적인 학생 선발 방식을 마련하는 노력을 기울일 필요가 있을 것이다.

학생의 특성 별 구성 현황을 살펴보면([그림 28]), 기독교가정의 학생 비율이 84.9%로 가장 높게 나타나고 있다. 기독교대안학교이기 때문에 기독교성을 강조하는 것은 당연하고 기독교 가정의 자녀들을 주 대상으로 교육하는 학교로서의 정체성을 지니고 있다고 볼 수 있을 것이다. 그런데 학교부적응학생의 비율이나 장애 학생의 비율 그리고 탈북 학생의 비율이 각각 9.5%, 3.6% 그리고 4.0%로서 상대적으로 낮은 것으로 나타나고 있으며, 다문화 학생의 비율은 0.2%로서 매우 낮다고 할 수 있다. 보다 대안성을 강조하며, 소외된 학생들에 대한 긍휼교육을 실천할 수 있는 기독교대안학교들도 더 많이 설립될 필요성이 있을 것이다.

시설 면에 있어서도 기독교대안학교가 지니고 있는 문제점이 드러나고 있는데, 기독교대안학교의 시설이 소유 형태에 있어서 자가는 77.9%이고 나머지는 전세, 월세, 장기임대 등의 임시적인 형태의 시설로 운영되고 있음을 알 수 있다. 학교시설 소유형태를 [그림 29]로 나타내면 다음과 같다.

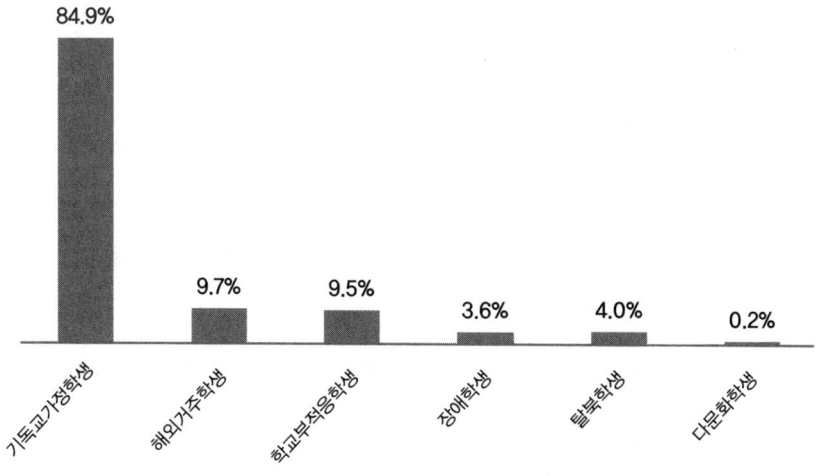

[그림 28 재학생 특성 별 구성]

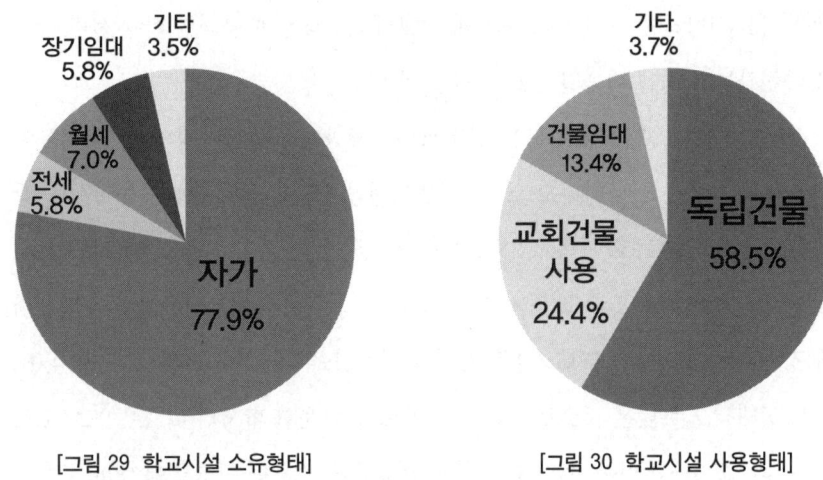

[그림 29 학교시설 소유형태]   [그림 30 학교시설 사용형태]

그런데 자가의 경우에도 학교가 독립 건물을 갖고 있는 경우가 아니라 교회 건물을 사용하는 경우도 상당히 많은 경향이 있다. 아래의 학교시설의 사용형태를 보면 24.4%가 교회건물을 사용하고 있고 건물임대가 13.4%로 나타나고 있다. 안정적인 교육이 가능한 시설 확보의 필요성이 요청된다고 할 수 있다(그림 30 참조).

기독교대안학교의 주요 시설 별로 분석하면 [그림 31]과 같다. 이 그래프에서 볼 수 있듯이, 학교시설 중에서도 교실이나 교무실은 대부분 갖추고 있지만 운동 장을 비롯해서 다양한 교육에 필요한 공간을 마련하는 데 어려움을 겪고 있음을 알 수 있다. 물론 대안학교가 국·공립학교나 일반 사립학교와 같은 시설을 갖추기는 어렵지만 그러나 보다 교육의 질을 향상시키려는 다양한 노력은 필요하다고 여겨진다. 이런 상황은 일반 대안학교도 동일한데, '2009 대안학교 실태연구'는 개선이 시급한 학교시설에 대한 질문에 특성화학교 경우, 학생, 학부모, 교사 모두가 기숙사와 운동장, 위탁형대안학교는 학생들이 운동장, 정보통신 시설, 실습실, 일반교실로 응답하였다. 비인가대안학교는 학생, 학부모, 교사 모두 운동

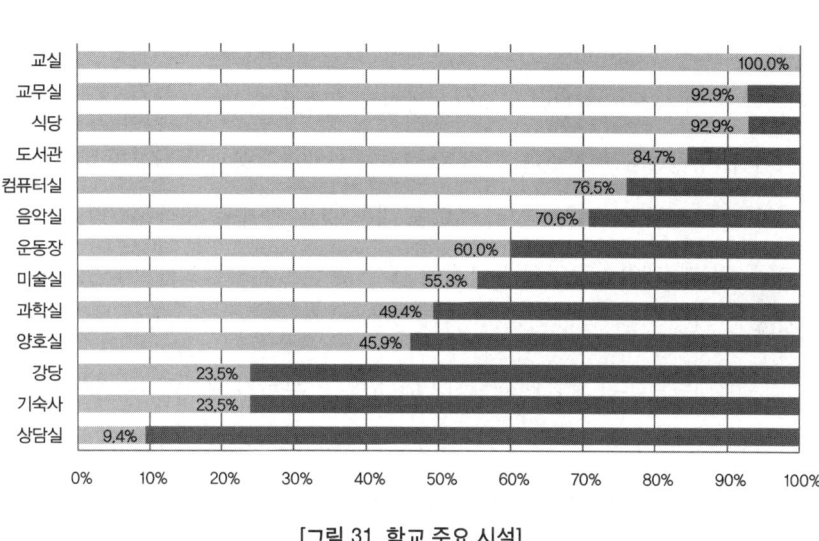

[그림 31 학교 주요 시설]

장이라고 답했다. 기독교대안학교의 건학이념이나 설립목적에 맞게 교육을 구현할 수 있는 시설이 필요하며, 그러한 기준에 의해 보다 성숙한 학교로 나아갈 수 있도록 도울 수 있는 독자적인 시설 기준 마련도 요청된다고 할 수 있다.

교과서 사용에 있어서도 지난 5년 사이에 변화가 감지된다([그림 32, 33] 참조). 2006년도 실태조사에서는 외국교과서를 그대로 혹은 번역하여 사용하는 경우가 20.9%나 되었는데, 2011년도 실태조사에서는 9.3%로 감소하였고, 대신에 국가 교육과정에 따른 교과서를 그대로 사용하는 경우가 18.6%에서 29.1%로 증가하였다. 이는 그동안 교육과정에 대한 많은 연구와 개발이 진행되어 외국교과서에 의존하는 비중이 감소될 수 있게 되었고, 교사의 기독교적 교육 역량이 강화되어 국가의 검정교과서를 사용하면서도 기독교대안교육의 정체성을 구현할 수 있게 되었다고 볼 수 있다. 그러나 여전히 교과 별로 교과서의 사용 방식이 다르고, 학교 자체에서 개발한 교과서 사용이나 기독교세계관으로 재구성한 교과서를 사용하는 학교가 있다는 것이 고무적이긴 하나 각각 3.5%에 불과한 것으로 보아 아직은 체계적인 기독교대안학교의 교육과정이 정립되었다고 보기는 어려울 것이다. 물론 이는 쉬운 작업이 아니다. '2009 대안학교 실태연구'에서 교육과정 재구성이 쉽지 않음을 지적했다. 과목당 교사가 1~2인에 불과한 실상과 바쁜 학사일정과 많은 업무들 속에서 이런 여력을 내는 것은 쉽지 않기 때문이다. 그럼에도 향후 기독교대안학교의 교육과정에 대한 연구는 지속적으로 이루어져야 할 것이다.

기독교대안학교의 활발한 설립과 이로 인한 학교수의 증가는 그만큼 이 땅에 기독교교육운동이 확산되고 있고, 그동안 교육고통으로 시달리는 수많은 사람들에게 기독교적 대안을 제공해 주고 있다는 의미로 받아들일 수 있을 것이다. 그러나 이러한 양적인 확장은 그만큼 질적 성숙에 대한 요청을 하고 있음을 동시에 인정해야 할 것이다. 기독교대안교육이 양적으로만이 아니라 질적으로도 성숙하여 기존의 학교에서 이루어졌던 왜곡된 교육에 대한 진정한 대안적 교육이 구현될 수 있어야 할 것이다. 이를 위해서는 구조적, 제도적으로 기독교대안교육이 활성화될 수 있는 여건을 만드는 노력이 필요함과 동시에 기독교대안학교 자체의 내실을 기하는 노력이 요청된다. 무엇보다 기독교대안학교들이 공동체

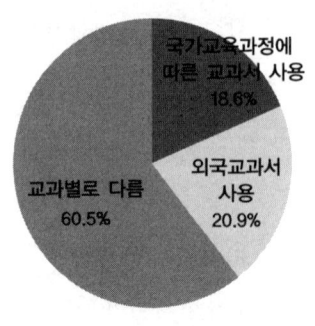

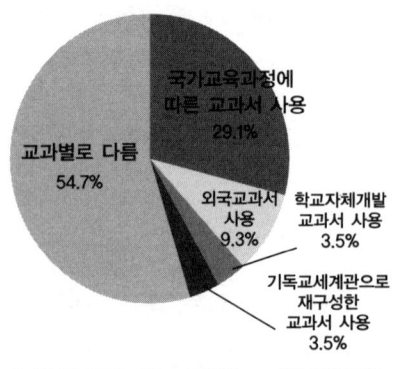

[그림 32 2006 기독교대안학교 교과서 사용 실태]   [그림 33 2011 기독교대안학교 교과서 사용실태]

적인 나눔과 연대를 통해서 서로의 강점을 공유하고 서로의 약점을 보완하게 될 때 기독교대안학교는 더불어 성숙하게 될 것이다. 이러한 실태조사를 계기로 기독교대안학교들이 스스로를 돌아보며, 한 단계 더 도약함으로 말미암아 이 땅의 교육고통을 치유하고 교육의 영역에서 하나님 나라를 이루게 되기를 간절히 소망한다.

제2부 기독교대안학교 둘러보기[33]

지역	번호	학제	학교
서울	1	초~중	새이레기독학교
	2	초1~초3	전인기독학교(서울캠퍼스)
		초4~고	전인기독학교(홍천캠퍼스)
	3	초~고	하늘꿈학교
	4	초~고	효신국제학교
	5	초2~고	여명학교
	6	중~고	IT기독학교
	7	중~고	우리들학교
	8	중~고	인투비전학교
	9	고	아이머스실용음악고등학교
경기	1	초	로고스초등학교
	2	초	삼광국제학교
	3	초	샘물학교(초등)
	4	초3~초6	참빛문화예술학교
	5	초1·초4, 중	은혜의 동산 기독교학교
	6	초~중	광성드림학교
	7	초~중	굿뉴스사관학교
	8	초~중	다리꿈성장학교
	9	초·중	등대국제학교
	10	초~중	릭스쿨
	11	초~중	쉐마기독학교
	12	초~중	킹씨드모바일스쿨
	13	초~중	하나인학교
	14	초~고1	밀알두레학교
	15	초~고1	제자크리스천학교
	16	초~고	글로벌리더스기독학교
	17	초~고	두레학교
	18	초~고	사랑방공동체학교(어린이, 멋쟁이)
	19	초4~고	한국기독국제학교
	20	초5~고2	푸른꿈비전스쿨

33) 본장의 내용은 2011년 12월 기준, 학교에서 작성한 설문을 기반으로 정리된 것이다. 교사수, 학생수, 학제, 교육과정 등이 변경될 수 있으며, 정확한 정보는 학교에 확인이 필요하다.

지역	번호	학제	학교
경기	21	중	샘물중학교
	22	중	쉐마학교
	23	중	중앙기독중학교
	24	중~고2	산돌학교
	25	중~고(무학년제)	대안교육센터 시소학교
	26	중~고	데오스중고등학교
	27	중~고	독수리기독학교
	28	중~고	두레자연중고등학교
	29	중~고(무학년제)	아힘나평화학교
	30	중~고	예일크리스챤학교
	31	중~고	웨일즈국제학교
	32	중~고	자유기독학교
	33	중~고	지우국제학교
	34	중~고	하늘학교
	35	중~고	한국기독사관학교
	36	중~고	한꿈학교
	37	중~고	헤이븐기독학교
	38	중2~고	성산효마을학교
강원	1	초~중	영강쉐마기독학교
	2	중	생명의강학교
	3	중~고	태백대안학교
	4	중~고	효신푸른학교
	5	고	팔렬고등학교
충청	1	초~중2	제자국제기독아카데미
	2	초3~고	사사학교
	3	초6~고	꿈의학교
	4	초~고	다다예술학교
	5	중(무학년제)	천안대안학교
	6	중~고	글로벌선진학교(음성캠퍼스)
	7	중~고(무학년제)	승리기독학교
	8	고	공동체비전고등학교
	9	고	풀무농업고등기술학교
전라	1	초~중2	꿈꾸는요셉학교
	2	초~고1	다니엘지혜학교
	3	초~고1	비전국제학교
	4	초~고	올네이션국제학교
	5	초~고	월광드림스쿨
	6	초~고	토기장이학교
	7	중~고	굼나제사랑학교
	8	중~고	시냇가에 심은 나무학교
	9	중~고	예뜨랑아카데미
	10	중~고	이랑학교

지역	번호	학제	학교
전라	11	중~고	진솔대안학교
	12	고	동명고등학교
	13	고	세인고등학교
	14	고	한마음기독학교
	15	고	한빛고등학교
경상	1	초6~고1	글로벌선진학교(문경캠퍼스)
	2	초~고	나드림국제미션스쿨
	3	초~고	온누리국제크리스찬학교
	4	초~고	한동글로벌학교
	5	중~고	꿈꾸는학교
	6	중~고	쉐마리더스쿨
	7	중~고	하누리국제학교
	8	고	지구촌고등학교
제주	1	중	제주열방대학교 부설기독학교
	2	중~고	미래창의력학교

1. 서울

서울 1 - 새이레기독학교

미인가		통학		도시형
주소	새주소: 서울시 송파구 오금로 36길 38 (현주소: 서울시 송파구 가락동 29-10번지)			
전화번호	02-412-6262	홈페이지		www.newjireh.org
학제	초등1학년~고등3학년	개교년도		2008년 2월 개교(유치: 1998년 2월)
교사수(정교사수)	24명(17명)	학생수		51명
설립/운영주체	새이레교회 (한국독립교회 및 선교단체연합회)	소속단체		기독교대안학교연맹 ACSI 기독교학교교육연구소
학교공간	독립건물	주요시설		교실, 교무실, 과학실, 미술실, 음악실, 도서관, 식당, 양호실

전형방법	면접(학생), 면접(학부모)			
주요학생 선발조건	부모님이 기독교인 학생이 기독교인 정기적 학부모교육 참여 입학 후 사교육 제한			
학생구성	※ 기독교가정의 학생 100% 해외경험 50%			
학교 교육목적	기독학교로서의 본질과 정체성을 지키며, 그 안에서 삶의 모든 부분을 예배로 드리는 믿음의 기독자녀 양성			
교과서 사용	기독교세계관으로 재구성한 교과서를 사용한다. 교과 별로 다르다.			
수업일수	1학기: 88일 / 2학기: 101일			

해외이동수업	나라	시기	기간	참석여부
	캐나다	초등4학년~	6개월	전원참석

특성화 프로그램	
영성교육	· 채플 · QT · 성경공부(수업) · 절기교육 · 세계열방기도의 날 · 비전의 날
인성 및 체험교육	· 성품교육 · 멘토링 · 국토순례 · 봉사활동 · 견학 및 탐방 · 공동체훈련 · 예절교육
평화 및 생태교육	· 평화교육 · 노작 · 가정실습 · 환경교육
특기적성교육	· 공연예술 · 사진 및 영상 · 음악활동 · 미술활동 · 체육활동 · 독서 · 영어캠프 · 발레 · 성장발달체조 · 로봇
기타교육	· 역사프로젝트 · 열매의 날 · NIE

교육과정 특징

1. 예배와 찬양이 곧 삶이 되다!: 예배는 곧 삶이다. 자신의 삶의 주인이 하나님이심을 고백하며, 주인 되신 하나님 앞에 자신을 내려놓고 비전을 찾으며, 그 속에서 건강한 자아상을 형성하고 내면의 아픔을 회복하여 자신에 대한 시선을 외부로 향하여 나눔과 섬김이 되는 학생들로 키우도록 한다.

2. 기독교세계관에 입각한 교육 : 진정한 기독교교육은 성경만 따로 분리하여 가르치는 것을 의미하는 것이 아니다. 모든 지식들은 결국 하나로 통하며, 모든 내용들은 결국 하나님을 고백한다. 따라서 새이레기독학교는 모든 지식의 주인이 곧 하나님이시며, 모든 지식의 목적이 곧 하나님을 알아 가는 과정임을 고백할 수 있도록 기독교세계관에 입각한 교육과정을 지향한다.

3. 성품교육: 성품과 인격은 곧 삶의 윤택함과 연결되는 부분으로 자살, 우울증 등이 많은 이 시대에 하나님 안에서 바른 주체성을 발견하여 예수 그리스도를 닮은 제자를 키우도록 교육한다.

4. 체험학습: 직접 체험하고 탐구하면서 배우는 학습의 효과는 이미 검증되었다. 새이레는 다양한 체험방법을 도입한 수업시간과 캠프, 여행 등을 하나의 중요한 수업과정으로 포함시켜 넓은 안목과 주도성 그리고 협동심을 키우는 데에 주력한다.

5. 통합교육: 나무와 숲을 함께 볼 수 있도록 모든 교과목들을 통합하여 다양한 각도에서 내용을 살펴 통전적 사고를 가능하도록 교육한다.

6. 기본교육과정: 향후 진로 선택의 폭을 넓히기 위하여 현재 한국 교육 실정에 맞는 대안교육을 진행한다. 이를 위해 각 학년에 맞는 교과서상의 학습목표달성 및 성경적 진리와 통합된 주제를 선택하여 결론을 도출함으로써 기독교육과정을 추구한다.

서울 2 - 전인기독학교

미인가		기숙+통학	도시형+전원형
주소	새주소: (초1~초3) 서울시 송파구 위례성대로 28 (초4~고3) 강원도 홍천군 서면 모곡로 (현주소: 서울시 송파구 방이동 45-5 / 강원도 홍천군 서면 모곡리 483-1)		
전화번호	02-2202-3767	홈페이지	www.wpca.or.kr
학제	초등1학년~고등1학년	개교년도	2004년 3월 개교
교사수(정교사수)	50명(27명)	학생수	221명
설립/운영주체	임마누엘교회(감리)	소속단체	ACSI KOREA
학교공간	독립건물	주요시설	운동장, 교실, 과학실, 양호실, 미술실, 음악실, 교무실, 도서관, 컴퓨터실, 식당, 예체능실, 기숙사, 강당, 행정실

전형방법	면접(학생), 면접(학부모), 자체 지필시험
주요학생 선발조건	부모님이 기독교인 학생이 기독교인 정기적 학부모교육 참여
학생구성	※ 기독교가정의 학생 100%, 장애학생 1.8%, 해외경험 36.2%, 공교육 부적응학생 4.5%
학교 교육목적	능력 있는 그리스도인 양육, 실천하는 지성인 육성, 민족의 지도자 배출, 세계적인 인물 배양
교과서 사용	국정교육과정에 따른 교과서를 사용한다.
수업일수	1학기: 116일 / 2학기: 92일

해외이동수업	나라	시기	기간	참석여부
	미국	초등6학년	10개월	전원참석
	사이판	초등3학년	1개월	전원참석

특성화 프로그램	
영성교육	· 채플 · QT · 성경공부(수업) · 단기선교 · 절기교육 · 새벽예배 · 성경통독 · 성경암송 · 월1회 심야기도회
인성 및 체험교육	· 성품교육 · 멘토링 · 국토순례 · 봉사활동 · 견학 및 탐방 · 온가족캠프 · 장애교육 · 공동체생활 · 섬김이제도
평화 및 생태교육	· 통일교육 · 노작 · 환경교육
특기적성교육	· 음악활동 · 체육활동 · 독서 · 영어캠프 · 수영캠프 · 스키캠프 · 오케스트라
기타교육	수준별 무차별 교육을 시행하고 있으며, 블록타임제에 의한 시간표 운영

교육과정 특징

1. 학교 목표 : 온전한 신앙교육, 미래 역사의 주인 의식, 재능 있는 기능인, 건강한 현대인
2. 교육 가치 : 성경적 관점의 온전함, 영향력 있는 리더십, 최고와 최선의 교육, 일치와 조화
3. 사명 선언문
   기독교 세계관 중심의 최고의 가치 있는 교육과 훈련을 통하여 개개인의 잠재능력을 계발하고 영적, 지적, 인격적 실력을 갖춘 영향력 있는 글로벌 지도자를 양성하여 세계와 문화를 변화시켜 하나님을 영화롭게 하는 삶을 살게 한다.
4. 성경적 세계관으로 가르치는 학교입니다.
5. 한 사람을 향한 가치를 존중하는 학교입니다.
6. 전인격적인 하나님의 사람을 양성하는 학교입니다.
7. 앎과 삶이 일치된 실천하는 신앙인을 양성하는 학교입니다.

8. 국가교육과정을 준수하면서 보다 효율적이며, 자율적으로 운영하는 학교입니다.
9. 가정과 교회와 학교가 삼위일체가 되어 온전한 교육을 지향하는 학교입니다.
10. 다양한 교육과 체험학습을 통한 글로벌 리더를 양성하는 학교입니다.
11. 세대의 흐름과 유행을 좇아 가는 것이 아닌 최고의 교육을 위해 매일 노력하는 학교입니다.
12. 하나님의 마음을 시원하고 기쁘게 하는 학교입니다.

서울 3 - 하늘꿈학교

미인가	기숙+통학		도시형
주소	새주소: 서울시 송파구 오금로 46길 62 (현주소: 서울시 송파구 가락동 196-16번지)		
전화번호	02-443-2072	홈페이지	www.hdschool.org
학제	초등1학년~고등3학년	개교년도	2003년 4월 개교
교사수(정교사수)	27명(15명)	학생수	51명
설립/운영주체	공익법인	소속단체	기독교대안학교연맹 대안교육연대
학교공간	건물임대	주요시설	교실, 교무실, 컴퓨터실, 식당, 기숙사

전형방법	면접(학생), 면접(학부모), 자체 지필시험
주요학생 선발조건	-
학생구성	※ 기독교가정의 학생 20%, 북한이탈 학생 100%, 공교육 부적응학생 10%

학교 교육목적	진리를 알자. 비전을 품자. 섬기는 자가 되자.
교과서 사용	국정교육과정에 따른 교과서를 사용한다.
수업일수	1학기: 80일 / 2학기: 120일

특성화 프로그램

영성교육	· 채플 · QT · 성경공부(수업) 영어부흥캠프 DTS
인성 및 체험교육	· 멘토링 · 봉사활동 · 견학 및 탐방
평화 및 생태교육	· 통일교육 · 가정실습
특기적성교육	· 사진 및 영상 · 음악활동 · 체육활동 · 독서 · 영어캠프 · 컴퓨터교육
기타교육	· 진로진학교육 · 일반고와의 문화교류

교육과정 특징

하늘꿈학교는, 북한 이탈 청소년들의 안정적인 남한 정착이 남북통일에 중요한 역할을 한다고 믿으며, 기독교 세계관을 바탕으로 한 지성, 인성, 신앙, 건강교육을 통해 남북한을 통합하는 통일세대의 지도자를 길러내고 북한 교회의 재건을 통해 북한을 복음화하는 사명을 가지고 있습니다.

하늘꿈학교의 차별화된 장점은 바로 이것입니다.

1. 하늘꿈학교는 자립하는 리더로 설 때까지 양육합니다.

    북한이탈청소년들의 가치관과 세계관의 변화가 오기까지는 오랜 기간이 소요됩니다. 따라서 졸업 이후에도 안정적인 대학생활과 취업 그리고 예수 그리스도의 참된 제자로 세우기 위해 지속적인 물적, 정신적, 영적인 돌봄이 이루어지고 있습니다.

2. 교사와 학생 전원이 공동체생활을 합니다.

    가치관과 세계관의 변화는 24시간 함께하는 공동체 삶을 통해 가능합니다. 신실한 교사들이 학교뿐만 아니라 기숙사에서 학생들과 함께하면서 학생들이 가진 내면의 상처와 아픔이 치유되고 회복될 수 있도록 섬기고 있습니다.

3. 영어특성화 교육을 통해 남북통합 공동체를 추구합니다.

    여름에는 영어로 진행하는 남북·해외교포 청소년들의 영성수련회인 English Revival Camp, 겨울에는 영어로 진행하는 남북청소년, 대학생들의 리더십 수련회인 요셉아카데미를 실시하고 있습니다. 이러한 캠프를 통해 하늘꿈학교에서는 이미 통일한국을 경험하고 있습니다.

서울 4 - 효신국제학교

미인가		통학		–
주소		새주소: 서울시 중구 수표로 28 보아스 3층 (현주소: 서울시 중구 저동 2가 47-9 보아스 3층)		
전화번호	02-883-6440		홈페이지	cafe.naver.com/hyoshinis/ http://cwc.or.kr/
학제	초등1학년~고등3학년		개교년도	2003년 3월 개교
교사수(정교사수)	16명(6명)		학생수	10명
설립/운영주체	공익법인		소속단체	기독교학교교육연구소 대안교육연대 ACSI
학교공간	교회건물사용		주요시설	-
전형방법	면접(학생), 전학교 내신, 기타(목사님, 영어교사, 수학교사로부터 받은 학생에 대한 의견서와 학부모와 학생의 질문서와 참고서)			
주요학생 선발조건	부모님이 기독교인 학생이 기독교인 수업시 기본적인 영어소통가능자			
학생구성	※ 기독교가정의 학생 100%			
학교 교육목적	예수 그리스도 안에서 학생들의 영성, 학업성, 사회성을 개발하고 가족들과 지역교회의 사역을 돕는 데 있습니다. 국제학교한국의 세 가지 기본 목표 1. 그리스도와 함께하는 훈련 2. 최고의 교육 3. 하나님의 나라의 확장			
교과서 사용	학교 자체 내에서 개발한 교과서를 사용한다. 기독교세계관으로 재구성한 교과서를 사용한다.			
수업일수	1학기: 99일 / 2학기: 101일			

서울 5 - 여명학교

인가		기숙+통학		도시형
주소	새주소: 서울시 중구 소파로 99 (현주소: 서울시 중구 남산2동 49-25)			
전화번호	02-888-1673	홈페이지		www.ymschool.org
학제	초등2학년~고등3학년	개교년도		2004년 3월 개교
교사수(정교사수)	29명(13명)	학생수		-
설립/운영주체	공익법인(여명)	소속단체		기독교대안학교연맹 대안교육연대
학교공간	독립건물	주요시설		운동장, 교실, 과학실, 양호실, 미술실, 음악실, 교무실, 도서관, 컴퓨터실, 식당

전형방법	면접(학생), 기타(북한주민이탈확인서)
주요학생 선발조건	-
학생구성	※ 북한이탈 학생 100%

학교 교육목적	회복. 이해. 사랑.
교과서 사용	국정교육과정에 따른 교과서를 사용한다. 학교 자체 내에서 개발한 교과서를 사용한다.
수업일수	1학기: 99일 / 2학기: 97일

특성화 프로그램

영성교육	· 성경공부(수업) · 절기교육
인성 및 체험교육	· 성품교육 · 멘토링 · 견학 및 탐방
평화 및 생태교육	· 평화교육 · 통일교육 · 목공실습 · 다문화교육 · 가정실습 · 환경교육
특기적성교육	· 공연예술 · 사진 및 영상 · 음악활동 · 미술활동 · 체육활동 · 독서 · 컴퓨터교육
기타교육	· 실생활 자립 위주로 교육

서울 6 - IT기독학교

미인가	기숙+통학	도시형

주소	새주소: 서울시 용산구 백범로 80길 9 (현주소: 서울시 용산구 문배동 20-3)		
전화번호	02-6404-1107	홈페이지	www.itcs.kr
학제	중등1학년~고등3학년	개교년도	2008년 3월 개교
교사수(정교사수)	13명(9명)	학생수	30명
설립/운영주체	특정 개인(한민형 교장)	소속단체	기독교대안학교연맹
학교공간	건물임대	주요시설	교실, 기숙사, 교무실, 채플실, 컴퓨터실, 식당, 헬스장, 수영장, 공공축구장

전형방법	면접(학생), 면접(학부모), 전학교 내신, 자체 지필시험
주요학생	부모님이 기독교인
선발조건	학생이 기독교인
학생구성	※ 기독교가정의 학생 100%
학교 교육목적	세계선교를 향한 영성과 실력, 특히 IT기술을 지닌 인재를 양성함에 목표가 있다. 학교표어는 '내가 여기 있나이다. 나를 보내소서!'(이사야 6:9)로서 신앙고백을 할 수 있는 선교적 삶을 위해 준비된 청소년들을 양육함에 목표와 목적을 두고 있다.
교과서 사용	학교 자체 내에서 개발한 교과서를 사용한다.
수업일수	1학기: 117일 / 2학기: 110일

특성화 프로그램

영성교육	· 채플 · QT · 성경공부(수업) · 절기교육 · 정기적 찬양대회 · 매학기 영성수련회 · 성경필사
인성 및 체험교육	· 성품교육 · 봉사활동 · 견학 및 탐방 · 비전교육
특기적성교육	· 음악활동 · 체육활동 · 독서 · 컴퓨터교육(매주 IT특강) · 영어원어민 수업 및 영어몰입수업
기타교육	· IT 자격증 취득 수업 · 컴퓨터 IT 경진대회(교내) 분기 별 실시 · IT박람회 참관 및 견학

교육과정 특징

1. 학교시작 및 연혁

 현재 IT기독학교장인 한민형 목사는 장로회신학대학 학부 시절부터 청소년목회를 준비하여 왔으며, 크리스천 PC 게임 소프트웨어 등 다수의 제품들도 직접 개발, 제작하며, 오랫동안 청소년 지비량 신교를 이루어 왔다.

2. IT기독학교의 학업 특징

 1) 매학기 영성수련회, 매일 QT, 주간채플, 주간찬양, 신앙절기교육, 찬양듣기, 클래식 듣기 등 일관성 있게 꾸준히 진행한다.

 2) 매주 축구시합, 매일 아침헬스, 매주 수영, 영어몰입, 매일 예절교육, 매일 PC바른사용법 교육도 완전히 정착된 커리큘럼으로 꾸준히 진행하고 있다.

 3) 일반과목 영수국사과 및 IT수업에 임하는 학생들의 앉은 자세교정을 통해서 학업의 성취도를 높여 가고자 매순간 매번마다 자세교정이 실시된다.

 4) IT 3D(그래픽) 분야에서 탁월한 기술력을 지니고 배워 가고 있으며, 그 외 IT분야에서 좋은 실력을 갖추고 있다.

 5) IT관련 자격증을 1년에 2~4개를 취득한다. IT박람회(코엑스, 킨텍스, 산업체현장) 방문을 정기적으로 실시한다. 특히 고등학교 3년 과정은 대학교 수시전형(입학사정관)에 대비한 포토폴리오를 미리 준비하므로 졸업생 모두 수시 1차에 우수한 점수로 합격하였다(한동대학교, 인하대학교, 단국대학교, 미국 NPU).

서울 7 - 우리들학교

미인가		기숙+통학		도시형+전원형
주소	새주소: 서울시 관악구 남부순환로 1495 (현주소: 서울시 관악구 신림동(신사동) 526-10)			
전화번호	02-6015-6245		홈페이지	www.wooridulschool.org
학제	중등1학년~고등3학년		개교년도	2010년 3월 개교
교사수(정교사수)	11명(8명)		학생수	6명
설립/운영주체	법인이 아닌 단체		소속단체	기독교대안학교연맹
학교공간	건물임대		주요시설	운동장, 교실, 교무실, 도서관, 컴퓨터실, 식당

전형방법	면접(학생) 기타
주요학생 선발조건	-
학생구성	※ 기독교가정의 학생 20%, 북한이탈 학생 100%

학교 교육목적	-
교과서 사용	국정교육과정에 따른 교과서를 사용한다. 기타
수업일수	1학기: 101일 / 2학기: 101일

특성화 프로그램

영성교육	· QT
인성 및 체험교육	· 견학 및 탐방
평화 및 생태교육	· 평화교육 · 통일교육
특기적성교육	· 사진 및 영상 · 음악활동 · 미술활동 · 컴퓨터교육

교육과정 특징

우리들학교는 탈북과정에서 학업 시기를 놓친 탈북 청소년들에게 맞춤형 교육을 제공하고자 설립된 탈북청소년 대안학교입니다. 우리들학교는 인성, 지성, 영성을 지닌 통일 인재로 양성하여 통일 이후의 한반도 시대를 준비하고자 합니다.

서울 8 - 인투비전학교

미인가	통학	도시형

주소	새주소: 서울시 강남구 남부순환로 2807 온누리교회 교육관 (현주소: 서울시 강남구 도곡동 91 온누리교회 교육관)		
전화번호	02-572-5566	홈페이지	http://intovision.org/
학제	중등1학년~고등3학년	개교년도	2010년 5월 개교
교사수(정교사수)	23명(13명)	학생수	-
설립/운영주체	온누리교회(예장통합)	소속단체	-
학교공간	교회건물사용	주요시설	교실, 교무실, 도서관, 컴퓨터실, 식당

전형방법	면접(학생), 논술(자기소개서 포함)
주요학생 선발조건	정기적 학부모교육 참여
학생구성	※ 기독교가정의 학생 100%
학교 교육목적	청소년들의 건강한 자아상 회복과 기독교적 세계관 확립을 통해 영성과 창조성을 가진 리더 양성을 목표로 교육하고 있습니다. 학교와 가정이 함께 헌신하고 훈련하여 청소년들을 이 세상을 정복하고 다스리는 왕의 자녀로 회복시킬 것입니다.
교과서 사용	국정교육과정에 따른 교과서를 사용한다. 학교 자체 내에서 개발한 교과서를 사용한다.
수업일수	1학기: 2-7월 / 2학기: 8-12월

특성화 프로그램

영성교육	· 채플 · QT · 성경공부(수업)
인성 및 체험교육	· 성품교육 · 멘토링 · 국토순례 · 봉사활동 · 견학 및 탐방
평화 및 생태교육	· 평화교육 · 통일교육 · 노작 · 목공실습
특기적성교육	· 공연예술 · 사진 및 영상 · 음악활동 · 미술활동 · 체육활동 · 독서 · 영어캠프 · 컴퓨터교육

교육과정 특징

SALT_ School of Action Leadership Training

1단계	나를 찾기	나를 찾기, 관계회복
2단계	기독교석 세계관 확립	하나님 체험, 기독교적 가치관
3단계	자기관리하기	자기관리, 은사계발
4단계	비전찾기	비전찾기, 미래설계

서울 9 - 아이머스 실용음악고등학교

미인가		통학		도시형
주소	새주소: 서울시 서초구 남부순환로 319길 14 가남빌딩 5층 (현주소: 서울시 서초구 서초3동 1464-10 가남빌딩 5층)			
전화번호	070-8885-1595	**홈페이지**		www.imus.co.kr
학제	고등1학년~고등3학년	**개교년도**		2011년 3월 개교
교사수(정교사수)	7명	**학생수**		11명
설립/운영주체	특정개인	**소속단체**		기독교대안학교연맹
학교공간	건물부분임대	**주요시설**		교실, 교무실, 합주실, 음악연습실, 녹음실, 휴게실

전형방법	면접(학생), 면접(학부모)
주요학생 선발조건	정기적 학부모교육 참여 입학 후 사교육 제한
학생구성	※ 기독교가정의 학생 81%, 해외경험 36%

학교 교육목적	기독교신앙 안에서 글로벌 문화적 리더십을 가진 음악인을 기르는 것이 교육목표입니다. 창의적 실용음악 특성화교육, 자기주도적학습, 국제화교육
교과서 사용	교과 별로 다르다.
수업일수	봄term: 60일 / 여름term: 60일 / 가을term: 60일

특성화 프로그램

영성교육	· 채플 · QT · 단기선교
인성 및 체험교육	· 봉사활동
평화 및 생태교육	· 통일교육 · 노작 · 환경교육
특기적성교육	· 공연예술 · 음악활동 · 독서 · 음악전공 1:1수업 · 국영수 1:1 학습지도교육 · 국어 토론수업 · 해외문화체험
기타교육	1년 3학기제를 통해 팀 마지막에 콘서트와 음반제작발표

교육과정 특징

아이머스 실용음악고등학교는 기독교신앙과 세계관 위에 창의적 음악교육, 자기 주도 학습교육, 국제화교육
의 특성화 교육을 기초로 하고 있습니다.

집중적이고 효과적인 교육을 위해 1년 3학기제 교육을 택하고 있습니다.
소수 전문화된 실용음악교육을 위해 최소한의 교육정원을 추구하고 있습니다.

2. 인천, 경기

경기 1 - 로고스초등학교

미인가		통학		도시형
주소	새주소: 경기도 부천시 원미구 상이로 85번길 8-22 (현주소: 경기도 부천시 원미구 상2동 573-3)			
전화번호	032-434-5050	홈페이지		http://logosca.hompee.com/
학제	초등1학년~초등6학년	개교년도		2000년 3월 개교
교사수(정교사수)	6명	학생수		21명
설립/운영주체	법인	소속단체		기독교대안학교연맹
학교공간	독립건물	주요시설		교실, 교무실, 미술실, 컴퓨터실, 도서관, 강당, 체육관, 식당

전형방법	면접(학생), 면접(학부모)
주요학생 선발조건	정기적 학부모교육 참여 입학 후 사교육 제한
학생구성	※ 기독교가정의 학생 100%, 공교육 부적응학생 10%
학교 교육목적	하나님을 사랑하며, 자신을 사랑하듯 이웃을 사랑할 줄 아는 자로 키운다.
교과서 사용	국정교육과정에 따른 교과서를 사용한다. 학교 자체 내에서 개발한 교과서를 사용한다. 교과 별로 다르다(영어: 외국).
수업일수	1학기: 90일 / 2학기: 85일

특성화 프로그램	
영성교육	· 채플 · QT · 성경공부(수업) · 신앙수련회(학기 초) · 너와나 성경학습
인성 및 체험교육	· 성품교육 · 전국 역사문화권별여행탐구학습(교과서 여행)
평화 및 생태교육	· 평화교육 · 노작 · 목공실습 · 환경교육
특기적성교육	· 음악활동 · 미술활동 · 체육활동 · 독서 · 영어캠프 · 컴퓨터교육
기타교육	여름·겨울방학 중 특별학습: · 독서논술기초훈련 · 영어집중훈련 · 수영 및 스케이팅 · 스키캠프 등

교육과정 특징

성경적 원리와 기독교세계관을 가지고, 어려서부터 우리 자녀들을 하나님을 경외하며, 자신을 사랑하듯 이웃을 사랑하는 사람으로 양육하기 위하여 2000년 3월에 설립한 학교입니다. 사랑 안에서 원칙을 지키는 학교, 아이들이 행복하고, 부모님은 만족한 학교로 발전하고 있습니다.

교과과정과 그 특징은,

1. 학기 초 신앙수련회, 너와나 성경암송 프로그램, 예배와 경건의 시간, 성경학습 등 신앙훈련.
2. 한국어 국정교과서 사용, 원어민 선생님의 수준 별 영어수업.
3. 전국 역사문화 탐구 교과서 여행 등 다양한 체험학습 및 프로젝트 수업으로 살아 있는 학습.
4. 미술, 음악, 1인 1악기 레슨, 연극, 국악 등 다양한 특기적성 프로그램.
5. 태권도, 수영, 스케이팅, 스키캠프 등 체력단련 및 취미활동 훈련.
6. 기독교사로 헌신되고 다년간 본교에서 훈련된 선생님들이 성령의 능력을 힘입어 자녀들의 교육을 책임지고 있습니다.

경기 2 - 삼광국제학교

미인가	통학	도시형

주소	새주소: 경기도 부천시 원미구 석천로 85 부천삼광교회 내 4-5층 ICS (현주소: 경기도 부천시 원미구 상동 416-1 부천삼광교회 내 4-5층 ICS)		
전화번호	032-321-6483	홈페이지	www.sicschool.org
학제	유치원~초등6학년	개교년도	2004년 3월 개교
교사수(정교사수)	19명(19명)	학생수	54명
설립/운영주체	부천삼광교회(성결)	소속단체	-
학교공간	교회건물사용	주요시설	교실, 교무실, 컴퓨터실, 식당, 행정실

전형방법	면접(학생), 면접(학부모), 자체 지필시험
주요학생 선발조건	수업 시 기본적인 영어소통가능자
학생구성	-

학교 교육목적	① 전인적 인간 양육 ② 글로벌리더십교육			
교과서 사용	국정교육과정에 따른 교과서를 사용한다. 외국교과서를 (그대로 혹은 번역하여) 사용한다.			
수업일수	1학기: 102일 / 2학기: 98일			
해외이동수업	나라	시기	기간	참석여부
	미국, 필리핀			

특성화 프로그램	
영성교육	· 채플 · QT · 성경공부(수업) · 단기선교 · 절기교육
인성 및 체험교육	· 성품교육 · 멘토링 · 국토순례 · 봉사활동 · 견학 및 탐방
평화 및 생태교육	· 통일교육 · 노작 · 목공 실습 · 다문화교육 · 가정실습 · 환경교육
특기적성교육	· 공연예술 · 사진 및 영상 · 음악활동 · 미술활동 · 체육활동 · 독서 · 영어캠프

교육과정 특징

1. 교과교육과정

   SICS는 국제적인 인재양성을 위해 영어교육에 중점을 두어 주요과목을 원어민 교사와 이중언어 교사가 영어로 지도한다. 그러나 학생들이 한국인으로서의 분명한 정체성을 갖고 사회성을 기를 수 있도록 한국의 정서와 문화에 맞춰 교육이 필요한 과목들을 한국어로 교육하고 있다(미국식 수업 70%, 한국식 수업30%- 국어, 국사, 사회, 음악, 미술, 체육).

2. 교과 외 교육과정

   1) 방과후 수업

      SICS는 매일 정규수업 이후 방과후 수업을 운영하고 있다. 방과후 수업은 학생들이 개인의 필요와 기호에 따라 원하는 과목을 자유롭게 수강할 수 있다. 현재 악기(피아노, 바이올린, 플롯, 드럼)와 언어(중국어, 국어, 독서논술) 등 총 6개 과목, 9개반이 진행 중이며, 향후 기존 과목 외에 스포츠, 제2외국어, 악기수업을 추가로 증설할 계획이다.

   2) 해외학교 방문수업

      SICS는 싱가폴의 International Community School과 결연을 맺고 있다. 2009년 2월에 SICS의 고학년 학생 15명이 2주간 싱가폴을 방문하여 싱가폴 ICS에서 협동수업을 받았고, 향후 연 1회 이상 학생들이 직접 해외 경험을 하고 국제 감각을 익힐 수 있도록 해외학교와 협력수업을 진행할 예정이다.

3) 영어캠프

　SICS는 매년 여름 본교 학생들과 지역학생들을 대상으로 2주간의 Summer English Camp를 실시한다. 본 캠프는 실내외의 다양한 프로그램으로 학생들이 일상을 벗어나 자연스럽게 영어에 몰입할 수 있는 환경을 조성하여 재미있는 놀이와 체험을 통해 학생들이 자연스럽게 영어를 익히고 학업에 지친 몸과 마음을 재충전하는 시간으로 진행되고 있다.

경기 3 - 샘물학교(초등)

미인가		통학	도시형
주소	새주소: 경기도 성남시 분당구 내정로 17번길 8분당타운 3층 (현주소: 경기도 성남시 분당구 정자동 131-1번지 분당타운 3층)		
전화번호	054-559-7120	홈페이지	www.smcs.or.kr
학제	초등1학년~초등6학년	개교년도	2006년 2월 개교
교사수(정교사수)	27명(19명)	학생수	186명
설립/운영주체	설립: 샘물교회(고신) 운영: 법인이 아닌 단체 (교사 및 학부모공동체)	소속단체	기독교학교교육연구소 기독교대안학교연맹
학교공간	교회건물	주요시설	교실, 과학실, 양호실, 미술실, 음악실, 교무실, 도서관, 식당, 체육실, 강당

전형방법	면접(학생), 면접(학부모), 집단토론 등 체험관찰, 기타(학부모서류)
주요학생 선발조건	부모님이 기독교인 학생이 기독교인 정기적 학부모교육 참여 입학 후 사교육 제한
학생구성	※ 기독교가정의 학생 100%, 장애학생 3.2%

학교 교육목적	배움을 실천하는 섬기는 제자
교과서 사용	교과 별로 다르다(국어-기독교세계관(통권), 수학-국정, 역사-기독교세계관, 과학-국정, 기독 교세계관, 영어-기독교세계관).
수업일수	1학기: 95일 / 2학기: 85일

특성화 프로그램	
영성교육	· QT · 성경공부(수업) · 절기교육 · 방학 중 성경 통독 프로그램
인성 및 체험교육	· 성품교육(하나님의 말씀에 경청하고 순종하는 하나님 성품을 닮아가는 성품교육) · 봉사활동 · 견학 및 탐방 · 과학여행 · 역사여행 · 미디어 단절 및 절제 교육
평화 및 생태교육	· 노작
특기적성교육	· 음악활동 · 미술활동 · 체육활동 · 독서 · 영어캠프
기타교육	· 기독교 세계관으로 사고하는 능력을 키우는 교육-세계관 생각 수업 · 과목 간 통합교육(같은 주제를 여러 과목으로 통합적 접근) · 국어와 영어 통권 수업 · 연극으로 표현

교육과정 특징

샘물학교 교육과정은 기초 배움, 다양한 배움, 샘물공동체 배움을 통하여 하나님을 알아 가고(하나님 사랑), 사람을 알아 가고(사람 사랑), 창조세계를 알아 가면서(창조세계 사랑) 배움을 실천하는 섬기는 제자로 양육하는 교육이다.

경기 4 - 참빛문화예술학교

미인가	기숙	전원형

주소	새주소: 인천광역시 부평구 장제로340번길 26-13 (현주소: 인천광역시 부평구 삼산동 435-7)		
전화번호	032-508-7003	홈페이지	www.cbsh.co.kr
학제	초등3학년~초등6학년	개교년도	2008년 3월 개교
교사수(정교사수)	17명(7명)	학생수	15명
설립/운영주체	진광교회(감리)	소속단체	기독교대안학교연맹
학교공간	교회건물사용	주요시설	교실, 미술실, 음악실, 교무실, 도서관, 컴퓨터실, 식당

전형방법	면접(학생), 면접(학부모), 집단 토론 등 체험관찰
주요학생 선발조건	-
학생구성	※ 기독교가정의 학생 100%, 장애학생 100%
학교 교육목적	참빛학교는 발달장애 아동들이 보편적인 인간으로 성장하여 사회의 구성원으로 살아갈 수 있도록 하기 위하여 발달장애인의 자립에 필요한 전 생애적인 교육환경 시스템 구축을 위해 사회복지, 장애인 교육현장 실무자들과 학부모들이 연합하여 설립한 대안학교입니다.
교과서 사용	국정교육과정에 따른 교과서를 사용한다. 학교 자체 내에서 개발한 교과서를 사용한다.
수업일수	1학기: 95일 / 2학기: 90일

특성화 프로그램

영성교육	· 성경공부(수업)
인성 및 체험교육	· 성품교육 · 멘토링 · 견학 및 탐방
평화 및 생태교육	· 통일교육 · 노작 · 환경교육
특기적성교육	· 음악활동 · 미술활동 · 체육활동 · 독서

교육과정 특징

1단계- 성장과 발달의 기본인 건강한 신체 만들기를 한다.
2단계- 집단 속에서 스스로 마음을 조절할 수 있도록 절제힐 수 있는 마음을 갖노록 한다.
3단계- 자립을 위한 여가활용 및 직업기술의 기초인 사회적응 기술을 지도한다.

경기 5 - 은혜의 동산 기독교학교

미인가		통학	도시형+전원형
주소	새주소: 경기도 화성시 남양시장로 25번길 58 (현주소: 경기도 화성시 남양동 1156-8번지)		
전화번호	070-7530-4542	홈페이지	www.graceeedu.onmam.com http://cafe.naver.com/edugrace
학제	초등1학년~초등4학년 중등1학년~중등3학년	개교년도	2008년 3월 개교
교사수(정교사수)	31명(13명)	학생수	45명
설립/운영주체	은혜의 동산교회(예장 합동)	소속단체	기독교대안학교연맹 기독교교사세움터
학교공간	교회건물사용	주요시설	운동장, 교실, 음악실, 교무실, 도서관, 컴퓨터실, 식당

전형방법	면접(학생), 면접(학부모)
주요학생 선발조건	부모님이 기독교인 정기적 학부모교육 참여 입학 후 사교육 제한
학생구성	※ 기독교가정의 학생 100%

학교 교육목적	하나님을 예배하고 이웃을 섬기며, 만물을 회복하는 운동인
교과서 사용	국정교육과정에 따른 교과서를 사용한다. 학교 자체 내에서 개발한 교과서를 사용한다.
수업일수	1학기: 90일 / 2학기: 80일

해외이동수업	나라	시기	기간	참석여부
	미국	9학년	1-2개월	

특성화 프로그램	
영성교육	· 채플 · QT · 성경공부(수업) · 절기교육
인성 및 체험교육	· 멘토링 · 국토순례 · 봉사활동 · 견학 및 탐방
평화 및 생태교육	· 통일교육 · 노작
특기적성교육	· 공연예술 · 음악활동(1인 1악기) · 미술활동 · 체육활동 · 독서 · 영어캠프

경기 6 - 광성드림학교

미인가	통학		도시형
주소	새주소: 경기도 고양시 일산서구 경의로 963-24 (현주소: 경기도 고양시 일산서구 덕이동 329-5)		
전화번호	031-5579-1920	**홈페이지**	www.ksdream.net
학제	초등1학년~중등3학년	**개교년도**	2006년 4월 개교
교사수(정교사수)	27명	**학생수**	192명
설립/운영주체	설립: 거룩한 빛 광성교회(예장통합) 운영: 법인이 아닌 단체	**소속단체**	기독교학교교육연구소 기독교대안학교연맹
학교공간	독립건물	**주요시설**	운동장, 교실, 과학실, 양호실, 교무실, 미술실, 음악실, 컴퓨터실, 도서관, 강당(체육관), 식당, 기숙사, 어학실, 세미나실, 부모실

전형방법	면접(학생), 면접(학부모), 집단 토론 등 체험관찰, 자체 지필시험
주요학생 선발조건	부모님이 기독교인 학생이 기독교인 입학 후 사교육 제한
학생구성	※ 기독교가정의 학생 100%, 장애학생 6.2%, 공교육 부적응학생 7.8%
학교 교육목적	기독교 세계관을 바탕으로 세계를 섬기는 지도자를 기른다.
교과서 사용	국정교육과정에 따른 교과서를 사용한다. 학교 자체 내에서 개발한 교과서를 사용한다. 교과 별로 다르다(국어-국정, 기독교세계관, 과학소시오그램-기독교세계관, 놀자·찾자-자체 제작, 박물관-자체 제작, 목공진로-자체 제작, 과학-기독교세계관 미술-자체 제작, 성경-기독 교세계관).
수업일수	1학기: 98일 / 2학기: 82일

해외이동수업	나라	시기	기간	참석여부
	뉴질랜드 또는 필리핀	중등2학년	5-6개월	전원참서

특성화 프로그램	
영성교육	· 채플 · QT · 성경공부(수업) · 절기교육 · 비전트립 · 수련회
인성 및 체험교육	· 성품교육 · 멘토링 · 국토순례 · 봉사활동 · 견학 및 탐방
평화 및 생태교육	· 노작 · 목공실습 · 환경교육
특기적성교육	· 사진 및 영상 · 음악활동 · 미술활동 · 체육활동 · 독서 · 영어캠프 · 컴퓨터교육 · 과학탐구 · 중국어
기타교육	· 해외이동수업 · 기독교세계관 · 다중지능 · 음악특기교육

교육과정 특징

1. 비전선언문: 광성드림학교는 기독교세계관을 바탕으로 겨레와 세계 그리고 미래 사회를 변화시키기 위하여
   하나님이 주신 아름다운 비전을 가지고 봉사, 헌신의 삶으로 섬길 줄 아는 기독인을 양성한다.
   - 섬기는 학교: 성경의 가르침을 통해 하나님과 이웃(세계)을 섬기는 사람으로 자라나게 한다.
   - 인재를 양성하는 학교: 세계와·국제화-정보화시대에 각 분야에서 미래사회를 이끌어 나갈 인
   재를 양성한다.
   - 교육의 모델이 되는 학교: 기독교교육을 바탕으로 교육에 대안을 모색하여 교육의 모델이 된다.

2. 학교교육의 목표
  1) 기독교신앙교육: 성서의 가르침을 통해 삶의 터전을 다지는 교육
  2) 인성 및 기본교육: 건전한 사회를 이끄는 도덕성과 사회성을 지닌 인격체 형성을 위해 자기관리능력을 기르는 기본교육
  3) 학생중심 개별화 교육: 개인의 강점을 강화하고 약점을 보완할 수 있는 수준별 계획으로 이해를 위한 교수학습의 효율성을 높여 자기 주도적 학습력을 신장시키는 교육
  4) 창의력 교육: 인재양성을 위한 다중지능이론에 기반을 둔 창의력 교육
  5) 국제화교육: 실용적인 외국어 학습과 해외이동수업을 통해 국제인의 소양과 자질을 갖추어 미래사회에 적극적으로 대처하는 능력 있는 지도자로 성장, 발전시키는 교육
  6) 특성화 교육: 창의적 체험활동 위주의 다양한 교육내용과 방법을 통하여 개인의 성장과 협동의 중요성을 인식하는 교육

경기 7 - 굿뉴스사관학교

미인가		통학	도시형
주소	새주소: 경기도 부천시 원미구 송내대로 265번길 23 예당프라자 4-6층 (현주소: 경기도 부천시 원미구 상동 537-5 예당프라자 4-6층)		
전화번호	1588-0519	홈페이지	http://www.gneschool.com/
학제	초등1학년~고등3학년	개교년도	2007년 3월 개교
교사수(정교사수)	31명	학생수	161명
설립/운영주체	설립: 특정개인 운영: 새생명 교육재단 산하 굿뉴스사관학교	소속단체	ACSI 재단법인 새생명 교육재단
학교공간	-	주요시설	교무실, 과학실, 미술실, 음악실, 컴퓨터실, 강당, 식당, 양호실

전형방법	면접(학생), 면접(학부모), 전학교 내신, 포트폴리오, 기타 자체 전형서류 및 평가
주요학생 선발조건	정기적 학부모교육 참여 입학 후 사교육 제한
학생구성	※ 기독교가정의 학생 97%, 장애학생 1%, 해외경험 10%, 공교육 부적응학생 10%
학교 교육목적	하나님 중심의 인물양성을 위해 바른 신앙과 바른 인격 앞선 실력에 목표를 두고 명문가를 이루며, 미래의 리더자 양성.
교과서 사용	국정교육과정에 따른 교과서를 사용한다. 교과 별로 다르다(성품-자체 제작, 기독교세계관, 성경-자체 제작, 기독교세계관, IT-자체제작, 영어토론-외국).
수업일수	1, 2학기: 130일

해외이동수업	나라	시기	기간	참석여부
	중국	중등2,3학년	1년	부분참석

특선화 프로그램

영성교육	· 채플 · QT · 성경공부(수업) · 단기선교 · 절기교육 · 창조과학
인성 및 체험교육	· 성품교육 · 멘토링 · 국토순례 · 봉사활동 · 견학 및 탐방 · Big brother & Big sister 지도 · Speech contest
평화 및 생태교육	· 통일교육 · 가정실습 · 환경교육 · 6·25 기념예배 및 교육
특기적성교육	· 공연예술 · 사진 및 영상 · 음악활동 · 미술활동 · 체육활동 · 독서 · 영어캠프 · 컴퓨터교육 · 피아노 · 워십
기타교육	· 직업체험 장애인 · 봉사활동 · 캠프 · 사랑의 등산(TD) · 섬김이

교육과정 특징

정규 교과목을 기독교 세계관으로 가르치며, 예수 그리스도의 마음으로 아이들을 교육하고 있습니다. 유대인의 쉐마교육을 바탕으로 하나님 중심의 사람으로 성장하도록 기도하고 있습니다.

경기 8 - 다리꿈 성장학교

미인가		기숙+통학		–
주소	새주소: 경기도 안산시 상록구 이동공원로 47 (현주소: 경기도 안산시 상록구 이동 710-12)			
전화번호	031-416-7179		홈페이지	www.hschool.or.kr
학제	초등1학년~고등3학년		개교년도	2008년 4월 개교
교사수(정교사수)	21명(11명)		학생수	-
설립/운영주체	NGO 단체		소속단체	기독교대안학교연맹
학교공간	건물임대		주요시설	운동장, 교실, 음악실, 식당

전형방법	면접(학생) 면접(학부모)
주요학생 선발조건	-
학생구성	-

학교 교육목적	다솜교육의 비전 -인성교육을 통한 전인격적인 건강한 삶 -자기주장훈련을 통한 자신감과 대인관계능력향상 -학습동기분여를 통한 학습효율성 증대 -집중력과 창의력개발을 통한 능력개발 -개인의 재능을 발견하고 훈련하여 전문적 삶 -자기 주도적 학습과 학습습관이 변화 -학습클리닉에 의한 전문적인 학습 -사회봉사훈련을 통한 섬기는 삶 -상담전문가에 의한 정서적 안정 -다음세대 지도자로서 리더십 개발
교과서 사용	국정교육과정에 따른 교과서를 사용한다. 학교 자체 내에서 개발한 교과서를 사용한다.
수업일수	1학기: 120일 / 2학기: 95일

특성화 프로그램	
기타교육	· 상담 · 치료 · 가족캠프 · 리더십캡프 · 개별학습 클리닉

경기 9 - 등대국제학교

미인가	기숙+통학	−

주소	새주소: 경기도 고양시 일산서구 덕이로 292번길 34-55 (현주소: 경기도 고양시 일산서구 덕이동 1132)		
전화번호	031-971-2731~2,4	홈페이지	www.liskorea.org
학제	초등1학년~고등3학년	개교년도	2006년 8월 개교
교사수(정교사수)	31명(17명)	학생수	130명
설립/운영주체	법인이 아닌 단체	소속단체	ACSI, AKIS(한국국제학교 협의회)
학교공간	독립건물	주요시설	교실, 과학실, 양호실, 미술실, 상담실, 교무실, 도서관, 컴퓨터실, 식당, 예배당, 회의실, 교장실, 관리실, 행정실

전형방법	면접(학생), 면접(학부모), 전학교 내신, 관련수상 실적, 봉사활동 등 관련 경력, 논술(자기소개서 포함), 자체 지필시험, 기타(학부모 소개, 담임목사추천서, 건강기록부)
주요학생 선발조건	부모님이 기독교인 학생이 기독교인 수업시 기본적인 영어소통가능자
학생구성	-

학교 교육목적	하나님의 온전한 사람으로 세우는 교육
교과서 사용	국정교육과정에 따른 교과서를 사용한다. 외국교과서를 (그대로 혹은 번역하여) 사용한다. 기타(다양한 참고도서 사용)
수업일수	1학기: 85일 / 2학기: 95일

특성화 프로그램	
영성교육	· 매일 1교시 채플(예배훈련) · 성경교육(말씀훈련) · 단기선교 · 영성수련회(영적공동체훈련) · 금요기도회(기도훈련)
인성 및 체험교육	· 성품교육 · 멘토링 · 국토순례 · 봉사활동 · 견학 및 탐방 · 해외 교환학생 프로그램(연 1회) · 미 명문대 탐방 프로그램(연 1회) · 독거노인 돕기 · 자원봉사(월 1회)
평화 및 생태교육	· 다문화교육 · 환경교육
특기적성교육	· 공연예술 · 음악활동 · 미술활동 · 체육활동 · 독서 · 영어캠프 · 밴드활동(1인 2악기) · 주말클럽활동(외발자전거, 농구, 축구, 퍼포먼스 등)
기타교육	· 전교생 인문 철학 · 고전독서읽기 · 방과후 보딩프로그램(토플, SAT) · EIL · 영어캠프(연 2회) · 독서리더십 캠프(연 2회)

교육과정 특징

1. 교육방식
   1) 독서와 토론식 교실학습방식
   2) 스스로 배우고 학습하는 자기 주도방식
   3) 크리스천의 삶을 통해 가르치고 배우는 기독교교육
   4) 모든 수업은 영어로 진행

2. 초등과정(1-5학년): 고전교육 중점 교육과정
   1) Curriculum: Language(English Reading & Grammar, Korean, Chinese, Latin), Math, Science, Social Studies(Global&Korean Society), Fine Arts, Classical Books Reading, Bible, Global manner, Chapel
   2) Club Activities: 외발자전거 타기, 1인 2악기 제도, 목요클럽활동, 야외체험학습

3) 교육목표: 어려서부터 하나님을 예배하며, 말씀을 사모하는 훈련하여 삶을 통해 실천하도록 가르침, 창 의적 읽기와 쓰기훈련에 중점하며, 다양한 인문고전·독서읽기를 통해 교양과 지식 그리고 지 혜를 터득하게 함

3. 중고등학교(6-12학년): 온전한 사람으로 이루는 교육

1) Curriculum: Language(English Literature, Korean, Chinese, Latin), Math, Science, Social Studies(Global & Korean Society), Bible, Fine Atrs, Performance, Chapel. Global Manner

2) Extra Curriculum: iBT Toefl, SAT, AP, ESL, Classical Books Reading

3) Club Activities: 외발자전거, 목요클럽, 밴드, 오케스트라

4) Vision Trip: 해외비전여행(필리핀, 몽고, 캄보디아, 미국대학투어)

5) 봉사활동: 국내교회하기봉사, 무의탁노인돕기

경기 10 - 릭스쿨

미인가	통학	전원형

주소	새주소: 경기도 김포시 월곶면 김포대학로 230번길 31-19 (현주소: 경기도 김포시 월곶면 고막리 319-6)		
전화번호	031-982-7789	홈페이지	daum/릭스쿨
학제	초등1학년~중등3학년	개교년도	2006년 12월 개교
교사수(정교사수)	13명(3명)	학생수	16명
설립/운영주체	라이브교회 (교단: 독립교회연합)	소속단체	-
학교공간	독립건물	주요시설	운동장, 교실, 미술실, 음악실, 교무실, 식당

전형방법	면접(학생), 면접(학부모)
주요학생 선발조건	부모님이 기독교인 정기적 학부모교육 참여
학생구성	※ 기독교가정의 학생 100%, 장애학생 6%, 공교육 부적응학생 6%

학교 교육목적	자기다운 모습, 공동체훈련, 말씀 안에서 자라감
교과서 사용	교과서와 기타 자료를 혼합하여 사용한다.
수업일수	1학기: 90일 / 2학기: 79일

특성화 프로그램

영성교육	· 채플 · QT
인성 및 체험교육	· 견학 및 탐방
평화 및 생태교육	· 노작 · 가정실습
특기적성교육	· 공연예술 · 음악활동 · 미술활동 · 체육활동 · 독서

교육과정 특징

1. 교훈: 주 안에서 나답게, 함께, 새롭게

2. 교육과정의 특성:
   1) 학부모기 교육의 주체: 교목(라이브교회 담임목사님)과 교장(교회 사모)을 제외하고 담임, 교과목, 식사 및 학교 행정 전반이 학부모에 의해 운영된다(중등 교과, 원어민, 미술 선생님은 외부 선생님).
   2) 공동체성: 학교가 생활공동체의 가운데 위치하고 있어서 가정적 유대관계가 긴밀하고 학생수가 적어서 개인의 특성의 존중되며, 유기적 관계가 가능하다.
   3) 가정, 학교, 교회의 유기적 연합: 라이브교회의 가정들이 주체가 된 학교로서 부모가 주체가 되어 교회와 학교가 한 방향으로 통합하여 교육한다.
   4) 여행이나 교과의 내용은 구성 학생의 특성과 필요, 여건에 맞게 자유롭게 응용할 수 있다.

경기 11 - 쉐마기독학교

인가		기숙	도시형+전원형
주소	새주소: 경기도 양주시 은현면 화합로 1080번길 184-16 (현주소: 경기도 양주시 은현면 용암1리 861)		
전화번호	031-858-3144	홈페이지	www.ishema.org
학제	초등1학년~고등3학년	개교년도	2006년 3월 개교
교사수(정교사수)	29명(29명)	학생수	395명
설립/운영주체	꽃동산교회(예장합동)	소속단체	-
학교공간	독립건물	주요시설	운동장, 교실, 과학실, 양호실, 음악실, 교무실, 도서관, 컴퓨터실, 식당, 자습실, 체육실, 강당, 상담실

전형방법	면접(학생), 면접(학부모), 포트폴리오 등
주요학생 선발조건	부모님이 기독교인 학생이 기독교인 설립 및 운영 교회 교인 자녀 우선 선발
학생구성	※ 장애학생 2%, 공교육 부적응학생 11%

학교 교육목적	성경말씀에 순종하는 교육
교과서 사용	국정교육과정에 따른 교과서를 사용한다.
수업일수	1학기: 110일 / 2학기: 99일

특성화 프로그램

영성교육	· 채플 · QT · 성경공부(수업)
인성 및 체험교육	· 성품교육 · 멘토링
평화 및 생태교육	· 환경교육
특기적성교육	· 음악활동 · 미술활동 · 체육활동 · 독서 · 영어캠프 · 컴퓨터교육

경기 12 - 킹씨드모바일스쿨

미인가	통학	전원형

주소	새주소: 경기도 남양주시 일패로 27번길 43 (현주소: 경기도 남양주시 양정동 806-4)		
전화번호	031-559-9691	홈페이지	http://club.cyworld.com/ClubV1/Home.cy/52657950
학제	초등1학년~중등1학년	개교년도	2004년 7월 개교
교사수(정교사수)	5명(4명)	학생수	3명
설립/운영주체	특정개인: 문성환, 배선종 부부	소속단체	기독교대안학교연맹
학교공간	독립건물	주요시설	운동장, 교실, 식당, 도서관, 수영장

전형방법	면접(학생), 면접(학부모), 해외모바일 수업 참여
주요학생 선발조건	정기적 학부모교육 참여
학생구성	※ 기독교가정의 학생 42.8%, 해외경험 57.2%

학교 교육목적	다음세대가 예수 그리스도의 제자로 교육되어 열방의 민족들을 제자 삼는 것이 우리의 교육목표입니다.
교과서 사용	외국교과서를 (그대로 혹은 번역하여) 사용한다. 학교 자체 내에서 개발한 교과서를 사용한다. 기독교세계관으로 재구성한 교과서를 사용한다. 교과 별로 다르다(국어: 초등-자체 제작, 중등-자체 제작+기독교세계관, 고등-기독교세계관/영어: 초등-외국, 중등-외국/수학: 초등-국정, 중등-국정/세계관: 초등-자체 제작, 중등-자체 제작).
수업일수	1학기: 108일 / 2학기: 113일

해외이동수업	나라	시기	기간	참석여부
	-	방학마다	7월(여름 1달)	전원참석
	-	방학마다	1월(겨울 1달)	방과후 수업학생 외부학생참여 해외학생참여 MK 참여

특성화 프로그램	
영성교육	· 단기선교와 해외문명탐사 프로그램 · 항공을 이용하지 않고 육로로 1개월 대륙이동
인성 및 체험교육	· 멘토링 · 자기 주도적 학습 프로그램(매월 1회 회의)
평화 및 생태교육	· 평화교육 · 통일교육 · 노작 · 목공실습 · 다문화교육 · 가정실습 · 환경교육
특기적성교육	· 공연예술 · 사진 및 영상 · 음악활동 · 미술활동 · 독서 · 컴퓨터교육 · Big Group Activity 프로그램
기타교육	· 기독교 세계관에 대한 독자적 프로그램을 개발하여 사용 · 학부모교육

교육과정 특징

다음 세대가 예수 그리스도의 제자로 교육되는 것과 학교의 열매인 학생들이 열방을 제자 삼는 사람으로 길러내는 것에 대하여 모든 것이 집중되어 있습니다.

1. 다양한 현장추구 : 전일제 학생들이 7명, 매주 방과후 학습을 하는 외부 학생 7명, 방학마다 해외문명탐사에 참여하는 학생들이 약15명 정도가 됩니다.

2. 주)예교영에듀 : 교육과정에 대한 계속적 개발로 교육 운동을 하고 있습니다.

3. MK학교 : MK학교의 특징이 강한 학교입니다.

4. 해외문명탐사 : 방학마다 각 족속들을 제자 삼기 위한 구체적 접근으로 문명을 독해하는 교육과정을 가지고 최고의 총체적 교육환경인 선교지를 4주 동안 여행합니다. 현지인들과 가장 비슷한 수준을 추구하며, 비행기가 아닌 배와 육상교통, 대중교통 이동하는 여행을 통하여 타문화 이해와 교육을 공동체 영성훈련을 추구하고 있습니다.

5. 통합학년 통합수업 : MK학교로 학생의 특성을 고려해 통합수업으로 진행하는데, 학생들이 매우 주체적이고 성취도가 높은 수업을 하고 있으며, 만족도가 높은 편입니다.

6. 가정, 학교, 교회의 공동체적 기본 구조가 한 공간 안에서 구현하고 유기적으로 연합하는 구조를 추구하고 있습니다. 학교가 8년이 되었습니다. 학교 설립 초기부터 가족모임을 먼저 시작하였고 현재에도 가족이 중심이 되도록 부모교육에 집중하고 있습니다. 그리고 2010년 3월에 학교와 가정을 중심으로 '움직이는 제자 교회'(Mobile Disciple Church)가 개척되었고 교회도 가서(Mobile) 제자(Disciple) 삼는 교회로 모이고 있습니다.

7. 교육평가: GAA라는 국제교육평가기관에서 10가지 영역에서 89개 문항의 기관평가를 받게 되었습니다. 그 결과 5점 만점에 평점 4.2로 좋은 기관평가를 받게 되었습니다.

경기 13 - 하나인학교

미인가	기숙	전원형

주소	새주소: 경기도 고양시 일산서구 일산로 658 (현주소: 경기도 고양시 일산서구 대화동 2030)		
전화번호	031-944-7907	홈페이지	www.hanain.net
학제	초등1학년~중등3학년(9학년)	개교년도	2006년 3월 개교
교사수(정교사수)	11명(11명)	학생수	126명
설립/운영주체	설립: 법인(아름다운 청소년 공동체) 운영: 법인이 아닌 단체 (교사 및 학부모 공동체)	소속단체	-
학교공간	독립건물	주요시설	운동장, 교실, 과학실, 미술실, 음악실, 교무실, 도서관, 컴퓨터실, 식당

전형방법	면접(학생), 면접(학부모), 기타(입학설명회)
주요학생 선발조건	정기적 학부모교육 참여 입학 후 사교육 제한
학생구성	-

학교 교육목적	삶과 배움이 하나인 학교
교과서 사용	국정교육과정에 따른 교과서를 사용한다.
수업일수	1학기: 105일 / 2학기: 103일

특성화 프로그램

인성 및 체험교육	· 국토순례 · 봉사활동 · 견학 및 탐방
평화 및 생태교육	· 평화교육 · 통일교육 · 노작 · 목공 실습 · 다문화교육 · 가정실습 · 환경교육
특기적성교육	· 공연예술 · 사진 및 영상 · 음악활동 · 미술활동 · 체육활동 · 독서

교육과정 특징

1. 나와 내가 하나인 교육
   하나인 공동체의 구성은 인간 존재의 본질에 충실한 '나'로서의 주체성을 확고히 하고 '나' 자신의 자질을 전면적으로 조화적으로 발전시켜 가장 '나다운 나'를 찾는 자기실현을 지향합니다. 이는 곧 전인교육을 최고의 교육지표로 삼음을 의미합니다.
2. 나와 너가 하나인 교육
   하나인 공동체의 구성원은 너(타인)과의 관계를 통한 사회성 속의 성장을 중요시하며, 나와 너가 다르지 않다는 동료애 속에 경쟁이 아닌 협력을 지향하는 상생의 교육을 지향합니다. 이는 곧 사랑의 실천을 교육의 기본원리로 삼음을 의미합니다.
3. 나와 우리가 하나인 교육
   하나인 공동체의 구성원은 나와 너가 모여 우리가 이루는 공동체가 하나의 운명체라는 인식을 같이하며, 만물의 자연적 변화를 성장발전의 과정으로 긍정적으로 인식하는 가운데 생태를 중시합니다. 이는 곧 공동체의식 함양이 교육의 주된 정신임을 의미합니다.

경기 14 - 밀알두레학교

미인가	통학		도시형+전원형
주소	새주소: 경기도 구리시 이문안로 68-0(수택동) (현주소: 경기도 구리시 수택동 847-2 동진프라자 5층)		
전화번호	031-576-1632	홈페이지	www.miraldure.com
학제	초등1학년~고등1학년	개교년도	2011년 3월 개교
교사수(정교사수)	24명(20명)	학생수	122명
설립/운영주체	법인이 아닌 단체 (교사 및 학부모 공동체)	소속단체	기독교학교교육연구소
학교공간	독립건물	주요시설	교실, 과학실, 양호실, 미술실, 음악실, 교무실, 도서관, 컴퓨터실, 조리실, 강당

전형방법	면접(학생), 면접(학부모), 논술(자기소개서포함), 학교체험			
주요학생 선발조건	부모님이 기독교인 학생이 기독교인 정기적 학부모교육 참여 입학 후 사교육 제한			
학생구성	※ 기독교가정의 학생 94%, 공교육 부적응학생 13%, 장애학생 3.3%, 다문화학생 0.8%			
학교 교육목적	"예수는 지혜와 키가 자라가며, 하나님과 사람에게 더욱 사랑스러워 가시더라."(눅 2:52) 첫째, 지적 성장이 바람직하게 이루어지도록 돕는다. 둘째, 신체적 성장을 돕는다. 셋째, 사회적 성장을 돕는다. 넷째, 영적 성장을 돕는다.			
교과서 사용	교과 별로 다르다(국어- 초등: 국정, 자체 제작, 기독교세계관, 중등: 국정, 고등: 국정, 영어-중 등: 국정, 외국, 고등: 국정, 외국, 수학 초등:자체 제작, 중등: 국정, 고등: 국정).			
수업일수	1학기: 95일 / 2학기: 90일			
해외이동수업	나라	시기	기간	참석여부
	일본, 중국	초등4,5학년	1주일	부분참석
	중국	중등7학년	1주일	부분참석
	몽골	중등8학년	1개월	전원참석

특성화 프로그램	
영성교육	· 채플 · QT · 성경공부(수업) · 절기교육 · 중등과정 수련회 · 다니엘기도
인성 및 체험교육	· 성품교육 · 국토순례 · 봉사활동 · 견학 및 탐방 · 밀알형제 만남의 날 · 나눔교육 · 도제배움
평화 및 생태교육	· 평화교육 · 노작 · 목공실습 · 가정실습 · 환경교육 · 장애이해교육
특기적성교육	· 공연예술 · 사진 및 영상 · 음악활동 · 미술활동 · 체육활동 · 독서 · 영어캠프 · 해피데이 콘서트 · 연극발표회
기타교육	· 밀알두레마을활동(직업활동) · 밀알두레가족한마당 · 밀알두레가족캠프 · 우리문화 배움

교육과정 특징

1. 진리와 함께하는 기독교교육
   - 아침기도회, 말씀 산책, 아침 묵상, 예닮 교육, 성경수업
   - 나라, 학교, 이웃을 위해 하루에 세 번 기도하는 다니엘 기도 시간

2. 더불어 사는 삶을 배우는 공동체교육
   - 1학급당 정원이 최대 16명을 넘지 않는 작은 학교(학년당 2개 학급)
   - '밀알 가족'이 되어 함께 참여하는 가족 한마당, 가족 캠프 실시
   - 12학년이 함께 계획하고 준비해서 떠나는 여행 '우리땅 즈려밟고'
   - 학생들이 스스로 꾸려 가는 밀알두레마을(직업활동, 마을회의, 자치회)
   - 하나님께서 만드신 모습 그대로 함께하는 통합교육
3. 평화와 나눔의 밀알교육
   - 각자의 시간과 재능을 나누는 봉사 활동, 자신의 재능과 물질을 나누는 '나눔 축제'
   - 지역 사회 섬기기: 마을 가꾸기, 마을 어른을 위한 잔치 열기
   - 해외 한, 중, 일 자매학교가 함께 나누는 평화의 메시지 '평화 배움'
4. 우리 것을 지키며, 세계 속으로 나아가는 교육
   - 우리 장단과 춤의 흥과 멋을 몸으로 체험하며, 우리 것의 소중함을 마음으로 배우기
   - 해외 이동 배움: 자매학교인 중국 항주 녹색 육화 소학교, 일본 와코 소학교와 1년에 한 번씩 한 학교에 모여서 정해진 주제로 교류하며, 홈스테이를 통해 서로의 문화를 알아가기
5. 제 모습대로 존중하고 가능성을 펼치는 맞춤교육
   - 자신의 진로를 고려해서 교과를 선택해서 배우는 학점 이수제 실시
   - 자체 제작한 학습 플래너를 통한 진로계획 및 자기 주도적 학습 능력 배양
   - 자신의 비전을 찾아가는 도제배움과 은사계발 프로젝트
6. 자연과 벗하는 생태교육
   - 유기농 먹거리로 학교 급식과 간식 실시, 숲속산책, 텃밭 가꾸기, 마을에 화초 심기

경기 15 - 제자크리스천학교

미인가	기숙	도시형

주소	새주소: 경기도 수원시 영통구 매영로 268 한샘빌딩 4층 (현주소: 경기도 수원시 영통구 영통동 63-2 한샘빌딩 4층)		
전화번호	031-273-4911	홈페이지	http://www.jjcs.co.kr/
학제	초등1학년~고등1학년	개교년도	2008년 3월 개교
교사수(정교사수)	15명(10명)	학생수	-
설립/운영주체	특정개인	소속단체	복음친선협회
학교공간	교회건물사용	주요시설	운동장, 교실, 과학실, 양호실, 미술실, 음악실, 교무실

전형방법	면접(학생), 면접(학부모)
주요학생 선발조건	부모님이 기독교인 학생이 기독교인 정기적 학부모교육 참여 입학 후 사교육 제한 수업시 기본적인 영어소통가능자
학생구성	※ 기독교가정의 학생 100%

학교 교육목적	모든 학생과 직원들은 그리스도인으로서 적절한 예절을 갖추어야 한다.
교과서 사용	국정교육과정에 따른 교과서를 사용한다.
수업일수	1학기: 101일 / 2학기: 101일

특성화 프로그램	
영성교육	· 채플 · QT · 성경공부(수업) · 단기선교
인성 및 체험교육	· 성품교육 · 견학 및 탐방
특기적성교육	· 음악활동 · 미술활동 · 체육활동 · 독서

경기 16 - 글로벌리더스기독학교

미인가	통학	도시형

주소	새주소: 경기도 고양시 일산동구 은마길185번길 173 (현주소: 경기도 고양시 일산구 성석동 1061-38)		
전화번호	031-977-3917	홈페이지	www.glcs.co.kr
학제	(유치)초등1학년~고등3학년	개교년도	2008년 3월 개교
교사수(정교사수)	13명(13명)	학생수	25명
설립/운영주체	일산사랑의교회	소속단체	기독교대안학교연맹
학교공간	독립건물	주요시설	-

전형방법	면접(학생), 면접(학부모), 자체 지필시험, 기타(건강검진, 서약서)
주요학생 선발조건	부모님이 기독교인 학생이 기독교인 정기적 학부모교육 참여 수업시 기본적인 영어소통가능자 설립 및 운영 교회 교인 자녀 우선 선발
학생구성	※ 기독교가정의 학생 100%

학교 교육목적	하나님이 우리에게 맡기신 자녀들을 그리스도의 품성(Christlike Character)으로 구비시켜 사회와 교회 속에서 각 사람을 향한 하나님의 목적을 섬기는 다음세대의 리더(Global Servant Leader)로 양육함으로 하나님을 영화롭게 하는 것입니다.
교과서 사용	외국교과서를 (그대로 혹은 번역하여) 사용한다.
수업일수	1학기: 110일 / 2학기: 105일

특성화 프로그램

영성교육	· 채플 · QT · 성경공부(수업)
인성 및 체험교육	· 성품교육 · 멘토링
특기적성교육	· 음악활동 · 미술활동 · 영어캠프 · 컴퓨터교육

교육과정 특징

■ Our Vision(우리는 이런 그림을 마음에 품고 꿈나무를 키웁니다.)
  예수님을 본받고 예수님의 본을 세우는 예수님의 제자
  교회와 사회 속에서 하나님의 목적을 섬기는 하나님의 일꾼
  영성, 전문성, 리더십, 국제능력, 자기 주도력 갖춘 다음세대의 리더

■ Our 5 Goals for Vision(우리의 비전을 이루기 위한 5가지 교육중점목표)

목표	교과목 및 프로그램
1. 영성(품성, Spirituality)	성경, CCB(Christlike Character Build-up) 독서, 채플 Shepherd&Sheep, Camp, Friends' Day(친구초청전도)
2. 통합적 전문성(General Specialty)	FOC (Focus On the Calling) 언어/수학/과학/사회/역사/예체능, 컴퓨터분야 별 멘토 특강, Field Trip, 창의력/집중력 훈련, 오케스트라
3. 섬기는 리더십(Servant Leadership)	CCB, 공동체/리더십, 독서, 채플 Student Government, 영어연극, 멘토링시스템, Speech, Debate, GL방송국, 북한소학교 돕기
4. 국제능력(Global ability)	영어/중국어, EFL IFN(International Friendship Network), 해외캠프/탐방, 교환학생, 홈DVD
5. 자기 주도력(Pro-activity)	FOC On-line 학과목을 통한 자기 주도학습 설계/평가, Assignment, 미디어자율훈련, 경제훈련

경기 17 - 두레학교

미인가		통학	도시형
주소	새주소: 경기도 구리시 한다리길 49 (현주소: 경기도 구리시 교문동 712번지)		
전화번호	031-552-7298	홈페이지	www.dooraeschool.net
학제	초등1학년~고등3학년	개교년도	2005년 3월 개교
교사수(정교사수)	60명(16명)	학생수	226명
설립/운영주체	두레교회(예장통합)	소속단체	기독교학교교육연구소 기독교대안학교연맹
학교공간	교회건물사용	주요시설	운동장, 교실, 과학실, 양호실, 미술실, 음악실, 교무실, 도서관, 컴퓨터실, 식당

전형방법	전학교 내신, 면접(학생), 면접(학부모), 논술(자기소개서 포함), 기타
주요학생 선발조건	부모님이 기독교인 학생이 기독교인 정기적 학부모교육 참여 설립 및 운영 교회 교인 자녀 우선 선발
학생구성	※ 기독교가정의 학생 100%, 공교육 부적응학생 2%

학교 교육목적	기독교 신앙 안에서 예수의 제자들로 살아가며, 다음세대에 쓰임 받는 일꾼이 될 수 있도록 돕는다.
교과서 사용	국정교육과정에 따른 교과서를 사용한다. 교과 별로 다르다.
수업일수	1학기: 95일 / 2학기: 90일

특성화 프로그램	
영성교육	· 채플 · QT · 성경공부(수업)
인성 및 체험교육	· 성품교육 · 멘토링 · 봉사활동 · 견학 및 탐방
특기적성교육	· 공연예술 · 음악활동 · 미술활동 · 체육활동 · 독서 · 컴퓨터교육

교육과정 특징

예수는 그 지혜와 그 키가 자라가며, 하나님과 사람에게 더 사랑스러워 가시더라(눅 2:52).
  1. 지적 성장이 바람직하게 이루어지도록 돕는다.
  2. 신체적 성장을 돕는다.
  3. 인격적인 성장을 돕는다.
  4. 영적 성장을 돕는다.

경기 18 - 사랑방공동체학교(어린이, 멋쟁이학교)

미인가	어린이학교: 통학	어린이학교: 도시형+전원형
	멋쟁이학교: 기숙	멋쟁이학교: 전원형

주소	새주소: 경기도 포천시 소흘읍 무림길 134-90 (현주소: 경기도 포천시 소흘읍 무림리 348번지)		
전화번호	031-544-1615	홈페이지	www.sarangbang.org
학제	어린이: 초등1~6학년 멋쟁이: 중등1학년~고등3학년	개교년도	2002년 3월 개교(유치: 1992년 3월)
교사수(정교사수)	34명(11명) 32명(10명)	학생수	50명 59명
설립/운영주체	사랑방교회(예장통합)	소속단체	기독교학교교육연구소 기독교대안학교연맹
학교공간	교회건물사용	주요시설	운동장, 교실, 과학실 운동장, 교실, 교무실, 컴퓨터실, 도서관, 식당, 기숙사

전형방법	면접(학생) 면접(학부모) -			
주요학생 선발조건	정기적 학부모교육 참여 입학 후 사교육 제한 설립 및 운영 교회 교인 자녀 우선 선발			
학생구성	※ 어린이: 기독교가정의 학생 94% ※ 멋쟁이: 기독교가정의 학생 52%, 장애학생 1.7%, 해외경험 66%			
학교 교육목적	어린이: 하나님 안에서 함께 사는 행복한 삶 멋쟁이: 그리스도를 닮아 섬기는 삶을 사는 사람으로 자라게 하여, 하나님 나라의 삶, 곧 함께 어울려 사는 행복한 삶을 살게 된다.			
교과서 사용	어린이: 교과 별로 다르다(국어- 국정, 자체 제작, 수학- 국정, 자체 제작, 영어- 외국, 자체 제 작, 과학- 자체 제작) 멋쟁이: 국정교육과정에 따른 교과서를 사용한다.			
수업일수	1학기: 100일 / 2학기: 80일			
해외이동수업	나라	시기	기간	참석여부
	중국	중등3학년 2학기~ 고등1학년 1학기	1년	전원참석

특성화 프로그램	
영성교육	어린이: · 채플 · 성경공부(수업) 멋쟁이: · 성서일기 · 멋쟁이 예배 · 수요기도회
인성 및 체험교육	어린이: · 성품교육 · 멘토링 · 국토순례 · 봉사활동 · 견학 및 탐방 멋쟁이: · 봉사활동 · 견학 및 탐방
평화 및 생태교육	어린이: · 평화교육 · 노작 · 목공실습 · 다문화교육 · 가정실습 · 환경교육 멋쟁이: · 노작 · 목공실습
특기적성교육	어린이: · 공연예술 · 사진 및 영상 · 음악활동 · 미술활동 · 체육활동 · 독서 멋쟁이: · 공연예술 · 사진 및 영상 · 음악활동 · 미술활동 · 체육활동 · 독서 · 영어캠프 · 컴퓨터교육
기타교육	어린이: · 리더십캠프 · 매달(3, 4, 5, 6, 7, 9, 10, 11, 12, 2) 다른 주제로 하는 여행 멋쟁이: · 한 달에 한 번씩 여행 · 1년에 한 번씩 도보여행, 지리산종주여행 　　　　· 고1 때 한 달간 중국일주 여행 · 고2 때 한 달간 유럽탐방 여행

교육과정 특징

어린이학교는 초등과정의 어린이들이 하나님 안에서 이웃과 더불어 행복한 삶을 충분히 누릴 수 있도록 돕는 학교입니다.

1. 행복한 학교

   아이들과 교사의 원활한 소통이 가능한 작은 학교로서 실컷 놀고, 맘껏 경험하고, 열심히 배워서 행복한 유년기를 보낼 수 있게 합니다.

2. 자유로운 학교

   교재나 수업을 스스로 선택하는 기회를 누리고, 돌아보고, 나아가게 합니다. 이러한 경험을 쌓아 자존감이 높은 어린이로 자라갑니다.

3. 다양한 경험이 있는 학교

   매월 테마가 다른 여행을 하여 다양한 경험을 쌓습니다. 또한 다채로운 선택수업과 예체능수업, 견학을 통해 자신의 재능을 찾도록 돕습니다.

4. 함께하는 공동체학교

   다양한 학년이 함께하는 통합 반으로 구성하여 서로 관심을 갖고 섬길 수 있습니다.

   어린이회의와 피드백을 통해 모두를 돌아보는 시간을 갖습니다.

멋쟁이학교는 지식보다는 삶을, 물질보다는 믿음을, 경쟁보다는 함께하는 삶을, 인위적인 것보다는 자연스러운 것을 추구하도록 교육하는 학교입니다.

하늘나라의 삶이 있는 신앙공동체를 장(場 - Context)으로 하며, 다른 사람들과의 차이를 극복하여 하나 됨을 지향하고 자신의 인격과 삶을 나누는 과정을 통해 교육합니다.

과목에 따라 능력 별 학급을 편성하여 수업하며, 자기 주도적 자율학습을 중심으로 공부합니다. 신앙과 인성교육, 인간관계교육, 공동생활교육, 생존과 자립생활교육, 환경과 생명교육, 재능계발교육, 지도력교육을 합니다. 다양한 내용과 방법의 열린 수업, 여행과 탐방 등 여러 가지 체험학습을 하며, 공동생활과 놀이, 자연과 함께하는 방법을 통해 교육합니다.

멋쟁이학교는 자아를 세우는 교육을 합니다. 아침 성서일기와 저녁 묵상으로 믿음을 키웁니다. 멋쟁이 교양시간과 삼정(正, 整, 精)생활로 자아를 확립합니다.

삶을 함께하는 교육을 합니다. 학생과 교사가 함께 공동생활을 합니다. 공동체 훈련과 돋보기 쓰기로 함께하는 삶을 익힙니다.

바탕을 넓히는 교육을 합니다. 다양한 경험을 통해 인격과 삶의 바탕을 넓힙니다. 다양한 형태의 여행, 해외연수, 열린 수업에 참여합니다.

자율능력을 키우는 교육을 합니다. 자기 주도 학습으로 자율학습 능력을 향상시킵니다. 학생회의 공동생활 운영으로 자치력을 키웁니다. 철인 3종, 노동과 봉사로 생존능력을 강화합니다.

경기 19 - 한국기독국제학교

미인가		기숙+통학		도시형
주소	새주소: 경기도 고양시 일산동구 경의로 407 (현주소: 경기도 고양시 일산동구 마두동 823-1번지)			
전화번호	031-913-9105	홈페이지		www.ilsancs.com
학제	초등4학년~고등3학년	개교년도		2003년 7월 개교
교사수(정교사수)	14명(14명)	학생수		114명
설립/운영주체	아름다운교회(예장통합)	소속단체		ACSI
학교공간	건물임대	주요시설		교실, 과학실, 양호실, 미술실, 교무실, 도서관, 컴퓨터실, 식당, 기숙사, 채플실

전형방법	선발 및 선착순 전형, 면접(학생), 면접(학부모), 전학교 내신
주요학생 선발조건	학생이 기독교인 수업시 기본적인 영어소통가능자
학생구성	※ 기독교가정의 학생 100%, 해외경험 80%
학교 교육목적	예수 그리스도 안에서 학생들의 영성과 지성 그리고 사회성을 개발하고 21세기 월드 크리스 천 리더로 양육하여 모든 족속에게로 파송함에 있다.
교과서 사용	외국교과서를 (그대로 혹은 번역하여) 사용한다.
수업일수	1학기: 102일 / 2학기: 90일

특성화 프로그램

영성교육	· 채플 · 성경공부(수업) · 단기선교
특기적성교육	· 공연예술 · 사진 및 영상 · 음악활동 · 미술활동 · 체육활동 · 독서 · 영어캠프 · 컴퓨터교육

교육과정 특징

교육방향
1. 성경적 세계관 중심교육
2. 가정, 부모와 함께하는 교육
3. 기독교적 교육철학을 위한 배움의 공동체
4. 학습의 동기부여, 자발성, 삶의 높은 목표 설정
5. 크리스천 리더쉽 개발

본교의 특징
1. 탁월한 교사진
   북미권의 유명 대학을 졸업한 원어민 교사를 확보하고 있으며, 본교는 학문적으로 우수한 교사들을 확보하고 있을 뿐만 아니라 신앙심과 열정이 넘치는 신실한 젊은 교사진으로 구성되어 있다. 예술부는 국내 명문 대학 및 유학파 교사진이 포진하여, 이론 및 실기를 일반 예술학교와 똑같은 커리큘럼으로 교수 학습한다.
2. 국제적 리더 교육(독수리 프로젝트)
   전 과목 미국 사립학교(크리스천 스쿨)로 운영되고 있으며, 특히 고교커리큘럼에 SAT와 TOEFL을 중점적으로 교육하여 IVY LEAGUE 대학에 합격시키는 독수리 프로젝트를 실행 중에 있다. 세계적 리더를 준비하는 독수리 프로젝트는 원칙 중심의 리더쉽에 이론적 기초를 두고 성경을 통한 계시적 비전의 주인공들로 양육하는 프로젝트이다. 특히 독수리 프로젝트는 영성, 체력, 독서, 대인관계 훈련 등 이 시대의 모세와 여호수아를 발견하는 특별 프로그램이다.
3. 차별화되고 전문화된 세계화교육
   세계적 리더쉽을 갖춘 지도자로 성장하기 위해서는 지성, 영성, 감성을 겸비해야 하는데 이를 교육하기에 충분한 교육 컨텐츠를 확보하고 있어 기존 공교육과는 분명한 차별성을 선언하고 있다. 또한 국제부뿐만 아니라 예술부 등 전공 및 계열을 초월하여 미국 수학 능력시험과 토플을 집중적으로 준비시켜 해외 명문대 합격의 견인차 역할을 감당한다. 이러한 교육은 탁월하고 전문화된 교사들을 통해 이루어지고 있다.

경기 20 - 푸른꿈비전스쿨

미인가	통학	도시형
주소	새주소: 인천시 부평구 경인로 898 (현주소: 인천시 부평구 부평2동 675-2)	

전화번호	032-511-8008	홈페이지	www.puggoo.com
학제	초등5학년~고등2학년	개교년도	2011년 3월 개교
교사수(정교사수)	27명(15명)	학생수	-
설립/운영주체	개인(권태일 목사)	소속단체	기독교대안학교연맹
학교공간	독립건물	주요시설	교실, 과학실, 양호실, 미술실, 음악실, 교무실, 도서관, 컴퓨터실, 식당

전형방법	면접(학생), 논술(자기소개서 포함), 자체 지필시험
주요학생 선발조건	부모님이 기독교인 학생이 기독교인 정기적 학부모교육 참여 수업시 기본적인 영어소통가능자 설립 및 운영 교회 교인 자녀 우선 선발
학생구성	-

학교 교육목적	바른영성, 바른교육, 교육은 사랑
교과서 사용	국정교육과정에 따른 교과서를 사용한다.
수업일수	1학기: 101일 / 2학기: 101일

특성화 프로그램

영성교육	· 채플 · QT · 성경공부(수업) · 절기교육
인성 및 체험교육	· 성품교육 · 멘토링 · 봉사활동 · 견학 및 탐방
평화 및 생태교육	· 다문화교육 · 환경교육
특기적성교육	· 음악활동 · 미술활동 · 체육활동 · 독서 · 영어캠프 · 컴퓨터교육

교육과정 특징

푸른꿈비전스쿨은 일평생 주님과의 바른 관계를 유지할 수 있는 형통한 사람을 키우고 학교, 마지막 시대에 주님의 명령을 바르게 수행할 수 있는 크리스천 리더를 양성하는 학교, 교사와 학생과 학부모가 바르게 협력하여 성경적 학습 공동체의 모델을 만들고 확신하는 학교, 시대의 요구와 문화적 사명을 바르게 부응하는 학교가 되고자 합니다.

1. 핵심가치: 바른 영성, 바른 교육, 교육은 사랑
2. 비전: 세계 복음화를 위한 차세대 크리스천 리더 양성(바른 영성을 기초로 실력과 인격, 비전을 겸비한 기독인재 양성)
3. 미션:
    1) 지성과 인격과 비전을 겸비한 크리스천 리더를 키운다.
    2) 성경적 세계관에 입각한 바른 기독교육의 모델을 구축한다.
    3) 차세대 크리스천리더를 양육할 기독교사들을 양성한다.
    4) 성경적인 교육원리에 입각한 교육콘텐츠를 개발한다.
    5) 전 세계에 교육네트워을 형성하고 기독교육의 비전과 사명을 확신한다.

경기 21 - 샘물중고등학교

미인가	통학	도시형

주소	새주소: 경기도 성남시 분당구 운중로 131 6-10층) (현주소: 경기도 성남시 분당구 운중동 964번지 6-10층)		
전화번호	031-718-7098	홈페이지	www.smms.or.kr
학제	중등1학년~중등3학년	개교년도	2009년 3월 개교
교사수(정교사수)	24명(24명)	학생수	209명
설립/운영주체	판교샘물교회(고신)	소속단체	기독교대안학교연맹 기독교학교교육연구소
학교공간	교회건물사용	주요시설	운동장, 교실, 과학실, 양호실, 미술실, 음악실, 교무실, 도서관, 컴퓨터실, 식당, 모둠학습실

전형방법	면접(학생), 면접(학부모)			
주요학생 선발조건	부모님이 기독교인 학생이 기독교인 정기적 학부모교육 참여 설립 및 운영 교회 교인 자녀 우선 선발			
학생구성	※ 기독교가정의 학생 100%, 해외경험 5%, 공교육 부적응학생 20%			

학교 교육목적	그리스도의 배움을 실천하여 섬기는 제자를 만드는 학교			
교과서 사용	국정교육과정에 따른 교과서를 사용한다. 학교 자체 내에서 개발한 교과서를 사용한다. 교과 별로 다르다.			
수업일수	1학기: 110일 / 2학기: 103일			
해외이동수업	나라	시기	기간	참석여부
	있다			

특성화 프로그램

영성교육	· 채플 · QT · 성경공부(수업)
인성 및 체험교육	· 성품교육 · 멘토링 · 봉사활동 · 견학 및 탐방
특기적성교육	· 공연예술 · 사진 및 영상 · 음악활동 · 미술활동 · 체육활동 · 독서 · 영어캠프 · 컴퓨터교육
기타교육	수준별 무차별 교육을 시행하고 있으며, 블록타임제에 의한 시간표 운영

교육과정 특징

하나님의 진리에 대해 순종이 실천되는 학교
1. 복음으로 섬기는 제자를 양육하는 학교: 복음으로 섬기는 제자를 양육하여 가정과 교회, 성서한국과 세계선교 현장에 파송하겠습니다.
2. 기독교세계관으로 가르치는 학교: 하나님을 경외하는 것은 비단 교육철학에서 뿐만 아니라 모든 학습 훈련에 있어서도 지혜의 근본이 됩니다.
3. 사랑이 넘치는 공동체학교: 빈부, 생각, 성적, 외모의 차이에서 오는 비교와 차별 때문에 상처를 주고받는 일이 없이 늘 사랑이 넘치는 공동체 학교입니다.
4. 자기 주도적인 학습과 협동학습이 있는 학교: 세속적 가치관에 따라 일방적인 삶을 강요당하는 학생이 아니라 하나님이 주신 아름다운 세상 속에서 본인 스스로 자신의 삶을 설계하고 비전을 가지며, 그것을 이루기 위해 주체적으로 공부할 수 있도록 합니다. 또한 서로 경쟁하는 관계가 아닌 서로 격려하고 도우면서 함께

공동의 학습목표를 이루어 나가는 협동학습을 통해 더불어 사는 삶의 소중함을 가르칩니다. 이를 위해 기독교사단체인 '좋은교사', '사교육걱정없는세상'과 함께 연대하고 있습니다.

5. **도서관을 중심으로 독서와 토론, 논술을 강조하는 학교:** 교과서 틀 안에 갇혀 있거나 교사의 일방적인 강의가 아니라 교과서의 한계를 뛰어넘어 다양한 분야의 책을 읽고 토론하는 박학심문(博學審問)의 수업을 합니다.

6. **배움이 삶이 되는 학교:** 교과는 인간이 제대로 살아가게 하는 과정이지 교과 그 자체가 목적이 될 수는 없습니다. 그러므로 샘물중학교는 실질적 활동에 기반을 둡니다.

7. **나눔과 나눔이 있는 학교:** 만남은 맛남입니다. 교육은 그런 맛난 만남이 있어야 합니다. 그런 나눔과 나눔을 위해 저명한 인사들을 분기마다 초청해 만남을 가지고, 예수님의 제자훈련방식을 모델로, 한 학급에 복수담임제와 12명의 소규모 학급으로 교사와 학생 간에 인격적인 만남이 있는 멘토링 학교가 되도록 합니다. 또한 가정방문을 통해 가정에서도 학생과 학부모를 만나 대화하고 이해하도록 노력합니다.

경기 22 - 쉐마학교

미인가		통학		도시형	
주소	새주소: 경기도 수원시 팔달구 권광로 364번길 7-2 2층 (현주소: 경기도 수원시 팔달구 우만동 129-1번지 2층)				
전화번호	031-214-2796		홈페이지	www.shemaschool.com	
학제	중등1학년~중등3학년		개교년도	2005년 3월 개교	
교사수(정교사수)	12명(8명)		학생수	18명	
설립/운영주체	법인		소속단체	기독교학교교육연구소 기독교대안학교연맹	
학교공간	건물임대		주요시설	운동장, 교실, 과학실, 음악실, 교무실, 도서관, 식당	

전형방법	면접(학생), 면접(학부모), 전학교 내신, 논술(자기소개서 포함), 자체 지필시험, 포트폴리오
주요학생 선발조건	부모님이 기독교인 학생이 기독교인 정기적 학부모교육 참여 입학 후 사교육 제한
학생구성	※ 기독교가정의 학생 100%

학교 교육목적	신앙을 바탕으로 인격, 비전, 실력을 고루 갖추는 전인적인 교육을 받은 학생들이 섬기는 지 도자가 되어 가정, 교회, 민족과 세계를 탁월하게 섬기도록 교육한다.
교과서 사용	국어, 영어, 수학, 사회, 과학은 국정교과과정에 준하여 기독교세계관으로 재구성하여 수업을 진행
수업일수	1학기: 116일 / 2학기: 94일

해외이동수업	나라	시기	기간	참석여부	기타
	필리핀	중등1학년	5개월(한 학기)	전원참석	집중영어교육과정
	아시아권	중등3학년 중 1회	약 10일 이내	전원참석	선교캠프

특성화 프로그램

영성교육	· 채플 · QT · 성경공부(수업) · 단기선교 · 절기교육
인성 및 체험교육	· 성품교육 · 멘토링 · 국토순례 · 봉사활동 · 견학 및 탐방 · 고난캠프(연중 1회, 3년 중 1 회 해외선교캠프)
평화 및 생태교육	· 통일교육 · 환경교육
특기적성교육	· 공연예술 · 음악활동 · 체육활동 · 독서 · 영어캠프
기타교육	· 비전캠프 · 멘토 초청학습

교육과정 특징

쉐마학교(Shema School)는 신명기 6장 4~9절의 말씀에 기초하여 가정과 학교, 교회가 한 장이 되어 성경적인 세계관에 기초하여 청소년들에게 전인교육을 실천하고자 설립되었으며, 현재는 중학과정에 집중하고 있는 기독교 대안학교입니다. 'Shema'란 '들으라'라는 의미의 히브리어로서 청소년들이 십대에 인격과 비전과 실력을 고루 갖추도록 교육하여 하나님을 섬기는 신앙이 그들을 통해서 자자손손 전수되어 하나님 나라가 확장되는 것을 꿈꾸고 있습니다.

쉐마학교의 교육은 첫째, 스스로 계획을 세우고 목표를 성취하는 '자기 주도 학습', 둘째, 교사와 부모가 함께 연합하여 교육하는 '기독교대안학교+홈스쿨'의 교육, 셋째, 개인차에 따라 '개별학습'이 가능하도록 한 학급당 12명 내외로 정원을 유지하는 것이 특징입니다.

쉐마학교가 키우고자 하는 인재는 첫째, 성경적 세계관으로 생각하고 행동하는 인재, 둘째, 사랑으로 이웃을 품을 수 있는 인격과 시대의 필요를 채워 주는 비전 그리고 인류의 문제를 해결하는 실력을 균형있게 갖춘 인재, 셋째, 글로벌의식을 가지고, 언어에 능통한 세계적인 인재입니다.

쉐마학교는 이와 같은 사람을 키우고자 다음 목표를 따릅니다. 첫째, 신앙교육을 통해 믿음과 인격을 세운다, 둘째, 비전교육을 통해 인생의 사명을 세운다, 셋째, 독서교육을 통해 실력의 바탕을 이룬다. 또한 쉐마학교는 성경적인 세계관 가운데 자신의 소명을 발견하고 그 소명을 이룰 수 있는 기본 품성과 자기 주도적 학습능력을 기르는 데 교과구성의 초점을 맞추고 있습니다. 교과는 영성교과, 품성교과, 비전교과, 실력교과(국정교과, 독서교과)를 통하여 구체적으로 운영되고 있습니다.

쉐마학교는 글로벌 의식을 가진 세계적 인재양성을 위해 1학년 2학기(5개월)를 필리핀 CMI교육대학이 주관하는 해외이동수업(Intensive English program)을 실시하기 시작했습니다. 또한 쉐마학생들은 졸업 후에 국내의 견실한 기독대안 고등학교, 일반 고등학교, 특성화 고등학교, 국제고등학교 등으로 진학하고 있으며, 국외로는 필리핀 CMIC 부설고등학교, 중국 진화국제학교, 영국 FIC고등학교 등 쉐마학교 입학 직후부터 다양한 진로방향을 고려하며, 지속적인 관심 가운데 지도하고자 노력하고 있습니다.

경기 23 - 중앙기독중학교

특성화(체험중심)	통학	도시형

주소	새주소: 경기도 수원시 영통구 월드컵로 70 (현주소: 경기도 수원시 영통구 원천동 134-5)		
전화번호	0707-018-1400	홈페이지	http://suwoncca.ms.kr
학제	중등1학년~중등3학년	개교년도	2007년 3월 개교
교사수(정교사수)	27명(19명)	학생수	257명
설립/운영주체	학교법인(중앙학원)	소속단체	기독교학교교육연구소 ACSI KOREA
학교공간	독립건물	주요시설	운동장, 교실, 과학실, 양호실, 미술실, 음악실, 교무실, 도서관, 컴퓨터실, 식당, 체육관, 강당

전형방법	면접(학생), 면접(학부모), 집단 토론 등 체험관찰
주요학생 선발조건	부모님이 기독교인 학생이 기독교인 정기적 학부모교육 참여 입학 후 사교육 제한
학생구성	※ 기독교가정의 학생 100%, 장애학생 5.5%
학교 교육목적	중앙기독학교는 기독교교육, 창의성교육, 협동성 교육을 기반으로 체험 중심의 특성화교육을 통해 '하나님과 이웃을 섬기는 지혜로운 리더'를 양성함을 목표로 한다.
교과서 사용	국정교육과정에 따른 교과서를 사용한다.
수업일수	1학기: 102일 / 2학기: 105일

특성화 프로그램

영성교육	· QT · 성경공부(수업)
인성 및 체험교육	· 성품교육 · 봉사활동 · 견학 및 탐방
평화 및 생태교육	· 노작 · 목공실습 · 가정실습
특기적성교육	· 음악활동 · 미술활동 · 체육활동

교육과정 특징

중앙기독중학교는 가정, 학교, 교회가 함께 우리에게 맡겨 주신 자녀들을 예수님의 제자로 양육하는 교육공동체입니다.

교육과정의 핵심은 3C 중심으로 교육과정을 편성합니다.

1. 기독교교육(Christian Education)을 통해 예수님의 온전한 제자로 키웁니다.
2. 협동교육(Cooperative Education)을 통해 관계의 중요성을 일깨워 주며, 배움의 공동체를 이루어 가게 합니다.
3. 창의성 교육(Creative Education)을 통해 하나님께서 각자에게 주신 은사를 발견하며, 생각하는 힘을 키웁니다.
4. 통합교육(Inclusion Education)을 통해 학급마다 특수아동과 함께 공부하고 소통함을 통해 하나님께서 모든 인간을 가치롭고 아름답게 창조하셨음을 배우게 됩니다.

중앙기독중학교는 특성화 중학교로 인가받은 학교로서 중학교 국민공통교육과정을 이수하고 체험 중심의 특성화교과(예체능, 공동체, 성품, 자아이해, 비전계발 등)를 중점적으로 교육합니다. 온전한 기독교 교육을 하기 위해서 사교육을 하지 않고 스스로 학습하는 교육공동체를 지향합니다.

교육공동체가 한마음으로 '하나님과 이웃을 섬기는 지혜로운 리더'를 양성하기 교육에 매진하고 있습니다.

경기 24 - 산돌학교

미인가(평생교육시설)		기숙	전원형
주소	새주소: 경기도 남양주시 수동면 비룡로 801-9 (현주소: 경기도 남양주시 수동면 운수리 357)		
전화번호	031-511-3295	홈페이지	http://sundol.or.kr
학제	중등1학년~고등2학년	개교년도	2004년 3월 개교
교사수(정교사수)	27명(16명)	학생수	49명
설립/운영주체	설립: 학교법인 운영: 설립주체와 다름	소속단체	대안학교연대
학교공간	-	주요시설	운동장, 교실, 미술실, 음악실, 교무실, 식당, 행정실

전형방법	면접(학생), 집단 토론 등 체험관찰, 논술(자기소개서 포함)
주요학생 선발조건	-
학생구성	※ 공교육 부적응학생 8%

학교 교육목적	작은 구도자
교과서 사용	국정교육과정에 따른 교과서를 사용한다.
수업일수	1학기: 118일 / 2학기: 101일
특성화 프로그램	
인성 및 체험교육	· 성품교육 · 국토순례 · 봉사활동
평화 및 생태교육	· 평화교육 · 통일교육 · 노작 · 목공 실습 · 다문화교육 · 가정실습 · 환경교육
특기적성교육	· 공연예술 · 사진 및 영상 · 음악활동 · 미술활동 · 체육활동 · 독서

경기 25 - 대안교육센터 시소학교

미인가		통학		도시형
주소		새주소: 경기도 의정부시 비우로 12 기독청소년비전센터 2층 (현주소: 경기도 의정부시 가능1동 374-4번지 기독청소년비전센터 2층)		
전화번호		031-826-7935	홈페이지	www.seesaw.or.kr
학제		중등1학년~고등3학년(무학년제)	개교년도	2005년 3월 개교
교사수(정교사수)		14명(5명)	학생수	15명
설립/운영주체		법인	소속단체	-
학교공간		건물임대 (법인소유 건물/ 무상임대)	주요시설	교실, 교무실, 도서관, 컴퓨터실(교실과 겸용), 소강당, 상담실

전형방법	선착순+선발 전형
주요학생 선발조건	정기적 학부모교육 참여
학생구성	※ 기독교가정의 학생 67%, 공교육 부적응학생 100%

학교 교육목적	청소년의 가슴에 그리스도의 비전을 기독교 세계관에 입각한 교육 삶으로 가르치고 배우는 교육 교사와 학생이 평등한 교육
교과서 사용	학교 자체 내에서 개발한 교과서를 사용한다.
수업일수	1학기: 75일 / 2학기: 75일

특성화 프로그램

영성교육	· 채플 · QT · 성경공부(수업) · 소그룹 기도/찬양모임
인성 및 체험교육	· 성품교육 · 멘토링 · 봉사활동 · 견학 및 탐방 · 진로교육(진로캠프) · 인성교육(인성캠프)
평화 및 생태교육	· 노작 · 목공실습 · 환경교육
특기적성교육	· 공연예술 · 사진 및 영상 · 음악활동 · 미술활동 · 체육활동 · 독서 · 컴퓨터교육 · 공예
기타교육	· 미디어교육 · 프로젝트 학습 · 영화교육 · 예술치료(음악치료, 미술치료 등)

교육과정 특징

필수교육

· 영성교육(신앙교육)
하나님을 아는 것이 지식의 근본입니다.
하나님에 대한 앎의 교육, 하나님과의 인격적인 만남을 통해 삶이 회복되어지는 참된 교육이 시작됩니다.

선택교육

· 재능교육 (달란트 교육) 다양한 활동과 체험교육을 통해 개개인들에게 하나님이 주신 잠재된 달란트를 발견하며, 계발하는 교육을 실시합니다.	· 섬김교육 (인간관계 교육) 공동체 생활과 활동을 통한 섬김교육으로 교육공동체 안에서 하나 됨의 의미를 깨닫고, 인간관계 및 성품·긍정적 리더십을 계발하는 교육을 실시합니다.

교과 활동			과목명
필수교육	영성교육		QT, 예배, 소그룹 모임
선택교육	재능 (달란트) 교육	기초교과	국어, 영어, 수학, 과학, 사회
		대안교과	독서 논술, 제2외국어(중국어, 일본어 등), 한자, NIE, 프로젝트 학습, 컴퓨터교육, 미디어 교육, 영화교육, 음악, 미술, 생활체육 등
		진로교육	진로탐색, 비전캠프(소명 찾기)
	섬김 (인간관계) 교육	인성교육	예술치료, 집단상담, 개별상담, 인성캠프
		특별활동	자치회의, 봉사활동, 노동과 작업, 행사활동

경기 26 - 데오스중고등학교

미인가	기숙+통학	도시형

주소	새주소: 경기도 성남시 분당구 방아로 16번길 6 (현주소: 경기도 성남시 분당구 이매동 75-2)		
전화번호	031-711-1485	홈페이지	www.theos.or.kr
학제	중등1학년~고등3학년	개교년도	2008년 2월 개교
교사수(정교사수)	15명	학생수	49명
설립/운영주체	드림교회(예장통합)	소속단체	기독교대안학교연맹
학교공간	독립건물	주요시설	운동장, 교실, 교무실, 음악실, 도서관, 강당, 식당

전형방법	추첨 및 면접/면접(학생), 면접(학부모), 집단토론 등 체험관찰, 자체 지필시험
주요학생 선발조건	부모님이 기독교인 학생이 기독교인 정기적 학부모교육 참여 입학 후 사교육 제한
학생구성	※ 기독교가정의 학생 96%, 장애학생 16%, 해외경험 2%, 공교육 부적응학생 12%

학교 교육목적	하나님의 마음을 품고 올바른 가치관과 건전한 자아상을 바탕으로 인류애를 실현하는 민주시민, 도덕적 풍성과 진리탐구를 추구하는 지식인, 창의적인 생각과 진취적인 자세로 세계변화를 주도하는 글로벌 리더의 육성 - 인격형성: 영적능력을 겸비한 민주시민의식 고취 - 실력형성: 기독교리더쉽을 배우는 지성교육을 통한 개척자 양성 - 가치창조: 창의적 능력과 사고를 통한 새로운 가치 창조자 양성
교과서 사용	국정교육과정에 따른 교과서를 사용한다. 외국교과서를 (그대로 혹은 번역하여) 사용한다.
수업일수	1학기: 124일 / 2학기: 97일

특성화 프로그램

영성교육	·채플 · QT · 성경공부(수업) · 단기선교 영성수련회(연 2회 이상)
인성 및 체험교육	· 멘토링 · 국토순례 · 봉사활동
평화 및 생태교육	· 가정실습
특기적성교육	· 사진 및 영상 · 음악활동 · 미술활동 · 체육활동 · 독서
기타교육	· 테마 별 특기교육(경제학교, FI, 도자기학교 등등)

교육과정 특징

데오스학교는 21세기의 세계와, 정보화 시대를 주도할 자율적이고 창의적인 시민을 육성하기 위해 다양하고 특성화된 교육을 실시하여 예의바른 학생, 창의적인 학생, 협동하고 봉사할 줄 아는 공동체의 사회인으로서 탐구정신을 가지고 자기 주도적 학습에 임하여 남을 존중하고 스스로의 책임을 다하는 미래사회의 리더교육과 양성을 목표로 하는 교육과정을 교사와 학부모가 공동으로 연구 개발해 가는 학교이다.

기독교리더십 개발을 교육목표로 삼아 학문적 열정과 성경적 진리를 통해 대한민국의 교육이념을 실현하고 학습자 중심으로 다양한 특성화교육을 실현한다. 중고등교육과정의 전과목 이수는 필수로 진행하고 있다.

경기 27 - 독수리기독학교

미인가		통학		도시형
주소	새주소: 경기도 성남시 분당구 장안로 25번길 6-6 (현주소: 경기도 성남시 분당구 분당동 90-7)			
전화번호	031-789-2400	**홈페이지**	www.eagleschool.com	
학제	중등1학년~고등3학년	**개교년도**	2002년 3월 개교	
교사수(정교사수)	40명(31명)	**학생수**	158명	
설립/운영주체	특정개인	**소속단체**	기독교학교교육연구소 기독교대안학교연맹	
학교공간	독립건물	**주요시설**	교실, 과학실, 양호실, 미술실, 음악실, 교무실, 도서관, 컴퓨터실, 식당, 강당, 상담실, 기도실, 학생부실, 동아리실	

전형방법	-
주요학생 선발조건	부모님이 기독교인 학생이 기독교인 정기적 학부모교육 참여 입학 후 사교육 제한
학생구성	※ 기독교가정의 학생 100%

학교 교육목적	독수리기독학교는 교육을 통해 하나님을 경외하고 이웃을 섬기며, 자신에 대한 하나님의 비전을 이루는 청소년들을 키우고자 하며, 그 구체적인 이상은 다음과 같다. 1. 믿음과 경건의 사람 - 성경적 신앙과 경건 그리고 인격을 가진 사람 2. 열정과 실력의 사람 - 기독교 세계관과 가치관으로 무장한 사람 3. 섬김과 비전의 사람 - 하나님나라를 위해 비전을 품고 사랑과 봉사의 삶을 사는 사람
교과서 사용	교과 별로 다르다.
수업일수	1학기: 91일 / 2학기: 93일

해외이동수업	나라	시기	기간	참석여부
	미국	중등3학년	한 학기	부분참석

특성화 프로그램				
영성교육	· 채플 · QT · 성경공부(수업) · 단기선교 · 절기교육 개학수련회			
인성 및 체험교육	· 성품교육 · 국토순례 · 봉사활동 · 견학 및 탐방 고난학습			
평화 및 생태교육	· 통일교육 · 노작			
특기적성교육	· 음악활동 · 미술활동 · 체육활동 · 독서 · 컴퓨터교육			

경기 28 - 두레자연중고등학교

특성화		기숙		전원형	
주소	새주소: 경기도 화성시 우정읍 두레길42 (현주소: 경기도 화성시 우정읍 화산7리 692-11)				
전화번호	031-358-8773		홈페이지	중등: www.doorae.ms.kr 고등: www.doorae.hs.kr	
학제	중등: 중등1~3학년 고등: 고등1~3학년		개교년도	중등: 2004년 3월 개교 고등: 1998년 11월 개교	
교사수(정교사수)	중등: 14명(13명) 고등: 19명(18명)		학생수	중등: 58명 고등: 120명	
설립/운영주체	학교법인(수곡두레학원)		소속단체	기독교대안학교연맹 대안교육연대	
학교공간	독립건물		주요시설	운동장, 교실, 교무실, 과학실, 미술실, 음악실, 컴퓨터실, 도서관, 강당, 체육관, 식당, 양호실, 기숙사	
전형방법	중등: 면접(학생), 논술(자기소개서포함) 고등: 면접(학생), 논술(자기소개서포함)				
주요학생 선발조건	정기적 학부모교육 참여				
학생구성	※ 중등: 기독교가정의 학생 10%, 해외경험 2%, 공교육 부적응학생 25% ※ 고등: 기독교가정의 학생 20%, 공교육 부적응학생 30%				
학교 교육목적	사랑: 하나님의 형상인 인간을 존중해야 합니다. 적성: 자신이 원하는 것을 발견하게 된다는 것은 기쁜 일입니다. 행복: 사명에 따라 일하는 보람이 바로 행복한 삶입니다.				
교과서 사용	중등: 국정교육과정에 따른 교과서를 사용한다. 고등: 국정교육과정에 따른 교과서를 사용한다.				
수업일수	중등: 1학기: 105일 / 2학기: 100일 고등: 1학기: 105일 / 2학기: 100일				
해외이동수업	나라	시기	기간	참석여부	
	중국	중등1,2학년	12일	전원참석	
	일본	중등1,2학년	12일	전원참석	
	프랑스	중등3학년	10일	전원참석	
특성화 프로그램					
영성교육	중등: ·채플·QT·절기교육				
인성 및 체험교육	중등: ·성품교육·멘토링·국토순례·봉사활동·견학 및 탐방				
평화 및 생태교육	중등: ·평화교육·통일교육·노작·목공 실습·다문화교육·가정실습·환경교육				
특기적성교육	중등: ·공연예술·사진 및 영상·음악활동·미술활동·체육활동·독서·영어캠프 ·컴퓨터교육				
교육과정 특징					

두레자연중학교
교육과정 기본목표: 중학교의 교육은 초등학교 교육의 성과를 바탕으로 학생의 학습과 일상생활에 필요한 기본 능력과 민주 시민으로서의 자질을 함양하는 데 중점을 둔다.
1. 심신의 조화로운 발달을 추구하고 자기 발견의 기회를 가진다.

2. 학습과 생활에 필요한 기본 능력과 문제 해결력을 기르고 자신의 생각과 느낌을 창의적으로 표현하는 경험을 가진다.
3. 다양한 분야의 지식과 기능을 익혀 적극적으로 진로를 탐색하는 경험을 가진다.
4. 우리의 전통과 문화에 대한 자긍심을 지니고 이를 발전시키려는 태도를 가진다.
5. 자유 민주주의의 기본적 가치와 원리를 이해하고 민 주적인 생활방식을 익힌다.

두레자연고등학교
핵심적 교육가치
1. 공동체성: 함께 더불어 살아가자.
2. 자연생태: 하나님 창조세계를 잘 관리하고 다스리자.
3. 자율자치: 스스로 살아가며, 스스로 다스리자.
4. 사랑: 사랑하기 힘든 사람조차도 사랑하자.
5. 정직성: 그리스도 앞에서 정직한 자로 서자.
6. 인권존중: 나와 다른 사람을 인정하고 존중하자.

경기 29 - 아힘나평화학교

미인가	기숙+통학	도시형+전원형
주소	새주소: 경기도 안성시 삼죽면 삼죽초교길 34-9 (현주소: 경기도 안성시 삼죽면 덕산리 324번지)	

전화번호	031-674-9130	홈페이지	http://cafe.daum.net/ahimnaschool
학제	중등1학년~고등3학년(무학년제)	개교년도	2005년 7월 개교
교사수(정교사수)	9명(21명)	학생수	40명
설립/운영주체	특정개인	소속단체	-
학교공간	독립건물	주요시설	운동장, 교실, 교무실, 도서관, 컴퓨터실, 식당

전형방법	면접(학생), 논술(자기소개서포함), 봉사활동 등 관련경력, 집단토론 등 체험관찰
주요학생 선발조건	정기적인 학부모 교육에 반드시 참여해야 한다. 입학 이후 사교육을 받지 않아야 한다.
학생구성	-

학교 교육목적	1. 공동체 지향하는 교육 2. 생면을 존중하는 교육 3. 평화를 추구하는 교육 4. 참여적 학습을 지향하는 교육 5. 그리스도의 삶을 지향하는 교육
교과서 사용	국정교육과정에 따른 교과서를 사용한다. 학교 자체 내에서 개발한 교과서를 사용한다.
수업일수	1학기: 112일 / 2학기: 107일

특성화 프로그램	
영성교육	· 채플 · QT · 성경공부(수업)
인성 및 체험교육	· 성품교육 · 멘토링 · 국토순례
평화 및 생태교육	· 평화교육 · 통일교육 · 노작 · 목공실습 · 다문화교육 · 가정실습 환경교육
특기적성교육	· 공연예술 · 사진 및 영상 · 음악활동 · 미술활동 · 체육활동 · 독서 · 영어캠프 · 컴퓨터교육

경기 30 - 예일크리스챤학교

미인가	기숙+통학	도시형

주소	새주소: 경기도 고양시 일산동구 장백로 88 (현주소: 경기도 고양시 일산동구 백석동 1335-1)		
전화번호	031-907-6166	홈페이지	www.yeilcis.com
학제	중등3학년~고등3학년	개교년도	2009년 3월 개교
교사수(정교사수)	15명(7명)	학생수	62명
설립/운영주체	일산예일교회(예장통합)	소속단체	-
학교공간	교회건물사용	주요시설	교실, 음악실, 교무실, 도서관, 컴퓨터실, 식당

전형방법	면접(학생), 면접(학부모), 포트폴리오, 기타(건강진단서, 추천서)
주요학생 선발조건	부모님이 기독교인 학생이 기독교인 정기적 학부모교육 참여
학생구성	※ 기독교가정의 학생 100%, 해외경험 3%

학교 교육목적	민족과 열방을 이끌어 갈 지도자 양성
교과서 사용	외국교과서를 (그대로 혹은 번역하여) 사용한다.
수업일수	1학기: 111일 / 2학기: 105일

특성화 프로그램

영성교육	· 채플 · QT · 성경공부(수업)
인성 및 체험교육	· 성품교육 · 멘토링
특기적성교육	· 공연예술 · 사진 및 영상 · 음악활동 · 미술활동 · 체육활동 · 독서 · 영어캠프 · 컴퓨터교육

교육과정 특징

VISION_ 하나님이 주신 비전을 소유한 사람

MISSION_ 하나님께서 주신 사명(선교)를 완수하는 사람

LEADERSHIP_ 올바른 지도력을 갖추고 민족과 열방을 이끌어 가는 사람

경기 31 - 웨일즈국제학교

미인가		통학		도시형	
주소	새주소: 경기도 가평군 북면 가화로 2266 (현주소: 경기 가평군 북면 도대리 산 73-1)				
전화번호	02-899-0305		홈페이지	http://www.kwics.kr/	
학제	중등1학년~고등3학년		개교년도	2008년 9월 개교	
교사수(정교사수)	32명(10명)		학생수	70명	
설립/운영주체	교회		소속단체	-	
학교공간	교회건물사용		주요시설	교실, 음악실, 교무실, 도서관, 컴퓨터실, 식당	

전형방법	면접(학생), 면접(학부모), 자체 지필시험
주요학생 선발조건	부모님이 기독교인 학생이 기독교인 정기적 학부모교육 참여
학생구성	※ 기독교가정의 학생 100%

학교 교육목적	인류번영에 이바지하는 기독교적 지도자의 자질 육성
교과서 사용	외국교과서를 (그대로 혹은 번역하여) 사용한다.
수업일수	1학기: 111일 / 2학기: 105일

특성화 프로그램

영성교육	· 채플 · QT · 성경공부(수업)
인성 및 체험교육	· 성품교육 · 멘토링
특기적성교육	· 공연예술 · 사진 및 영상 · 음악활동 · 미술활동 · 체육활동 · 독서 · 영어캠프 · 컴퓨터교육

교육과정 특징

1. 교육시스템은 1년 2학기 4 Semester 제도입니다. 그것은 교과의 내용과 실제를 연결하기 위한 시스템으로 학생들의 실제적인 실력을 키우기 위함입니다. 그 중에서 1 Semester(9월~12월)와 3 Semester(3월~6월)는 정규교과수업학기로 운영합니다. 이것은 기존의 중고등학교와 마찬가지로 학생들이 일반 중고등학교 교과과정을 영국과 미국 등 세계적인 교육과정에 더해서 교사와 함께 수업을 하는 기간입니다. 이때에는 영어가 어려운 학생들은 집중 영어 학습을 통하여서 영어를 모국어처럼 사용할 수 있도록 하면서, 외국의 대학에서 수학할 수 있는 능력을 계발하는 기간입니다.

   2Semester(12월~2월)와 4 Semester(7월~8월)는 체험학습을 위한 학기로 운영합니다.

   2 Semester는 주로 영국을 비롯한 해외에 체험학습을 다니는 학기입니다. 그래서 세계의 문화유산과 문화들을 눈으로 보고, 몸으로 체득할 수 있도록 경험의 장을 마련해 주는 학기입니다. 뿐만 아니라 어학연수를 함께 함으로 해서 외국의 문화를 현지에서 직접 익힐 수 있는 학기입니다.

   4 Semester는 단기선교를 비롯한 역사 및 과학 등 체험이 필요한 교과목을 현장에서 직접 체험학습을 하는 학기입니다.

2. 체험학습은 겨울과 여름에 진행되는 교육으로, 학생들이 스스로 다양한 학습내용을 체험하는 교육입니다. 교사의 안내를 토대로 학생들이 스스로 학습하는 자기 주도 학습의 형태를 가지고 진행되는 실제적인 경험 프로그램입니다. 국내뿐만 아니라 해외체험학습을 통해서 다양한 문화와 능력을 터득하려는 취지에서 운영하는 프로그램입니다. 크게 국내체험학습(과학, 문화, 역사, 특기, Assistant Teacher, 기타)과 해외 체험학습(교환학생, 유럽여행, 글로벌캠프, 어학연수, 해외 DT)으로 나뉩니다.

경기 32 - 자유기독학교

미인가		통학		—

주소	새주소: 경기도 평택시 통미로60번길 7 대광교회교육관 (현주소: 경기도 평택시 합정동 484-5 대광교회교육관)			
전화번호	031-657-5753		홈페이지	www.ptdaekwang.or.kr
학제	중등1학년~고등3학년		개교년도	2007년 3월 개교
교사수(정교사수)	19명(4명)		학생수	33명
설립/운영주체	평택대광교회(예장개혁)		소속단체	기독교학교교육연구소 기독교대안학교연맹
학교공간	건물임대		주요시설	교실, 교무실, 컴퓨터실, 식당

전형방법	면접(학생), 면접(학부모), 논술(자기소개서포함), 자체 지필시험
주요학생 선발조건	부모님이 기독교인 학생이 기독교인 정기적 학부모교육 참여 입학 후 사교육 제한 설립 및 운영 교회 교인 자녀 우선 선발
학생구성	※ 기독교가정의 학생 100%

학교 교육목적	그리스도의 인격을 닮은 다음세대의 지도자
교과서 사용	국정교육과정에 따른 교과서를 사용한다.
수업일수	1학기: 110-115일 / 2학기: 110-115일

특성화 프로그램

영성교육	· 채플 · QT · 단기선교 · 제자훈련(주1회) · 성경읽기 · 성구암송 · 왕왕학습법-잠언
인성 및 체험교육	· 봉사활동 · 견학 및 탐방 · 문화체험학습 · 비전드림 · 생활점검표 · 교학상장
평화 및 생태교육	· 가정실습 · 환경교육 · 자연생태학습
특기적성교육	· 음악활동 · 미술활동 · 체육활동 · 독서 · 영어캠프 · 중국어캠프 · 수영 · 태권도 · 악기수업(기타. 플룻)
기타교육	· 무감독 시험 · 매일 기도시간 30분(세계, 나라, 교회, 학교, 개인을 위한 기도시간)

교육과정 특징

본교는 그리스도의 인격을 닮은 다음 세대의 지도자를 길러내는 목적을 가지고 설립된 기독교대안학교입니다. 21세기는 믿음과 실력을 겸비한 영향력 있는 리더가 필요한 시대입니다. 바른 인성과 지성과 영성 그리고 실력을 갖춘 리더를 양성하는 데는 현 교육형태로는 한계가 있음을 우리는 보고 있습니다. 시대적 요구에 부응하는 학교로 하나님이 이 학교를 세우셨습니다. 하나님께서 각자에게 주신 은사와 재능을 개발하고 자신의 정체성을 깨닫고 하나님의 존귀한 자녀라는 자존감과 성경적 가치관을 가지도록 교육할 것입니다. 자기만 아는 이기적인 아이들이 아니라 하나님을 위해 다른 사람을 위해 가치 있는 인생을 설계하는 아이들이 되도록 비전을 심어 줄 것입니다. 아이들 속에 숨어 있는 잠재력을 개발하여 세계화의 주역으로 자라도록 할 것입니다. 하나님이 원하시는 하나님의 사람을 키울 것입니다. 아이들이 공부하고 싶은 학교, 하나님께서 주신 목적을 위해 공부하는 학교, 글로벌 인재를 양성하는 학교로 세워질 것입니다.

교육목표와 방향
1. 성경의 권위에 순종하는 신앙교육
2. 창의력 있는 인재를 양성하는 교육
3. 훌륭한 인격을 갖추기 위한 인격교육
4. 세상을 변화시킬 지도자교육
5. 하나님의 뜻을 이루어 드리는 비전교육

교육방침
 1. 성경을 최우선순위에 두는 학습
 2. 삶을 변화시키는 제자훈련
 3. 폭넓은 독서학습
 4. 체험학습
 5. 공동체 학습
 6. 인격을 존중하는 교육
 7. 자기 주도적 학습
 8. 이웃사랑 실천 학습
 9. 1인 1악기 수업
10. 태권도, 수영 수업
11. 무감독 시험
12. 맞춤형 교육
13. 재미있는 학습

학교의 특징
1. 모든 교육목표와 방향은 성경에 근거합니다. 어떤 문제가 생길 때마다 하나님께서 무엇을 원하시는가를 묻고 해결해 나갑니다.
2. 교사와 학생은 매일 20분씩 세계선교와 나라와 교회와 자신을 위해 기도합니다.
3. 교사를 선발할 때 성경적 사고와 가치관을 가지고 기독교교육에 대한 분명한 자기 헌신과 비전이 있는 교사를 선발합니다.
4. 교사와 학생 간에 인격적인 사랑의 관계가 이루어져서 함께 하나님의 동역자로 세워져 갑니다.
5. 효과적인 교육을 위해 부모는 본교의 교육방침과 목적에 동의하고 협력하며, 기도하는 동역자가 됩니다.
6. 본교 중등과정을 졸업하고 본교 고등과정에 진학할 경우에도 타학생과 동일하게 시험을 거쳐 합격해야 합니다.

경기 33 - 지우국제학교

미인가		기숙		−
주소	새주소: 경기도 가평군 설악면 다락재로118번길 316 (현주소:) 경기도 가평군 설악면 회곡리 220			
전화번호	031-585-2123		홈페이지	www.jcis.or.kr
학제	중등1학년(7학년)~고등3학년(12학년)		개교년도	2006년 3월 개교
교사수(정교사수)	12명(9명)		학생수	-
설립/운영주체	특정 개인		소속단체	ACSI
학교공간	학교독립건물 건물임대		주요시설	운동장, 교실, 과학실, 양호실, 음악실, 교무실, 도서관, 컴퓨터실, 식당

전형방법	면접(학생), 면접(학부모), 자체 지필시험
주요학생 선발조건	부모님이 기독교인 학생이 기독교인
학생구성	※ 기독교가정의 학생 97%, 해외경험 3%

학교 교육목적	Not for self (자신을 위하여가 아닌)
교과서 사용	외국교과서를 (그대로 혹은 번역하여) 사용한다.
수업일수	1학기: 90일 / 2학기: 90일
특성화 프로그램	
영성교육	· 채플 · QT · 성경공부(수업) · 단기선교
인성 및 체험교육	· 성품교육 · 멘토링 · 봉사활동
평화 및 생태교육	· 환경교육
특기적성교육	· 음악활동 · 체육활동 · 독서 · 영어캠프 · 컴퓨터교육

경기 34 - 하늘학교

미인가		기숙	도시형+전원형
주소		새주소: 경기도 광주시 목동길 69 (현주소: 경기도 광주시 목동 350-1)	
전화번호	031-765-8655	홈페이지	www.skynara.or.kr
학제	중등1학년~고등3학년	개교년도	2010년 3월 개교
교사수(정교사수)	15명(12명)	학생수	20명
설립/운영주체	특정개인	소속단체	징검다리선교회 하늘문기도원
학교공간	교회건물사용	주요시설	운동장, 교실, 과학실, 양호실, 미술실, 음악실, 교무실, 도서관, 컴퓨터실, 식당

전형방법	면접(학생), 면접(학부모)
주요학생 선발조건	부모님이 기독교인 학생이 기독교인 정기적 학부모교육 참여 입학 후 사교육 제한 수업시 기본적인 영어소통가능자
학생구성	※ 기독교가정의 학생 100%, 공교육 부적응학생 20%
학교 교육목적	1. 영성 2. 전문성 3. 실력 4. 다양성
교과서 사용	국정교육과정에 따른 교과서를 사용한다.
수업일수	1학기: 105일 / 2학기: 103일

특성화 프로그램

영성교육	· 채플 · QT · 성경공부(수업)
인성 및 체험교육	· 성품교육 · 멘토링 · 봉사활동 · 견학 및 탐방
특기적성교육	· 음악활동 · 미술활동 · 체육활동 · 독서

교육과정 특징

1. 영성- 말씀과 그리스도의 명령을 믿음으로 실현하며, 삶의 중심으로 가치 있게 살아감.
2. 지식- 하나님을 경외하는 지식, 믿음에 덕을, 덕에 지식을(벧후 1:5).
3. 품성- 그리스도를 닮아 가는 인성, 전인격적인 변화를 통해 그리스도인이 향취를 내자는 가치관을 중심으로 교육하는 학교입니다.

경기 35 - 한국기독사관학교

미인가	기숙+통학	도시형

주소	새주소: 경기 부천시 원미구 상이로 85번길 8-22 (현주소: 경기도 부천시 원미구 상2동 573-3)		
전화번호	032- 434-5050	홈페이지	http://www.ko-ca.org/
학제	중등1학년~고등3학년	개교년도	2003년 2월 개교
교사수(정교사수)	14명	학생수	101명
설립/운영주체	법인	소속단체	기독교대안학교연맹
학교공간	독립건물	주요시설	교실, 교무실, 음악실, 컴퓨터실, 도서관, 강당, 체육관, 식당, 기숙사

전형방법	면접(학생), 면접(학부모), 논술(자기소개서 포함), 자체 지필시험
주요학생 선발조건	정기적 학부모교육 참여 입학 후 사교육 제한
학생구성	※ 기독교가정의 학생 96%, 해외경험 10%, 공교육 부적응학생 10%

학교 교육목적	하나님 말씀으로 실력 있고 인격이 갖추어진 세상 속의 크리스천 리더 육성
교과서 사용	국정교육과정에 따른 교과서를 사용한다. 학교 자체 내에서 개발한 교과서를 사용한다. 교과 별로 다르다(영어-외국).
수업일수	1학기: 100일 / 2학기: 90일

특성화 프로그램	
영성교육	· 채플 · QT · 성경공부(수업) · 단기선교 저녁기도회(매일 1시간) · 신앙수련회(매 학기 초) · 목요찬양집회
인성 및 체험교육	· 성품교육 · 봉사활동 · 견학 및 탐방
평화 및 생태교육	· 평화교육 · 통일교육 · 환경교육
특기적성교육	· 공연예술 · 사진 및 영상 · 음악활동 · 미술활동 · 체육활동 · 독서 · 컴퓨터교육
기타교육	· 세계선교의 비전을 키우기 위한 비전트립 · 북한, 중국, 중동선교를 위한 여름방학 중 2주간 여행

교육과정 특징

2003년 설립, 중고등 미인가기독교대안학교, 2010년도 7회, 300여 명 졸업.

성경적 원리와 기독교 세계관을 가지고 사랑 안에서 원칙을 지키며, 성도의 생활화가 이루어지도록 철저한 신앙훈련과 더불어 학습에도 최선을 다하는 학생, 권위에 순종하며, 섬기는 리더쉽을 훈련받는 기숙, 도시형 학교입니다.

교과과정과 그 특징

1. 영성과 실력의 균형있는 교육훈련이 목표입니다.
2. 학기초 신앙수련회, 매일 저녁기도회, 목요찬양집회
3. 방학 중 세계선교의 실현을 위한 비전트립
3. 미래를 꿈꾸며, 스스로 공부하는 분위기를 조성
4. 한국 역사문화 탐구를 위한 교과서 여행
5. 다양한 1일 체험학습 및 프로젝트 학습
6. 체육, 문화, 예술 동아리 활동
7. '국제청소년성취포상제'에 관리하는 정기 봉사활동 등 기독교 청소년 문화를 중고등시절에 다양하게 경험하고 훈련받아 대학과 사회생활 속에서 크리스천 리더가 되도록 준비합니다.

경기 36 - 한꿈학교

미인가		기숙	도시형
주소	새주소: 경기도 의정부시 동일로 397 장암주공1차 종합상가 지하1층 (현주소: 경기도 의정부시 장암동 장암주공 1차 아파트 종합상가 지하 1층)		
전화번호	031-874-2156	홈페이지	www.greatvision.or.kr
학제	중등1학년~고등3학년	개교년도	2004년 4월 개교
교사수(정교사수)	7명(7명)	학생수	21명
설립/운영주체	특정개인(김성원 선교사)	소속단체	기독교대안학교연맹
학교공간	건물임대	주요시설	교실, 교무실, 도서관, 컴퓨터실, 식당

전형방법	면접(학생), 논술(자기소개서포함), 기타
주요학생 선발조건	-
학생구성	※ 북한이탈 학생 100%

학교 교육목적	"Seek God, See Globally, Do God's Will"
교과서 사용	국정교육과정에 따른 교과서를 사용한다. 학교 자체 내에서 개발한 교과서를 사용한다.
수업일수	1학기: 110일 / 2학기: 105일

특성화 프로그램	
영성교육	· 채플 · QT · 성경공부(수업)
인성 및 체험교육	· 성품교육 · 멘토링 · 국토순례
평화 및 생태교육	· 평화교육 · 통일교육
특기적성교육	· 공연예술 · 사진 및 영상 · 음악활동 · 미술활동 · 체육활동 · 독서 · 영어캠프 · 컴퓨터교육

교육과정 특징
1. 내적치유와 상담 및 영성들을 통해 인격적인 성숙을 교육
2. 매일아침 말씀 묵상과, 사회 봉사활동 등을 통하여 영성과 인성을 교육
3. 기초적인 일반 학문을 중시하는 동시에 개인별 특성화교육, 역사, 문화체험등 다양한 활동실시
4. 이처럼 훈련된 이들을 고등교육기관으로 연계하여 시대에 빛과 소금의 역할을 감당할 영향력 있는 전문 지 식인으로 사용

경기 37 - 헤이븐기독학교

미인가		통학	도시형
주소	새주소: 경기도 과천시 향나무로 12 (현주소: 경기도 과천시 과천동 529-2)		
전화번호	02-503-0527	홈페이지	www.hcis.or.kr
학제	중등1학년~고등3학년	개교년도	2008년 1월 개교
교사수(정교사수)	16명(16명)	학생수	58명
설립/운영주체	Haven baptist church Seoul Bible church	소속단체	-
학교공간	건물임대	주요시설	운동장, 교실, 음악실, 교무실, 도서관, 컴퓨터실, 식당, 미술실

전형방법	면접(학생), 논술(자기소개서포함), 기타(추천서, 부모지원동기서)
주요학생 선발조건	부모가 기독교인 학생이 기독교인 정기적인 학부모교육에 반드시 참여
학생구성	※ 기독교가정의 학생 100%
학교 교육목적	1. 예수 그리스도를 섬기며, 사랑할 수 있도록 교육한다 2. 하나님 말씀의 진리를 믿음으로 말씀 안에 강인한 주님의 자녀로 교육한다. 3. 성령의 충만함과 말씀을 통한 바른 훈육으로 그리스도의 성품을 닮은 자녀로 훈육한다. 4. 하나님께서 쓰시기에 부족함 없는 실력으로 주님께 영광 돌려 드리는 자녀로 교육한다.
교과서 사용	외국교과서를 사용한다.
수업일수	1학기: 105일 / 2학기: 105일
특성화 프로그램	
영성교육	· QT · 성경공부(수업)
인성 및 체험교육	· 성품교육 · 견학 및 탐방
특기적성교육	· 음악활동 · 미술활동 · 체육활동 · 독서 · 영어캠프

경기 38 - 성산효마을학교

위탁형		통학		도시형
주소	새주소: 인천광역시 남동구 석정로 543번지 (현주소: 인천광역시 남동구 간석4동 614-6)			
전화번호	032-421-4526	홈페이지		www.hyohs.co.kr
학제	중등2학년~고등3학년	개교년도		2004년 3월 개교
교사수(정교사수)	28명(8명)	학생수		52명
설립/운영주체	성산재단	소속단체		-
학교공간	자가 대학원 건물 2층	주요시설		교실, 양호실, 교무실, 컴퓨터실, 식당, 다목적실, 강당, 상담실, 실습실, 자료실

전형방법	-
주요학생 선발조건	-
학생구성	※ 기독교가정의 학생 13%, 공교육 부적응학생 100%

학교 교육목적	효행, 믿음, 화합교육으로 가정처럼 좋은 학교 만들기
교과서 사용	국정교육과정에 따른 교과서를 사용한다.
수업일수	1학기: 103일 / 2학기: 101일

특성화 프로그램

영성교육	· 채플
인성 및 체험교육	· 봉사활동 · 견학 및 탐방
평화 및 생태교육	· 가정실습
기타교육	· 진로교육프로그램 · 치료프로그램 · 소질계발프로그램 · 안전교육프로그램 · 상담프로그램

교육과정 특징

우리학교는 기독교와 효를 바탕으로 하는 대안교육위탁기관이며, 각 학교에서 부적응한 중학교 2학년부터 고등학교 3학년까지의 학생들을 교육청에서 배정받아 교육하며, 매년 2월말을 기준으로 위탁 종료되고 수업료는 소속 학교에 내며, 소속 학교 졸업장이 나온다.

교과과정은 일반학교와 비슷하나 일반교과는 수업시수가 적고 음악, 미술, 체육 교과에 비중을 많이 두며, 체험학습을 통해 성취감을 고취시키거나 진로, 소질을 찾도록 하며, 여러 형태의 치료프로그램을 통해 분노, 욕구, 행동, 스트레스 조절에 도움이 되도록 한다.

학생회를 활성화시켜 자주적이고 민주적이며, 진취적인 학생상을 추구하는 학교입니다.

프로그램	내용
대안교육	집단상담, 일본문화의 이해, 예쁜 손글씨, 선물포장, 영어회화, 풍선아트, 모듬북, 과학실험, 볼링, 당구, 탁구, 제과제빵
인성·진로	집단상담, 성교육, 인터넷중독 예방교육, 학교폭력예방교육, CAP, 두드림 존, 소방안전 체험교육, 영화치료, 연극치료, 미술치료
효	효 특강, 독거노인 봉사, 효 관련 행사 참여, 효 교육, 효 관련 시상
체험학습	남산한옥마을, 사제동행등반, 봉사활동, 래프팅, 박물관견학, 자전거 하이킹, 문화재 탐방, 연극 관람

3. 강원

강원 1 - 영강쉐마기독학교

미인가		통학		도시형+전원형
주소	새주소: 강원도 원주시 행구로 215 (현주소: 강원도 원주시 행구동 1610-1)			
전화번호	033-734-1057	홈페이지		www.ygshema.com
학제	초등1학년~중등3학년	개교년도		2008년 7월 개교
교사수(정교사수)	14명(14명)	학생수		180명
설립/운영주체	원주영강교회(기장)	소속단체		기독교대안학교연맹 기독교학교교육연구소
학교공간	교회건물사용	주요시설		교실, 양호실, 미술실, 음악실, 교무실, 도서관, 컴퓨터실, 식당

전형방법	면접(학생), 면접(학부모), 기타(서약서)
주요학생 선발조건	부모님이 기독교인 학생이 기독교인 정기적 학부모교육 참여
학생구성	※ 기독교가정의 학생 100%, 해외경험 1%
학교 교육목적	신앙과 학문의 세계적인 최정상을 달리는 인물을 키워 하나님의 말씀에 예수님의 복음을 전하는 일에, 세계를 살리는 사람의 일을 감당하도록 기르는 것이 목적입니다.
교과서 사용	국정교육과정에 따른 교과서를 사용한다. 학교 자체 내에서 개발한 교과서를 사용한다.
수업일수	1학기: 101일 / 2학기: 101일

특성화 프로그램	
영성교육	· 채플 · QT · 성경공부(수입) · 절기교육
인성 및 체험교육	· 성품교육 · 멘토링 · 봉사활동 · 견학 및 탐방
평화 및 생태교육	· 가정실습
특기적성교육	· 음악활동 · 미술활동 · 체육활동 · 독서 · 영어캠프 · 컴퓨터교육

강원 2 - 생명의 강 학교

미인가		통학		전원형	
주소	새주소: 강원도 태백시 백두대간로 1633 (현주소: 강원도 태백시 하사미동 163-1)				
전화번호	033-552-8787		홈페이지	http://www.threeseas.co.kr	
학제	중등1학년~중등3학년		개교년도	2010년 3월 개교	
교사수(정교사수)	5명(3명)		학생수	25명	
설립/운영주체	예수원		소속단체	기독교대안학교연맹 ACSI KOREA	
학교공간	독립건물 (교육청 폐교 임대 3년)		주요시설	운동장, 교실, 교무실, 도서관(교실중 하나에 설치), 식당, 탁구실	

전형방법	면접(학생), 면접(학부모)
주요학생 선발조건	-
학생구성	※ 기독교가정의 학생 100%
학교 교육목적	생명의 강 학교의 사명은 하나님의 남종과 여종을 일으켜, 이들이 용기와 지식과 지혜로 이 나라와 세계에 치유와 화해를 오게 하며, 하나님의 부르심을 받은 리더로서 분단된 이 땅에 일치를 가져오게 하는 것이다.
교과서 사용	교과 별로 다르다(국어: 국정, 영어: 외국, 수학: 국정, 과학: 자체제작, 사회: 국정, 한문: 자체제작, 성경: 기독교세계관).
수업일수	1학기: 112일/ 2학기: 94일

특성화 프로그램

영성교육	· 채플 · QT · 성경공부(수업) · 절기교육
인성 및 체험교육	· 성품교육
평화 및 생태교육	· 통일교육 · 노작
특기적성교육	· 음악활동 · 독서
기타교육	· 노동 · 공동체교육 · 북한 특강 및 노동학교(북한에 대한 캠프)

교육과정 특징

생명의강학교의 교육과정은 학생 각자가 하나님의 자녀로서 자신의 삶을 향한 하나님의 뜻에 순응하는 균형 잡힌 인간으로 성장하도록 돕는 교육을 지향한다. 또한 이 교육과정은 삶의 모든 영역에 영향을 주는 성경적 세계관에 확고한 기반을 두고 있다. 아울러 공동체적 삶과 중보기도, 노동과 섬기는 리더십을 강조하는 예수원의 역사에서 나온 것이기도 하다.

1. 교과과정에는 교과목과 수업방법론, 실제 생활을 위한 기술들, 노동 그리고 공동체에 관한 내용이 포함되어 있다.
2. 교육과정의 학문적 측면은 대한민국 공립학교 교과과정의 기초 요건에 준한다. 졸업시 모든 학생은 검정고시를 봐야 하지만, 교과과정은 정규 대학입학을 준비하는 교과과정이다.
3. 노동은 전체 학교 프로그램에 있어서 매우 중요한 부분이다. 노동의 목적은 -목수(건축자)로서 직업을 가지셨고 그 직업으로 생계를 해결하신 예수 그리스도의 모범을 따라 노동의 존엄성을 가르치는 것이다. 예수원의 정신과 경험을 본받아 우리의 노동이 어떻게 기도가 될 수 있는지를 배운다.
4. 교과과정의 전반적인 영역을 성경적 가치관과 접근방식에 융합시킨다. 또한 학생들이 깊고 풍부한 성경 지식을 갖도록 성경 과목을 가르친다.
5. 하나님의 피조물 가운데 나타나 있는 아름다움을 감상하는 데 초점을 맞춘 다양한 미술 교과과정을 제공한다.

강원 3 - 태백대안학교

미인가	통학	전원형

주소	새주소: 강원도 태백시 황지로 205 3층 (현주소: 강원도 태백시 황지동 263-22 3층)		
전화번호	033-552-0244	홈페이지	www.tbedu.hompee.com
학제	중등1학년~고등3학년	개교년도	2006년 3월 개교
교사수(정교사수)	34명	학생수	-
설립/운영주체	법인이 아닌 단체 (태백문화연구소)	소속단체	-
학교공간	-	주요시설	-
전형방법	전학교 내신, 면접(학생), 집단 토론 등 체험관찰		
주요학생 선발조건	-		
학생구성	-		
학교 교육목적	기독교세계관의 가치를 기반으로 보편적이고 긍정적인 공동체인으로 키우기 위한 학교로 문화적 접근을 통한 창의적인 시스템과 공동체적 학교문화 실천		
교과서 사용	국정교육과정에 따른 교과서를 사용한다.		
수업일수	1학기: 110일 / 2학기: 99일		

교육과정 특징

글로벌 인재 육성을 위한 국제 교환학생 프로그램 운영

지금 세대는 세계화, 글로벌화되고 있습니다. 태백대안학교는 글로벌 인재를 키우기 위해 다양한 프로그램을 진행할 것입니다.

첫째, 국제 교환학생 프로그램을 운영 중에 있습니다. 2009년 9월 가을학기부터 독일에 국제교환학생으로 학생을 파견하였습니다. 지속적으로 우리 학교 학생 중에서 여건이 되는 학생들을 국제교환학생으로 선발하고, 또한 외국의 학생들을 우리 학교에서 받아 우리의 문화를 가르칠 계획입니다.

둘째, 매년 학생들과 함께 '유럽 역사문화 탐방'을 실시하고 있습니다.

여름방학을 이용해 약 2주간 유럽을 배낭여행으로 역사문화 탐방을 실시하고 있습니다.

올해로 6회를 맞이하는 2011년도 탐방은 7.22-8.5까지 유럽 6개국을 탐방하며, 22명의 학생들이 참여합니다.

강원 4 - 효신푸른학교

미인가		기숙+통학	도시형
주소	새주소: 강원도 춘천시 방송길 102 (현주소: 강원도 춘천시 온의동 14)		
전화번호	033-254-3205	홈페이지	www.hyoshin.or.kr
학제	중등1학년~고등3학년	개교년도	2010년 3월 개교
교사수(정교사수)	6명(2명)	학생수	5명
설립/운영주체	법인	소속단체	기독교대안학교연맹 ACSI KOREA
학교공간	교회건물사용	주요시설	교실, 교무실, 식당

전형방법	면접(학생), 면접(학부모)
주요학생 선발조건	-
학생구성	※ 기독교가정의 학생 80%, 장애학생 20%
학교 교육목적	효신푸른학교는 그 목적이 기독교 지도자를 고무시키고, 발전시키고, 준비시켜서 그리스도의 세계를 향한 사역을 실천하려는 (재)기독교한국효신선교회의 한 사역이다. 효신푸른학교의 특징적 목적은 '학생들을 영적, 학문적, 사회적인 면에서 예수 그리스도의 주권하에 무장시킴에 있어 가정과 교회를 도움으로서 하나님을 영화롭게 하는 것'이다.
교과서 사용	교사의 재량에 따라 교재를 선택하여, 기독교 세계관으로 재해석하여 수업을 한다.
수업일수	1학기: 95일 / 2학기: 82일

해외이동수업	나라	시기	기간	참석여부
	매년 바뀜	봄학기 시작 전	1주일	전원참석

특성화 프로그램

영성교육	· QT · 성경공부(수업)
인성 및 체험교육	· 성품교육 · 견학 및 탐방
평화 및 생태교육	· 노작
특기적성교육	· 영어캠프

교육과정 특징

1970년부터 춘천과 강원도 일대의 가난한 학생들을 기독교학교 사역으로 섬겨왔던 (재)기독교학교효신선교회가 2010년부터 새로운 시대의 요구에 맞게 새로운 형태로 시작한 기독교 학교 사역으로서, 소규모 학교 형태를 지향합니다.

춘천을 비롯한 전국의 기독가정자녀, 목회자가정자녀, MK를 비롯하여, 부적응 학생들에게 학교와 재단의 핵심 가치인 '사랑, 연합, 기독교문화'를 이루고 실천하는 삶을 배우고 가르칩니다. 이 소금으로서 '사랑, 연합, 기독교 문화'의 가치를 통해 세상을 변화시키는 것은 효신푸른학교뿐 아니라, 우리 모두의 사명입니다.

사랑, 모든 사람을 통해 모든 사람을 사랑하는 법을 배우는 것은 삶 속에 말과 행동의 실천을 통해 배울 수 있습니다.

연합, 포스트모더니즘의 시대에 상대방이 나와 다름을 인정하고, 그럼에도 불구하고 함께할 수 있는 것을 배우는 것은 이 시대 대한민국에 절실히 요구되는 가치입니다.

기독교 문화, 사랑과 연합의 가치를 통해 기독교 세계관으로 이 세상을 바라보고 세상과 소통하며, 아름다운 문화를 이루는 것은 곧 세상을 변화시키는 일입니다.

효신푸른학교는 이 가치들을 함께 배우고, 실천합니다.

강원 5 - 팔렬고등학교

특성화		기숙	전원형
주소		새주소: 강원도 홍천군 내촌면 동창로 207 (현주소: 강원도 홍천군 내촌면 물걸리 252)	
전화번호	033-435-6327	홈페이지	www.palleyeol.com
학제	고등1학년~고등3학년	개교년도	2006년 3월 개교
교사수(정교사수)	11명(11명)	학생수	46명
설립/운영주체	학교법인(이화학원)	소속단체	기타
학교공간	학교독립건물	주요시설	운동장, 교실, 과학실, 양호실, 미술실, 음악실, 교무실, 도서관, 컴퓨터실, 식당, 기숙사, 체육관, 강당, 어학실

전형방법	면접(학생), 면접(학부모), 전학교 내신
주요학생 선발조건	-
학생구성	※ 기독교가정의 학생 87%, 해외경험 2%, 공교육 부적응학생 65%
학교 교육목적	1. 영성을 갖춘 겸손하고 헌신적인 그리스도인 2. 사람다운 사람이 되는 교육 3. 공동체 생활을 통하여 더불어 사는 삶의 가치를 배움 4. 자신을 소중히 여기고 남을 배려하는 사람 5. 각자의 차이와 재능에 맞게 교육하여 세상을 선도하는 사람으로 육성 6. 정직하고 성실하게 자신의 길을 개척하는 긍정적인 사람
교과서 사용	국정교육과정에 따른 교과서를 사용한다.
수업일수	1학기: 102일 / 2학기: 98일

특성화 프로그램

영성교육	· 채플 · QT · 성경공부(수업) · 절기예배
인성 및 체험교육	· 성품교육 · 멘토링 · 봉사활동 · 견학 및 탐방 · 산악등반 · 답사여행
평화 및 생태교육	· 노작
특기적성교육	· 음악활동 · 체육활동 · 독서 · 제과제빵 실습 · 판화, 조소
기타교육	· 악기연주 · 자기관리훈련 · 가족관계훈련 · 직업연구 · 생활요가 · 과제연구

교육과정 특징

팔렬고등학교는 학교부적응 학생을 위한 대안교육 특성화고등학교로서 학교법인 이화학원의 건학정신을 바탕으로 슈타이너의 교육철학과 발도로프 학교의 치료교육과 감성교육을 기초로 한 교육내용을 통하여, 교육 본래의 목적인 학생 개개인의 자아실현 추구를 위한 교육활동을 실시하고 있습니다. 특히 인성교육 중심의 다양한 교육과정을 통하여 질 높은 교육의 기회를 부여함으로서 '패자부활의 정신이 적용되는 교육현장'을 구현하고자 합니다.

1. 교육의 이념
   1) 작은 학교의 지향
   2) 성서의 가르침대로 한 생명을 천하보다 귀하게 여기는 교육
   3) 씨 뿌리는 자의 정신
   4) 아름다운 학교환경 조성을 통한 생기발랄한 교육현장 구현
2. 교육의 방침
   1) 바른 몸 가꾸기 : 올바른 기초생활습관, 균형 잡힌 식사, 긍정적인 사고력 함양한다.

2) 감성훈련: 자신의 감정을 이해하고 조절하는 능력, 타인의 감정을 이해하고 배려하는 능력을 함양한다.

3) 지성훈련: 지혜와 지식의 함양훈련을 통하여 스스로 배우고 탐구하는 자율적인 태도를 길러준다.

4) 관계성(사회성)훈련: 자기관리 능력, 타인에게 도움을 주고 격려할 수 있는 상담능력 및 리더쉽을 훈련한다.

5) 영성훈련: 기독교 진리의 인식 및 실천을 통한 보람된 인생의 설계를 훈련시킨다.

4. 충청

충청 1 - 제자국제기독아카데미

미인가		통학		–
주소		새주소: 충북 청원군 오창읍 오창공원로 123-12 한라트리플타워 8층 (현주소: 충북 청원군 오창읍 각리 649-4 한라트리플타워 8층)		
전화번호	043-218-6223		홈페이지	http://cafe.naver.com/dics2008
학제	(유치)초등1학년~중등2학년		개교년도	2007년 11월 개교
교사수(정교사수)	6명(5명)		학생수	-
설립/운영주체	예수제자교회(기성)		소속단체	-
학교공간	건물임대		주요시설	교실, 음악실, 교무실, 도서관, 컴퓨터실, 식당

전형방법	면접(학생), 면접(학부모)
주요학생 선발조건	부모님이 기독교인 학생이 기독교인 정기적 학부모교육 참여 입학 후 사교육 제한 수업시 기본적인 영어소통가능자
학생구성	※ 기독교가정의 학생 100%
학교 교육목적	1. 성경적인 가치관 아래 모든 교과목을 교육하여 모든 분야에서 하나님께 영광 돌리는 삶을 살게 한다. 2. 매사에 예수님을 본받아 생각하고 말하고 행동하는 그리스도의 제자가 되도록 양육하고 훈련한다. 3. 인격과 성품 훈련을 어려서부터 하여 사회적인 존재로서 다른 사람을 존중하고 배려하며, 정직한 삶을 살도록 교육한다. 4. 성경이 말하는 지혜와 지식, 명철 외에 학문적인 탁월함을 갖추어 세상을 섬길 수 있도록 교육한다. 5. 하나님이 주신 달란트와 재능을 어려서부터 발견하고 개발하여 다방면에서 창조적으로 영향력을 끼치며, 활동할 수 있는 인물들로 교육한다.
교과서 사용	외국교과서를 (그대로 혹은 번역하여) 사용한다.
수업일수	1학기: 105일 / 2학기: 97일

특성화 프로그램

영성교육	·채플 · QT ·성경공부(수업)
인성 및 체험교육	·성품교육 · 멘토링 · 봉사활동 · 견학 및 탐방
특기적성교육	·음악활동 · 미술활동 · 체육활동 · 독서 · 영어캠프

교육과정 특징

제자국제기독아카데미는 미국 교과과정을 따라 유치원부터 8학년(한국의 중학교 2학년)까지 가르치고 있으며, 미국 밥존스대학 출판사에서 만든 교재를 주교재로 사용하고 있습니다. 미국 밥존스대학 출판사에서 나온 교과서는 기본적으로 Bible Truths(성경과목), Science(과목), Heritage Studies(사회, 7학년은 세계사, 8학년은 미국사), Reading(국어 또는 문학: 7-8학년), Math(수학), English(영어: Writing & Grammar)를 가르치고 있습니다.

이 외에 전 학년에 걸쳐 성품훈련과 체육, 미술, 음악을 가르치고 있으며, 저학년에서는 독서논술(초등1학년부터 4학년) 그리고 5학년부터는 독서논술 대신 국사를 가르치며, 6학년부터는 토론 수업을 진행하고 있습니다.

충청 2 - 사사학교

미인가		기숙		–

주소	새주소: 충남 금산군 남일면 사사길21 (현주소: 충남 금산군 남일면 신정리 407-2)			
전화번호	041-751-4491~7		홈페이지	www.sasaschool.net
학제	초등3학년~고등3학년		개교년도	2003년 4월 개교
교사수(정교사수)	43명		학생수	176명
설립/운영주체	공익법인(사사청소년)		소속단체	기독교대안학교연맹
학교공간	독립건물		주요시설	운동장, 교실, 교무실, 과학실, 미술실, 음악실, 컴퓨터실, 도서관, 강당, 체육관, 식당, 양호실, 기숙사, 교직원숙소, 소강당, 대강당

전형방법	4년간 preschool의 출신 학생이 정식 선발 자격이 있음			
주요학생 선발조건	부모님이 기독교인 학생이 기독교인 정기적 학부모교육 참여 입학 후 사교육 제한			
학생구성	※ 기독교가정의 학생 100%, 해외 유학 경험 학생 2.8%			
학교 교육목적	성, 애, 덕, 지, 정, 미, 본의 일곱가지 가치관 교육이 목표, 그래서 이 시대가 필요로 하는 사람, 하나님이 쓰시고자 하는 사람을 준비하고 세우는 학교			
교과서 사용	국정교육과정에 따른 교과서를 사용한다. 학교 자체 내에서 개발한 교과서를 사용한다. 교과 별로 다르다.			
수업일수	1학기: 90~100일 / 2학기: 90~100일			

해외이동수업	나라	시기	기간	참석여부
	국외탐방		5, 6일~3, 4주	학년 별로 국외 2회 이상

특성화 프로그램	
영성교육	· 채플 · QT · 성경공부(수업)
인성 및 체험교육	· 성품교육 · 멘토링 · 국토순례 · 봉사활동 · 견학 및 탐방
평화 및 생태교육	· 노작 · 환경교육
특기적성교육	· 공연예술 · 음악활동 · 미술활동 · 독서
기타교육	성, 애, 덕, 지, 정, 미, 체의 일곱 가치에 따른 가치관 세계관을 교육

교육과정 특징

사사학교는 이 시대가 요구하는 사람, 하나님이 쓰시고자 하는 사람을 준비하고 세우는 기독인재 양성의 요람 학교입니다. 지금도 똑똑한 사람, 성공한 사람은 많이 있지만 하나님이 기뻐하시며, 하나님의 일을 감당하는 사람은 소수입니다.

교육과정은 초등과정(예비학교)는 초등학생 3~6학년이 있습니다. 교육은 온라인으로 하며, 방학 때 계절 학기를 합니다. 사사초등과정을 수료한 학생이 사사중학교에 정시로 들어올 수 있는 자격이 주어집니다.

편입과정은 최소한 입학하기 전 여름 방학 중에 하는 사사기본과정(SBC)을 수료하여야 편입할 수 있는 자격이 주어집니다(이 점으로 사사학교를 들어오고자 하는 분들이 자원하지 못해 실망하시는 분이 많이 있습니다).

중고등과정을 현재 180여 명이며, 한 학습은 10명 내외로 이루어져 있습니다. 수준별-이동식 수업을 하고 있으며, 영어 원서는 기본적으로 1년 50~100권을 소화하고 일반 교과목 외에 필독서를 읽어야 하며, 악기 하나는 전공 수준으로 하여야 합니다. 현재 전임 및 강사를 포함해 약 60여 명의 교사가 있으며, 사사가족을 섬기는 교직원은 약 90여 명이 있습니다. 학교위치는 충남 금산군에 있으며, 약 7만 5천 제곱미터 대지 위에 12동의 건물과 운동장과 농장이 있습니다.

충청 3 - 꿈의학교

미인가	기숙	전원형

주소	새주소: 충남 서산시 대산읍 연전 1길 321 (현주소: 충남 서산시 대산읍 영탑리 5-36)

전화번호	041-681-3411	홈페이지	dreamschool.or.kr
학제	초등6학년~고등3학년	개교년도	1998년 2월 개교
교사수(정교사수)	47명	학생수	296명
설립/운영주체	설립: 법인이 아닌 단체 운영: 사단법인	소속단체	기독교학교교육연구소 기독교대안학교연맹
학교공간	독립건물	주요시설	운동장, 교실, 교무실, 과학실, 미술실, 음악실, 컴퓨터실, 도서관, 체육관, 식당, 양호실, 도자기실, 학생휴게실, 상담실, 미디어실, 자습실

전형방법	면접(학생), 면접(학부모), 전학교내신, 논술(자기소개서 포함), 자체 지필시험
주요학생 선발조건	정기적 학부모교육 참여
학생구성	※ 기독교가정의 학생 100%

학교 교육목적	인격과 비전과 실력을 겸비한 하나님 나라의 인재 양성(하나님의 사람)
교과서 사용	국정교육과정에 따른 교과서를 사용한다. 교과 별로 다르다(영어: 자체 제작).
수업일수	1학기: 106일/ 2학기: 98일

해외이동수업	나라	시기	기간	참석여부
	캐나다	중등2학년	6개월	전원참석
	중국	고등1학년	3개월	전원참석

특성화 프로그램	
영성교육	· 채플 · QT · 성경공부(수업) · 단기선교 셀모임(제자훈련) · 소명학교 · 십자가정병학교
인성 및 체험교육	· 국토순례 · 봉사활동 · 견학 및 탐방 · 직업탐방 · 노동학교
평화 및 생태교육	· 노작
특기적성교육	· 공연예술 · 사진 및 영상 · 음악활동 · 미술활동 · 체육활동 · 독서

교육과정 특징

1. 가정과 함께하는 교육
2. 하나님을 알아 가는 신앙교육
3. 독서학습을 강조하는 교육
4. 만남을 강조하는 교육
5. 세계로 나아가는 교육
6. 실천과 체험을 강조하는 교육
7. 개별학습을 강조하는 교육
8. 생활 공동체교육
9. 나라사랑교육

충청 4 - 다다예술학교

미인가		기숙+통학	도시형+전원형
주소	새주소: 충북 청원군 낭성면 단재로 1796 (현주소: 충북 청원군 낭성면 추정리 266)		
전화번호	043-288-5161	홈페이지	http://www.ddart.org/
학제	초등1학년~고등3학년	개교년도	2009년 5월 개교
교사수(정교사수)	23명(8명)	학생수	27명
설립/운영주체	법인이 아닌 단체	소속단체	-
학교공간	독립건물	주요시설	운동장, 교실, 양호실, 미술실, 음악실, 교무실, 도서관, 식당, 기숙사, 상담실

전형방법	면접(학생), 면접(학부모), 전학교 내신, 관련수상실적, 봉사활동 등 관련 경력
주요학생 선발조건	부모님이 기독교인 학생이 기독교인 정기적 학부모교육 참여
학생구성	※ 기독교가정의 학생 100%, 장애학생 82%
학교 교육목적	다다예술학교는 기독교신앙을 바탕으로 예술분야(미술, 음악, 문학 등)에 재능이 있거나 예술(치료)교육을 필요로 하는 학령기의 특수아(인) 및 학생들에게 통합교육을 실시하여 1. 하나님께서 주신 자신의 달란트(능력)를 계발한다. 2. 예능분야에 특기가 없더라도 하나님이 주신 다양한 감각을 계발하고 나를 표현할 줄 알며, 서로 돕는 생활을 익히도록 한다. 3. 대·내외적인 예술 교육과 활동을 통하여 사회의 일원으로서의 역할을 감당한다.
교과서 사용	국정교육과정에 따른 교과서를 사용한다. 학교 자체 내에서 개발한 교과서를 사용한다.
수업일수	1학기: 105일 / 2학기: 103일

특성화 프로그램	
영성교육	· 채플 · QT · 성경공부(수업) · 단기선교
인성 및 체험교육	· 성품교육 · 멘토링 · 봉사활동 · 견학 및 탐방
평화 및 생태교육	· 평화교육 · 통일교육 · 노작 · 목공 실습 · 다문화교육 · 가정실습 · 환경교육
특기적성교육	· 음악활동 · 미술활동 · 체육활동 · 독서 · 영어캠프

교육과정 특징

1. 자율적이고 적극적인 바람직한 통합교육 운영
2. 학생 역량 중심의 교육과정 운영
3. 교육, 치료, 생활을 함께 하며, 성장하는 공동체 구성
4. 학생의 재능(달란트) 개발 프로그램 운영
5. 지역사회와의 연계 프로그램 진행

특별교육
1) 1:1친구/ 1:1(교사)가 되어 학습과 생활교육 전반에 걸쳐 적극적으로 통합교육에 참여한다.
2) 각 교과 별로 맞춤형 교재를 개발(집중 선택과목)한다.
3) 예술(음악, 미술)과목은 통합치료수업으로 진행하며, 개인 실기는 방과후에 집중적으로 연마한다.
4) 자기의 능력을 찾고 계발한다(자기 주도 학습).
5) 1인 1담임제로 운영(강사 멘토제)한다.
6) 해외여행, 테마학습, 체험학습, 연주여행, 특별공연을 실시한다.
7) 전 교직원과 학생, 학부모를 대상으로 장애 이해교육과 통합교육연수를 실시한다.

충청 5 - 천안대안학교

위탁형		기숙+통학		도시형
주소	새주소: 충남 천안시 서북구 백석로 278번지 (현주소: 충남 천안시 서북구 성정동 695-5번지)			
전화번호	041-579-1388~9		홈페이지	www.school1388.com
학제	중등1학년~중등3학년		개교년도	2003년 9월 개교
교사수(정교사수)	11명(4명)		학생수	38명
설립/운영주체	공익법인		소속단체	대안교육연대
학교공간	학교독립건물		주요시설	교실, 교무실, 프로그램실
전형방법	전학교 내신 면접(학생) 면접(학부모) 기타(동의서, 추천서, 건강기록부)			
주요학생 선발조건	-			
학생구성	※ 공교육 부적응학생 100%			
학교 교육목적	1. 도덕성을 갖춘 올바른 학생 2. 실력을 갖춘 능력 있는 학생 3. 비전을 가진 미래지향적 학생 4. 더불어 사는 사회봉사적인 학생			
교과서 사용	국정교육과정에 따른 교과서를 사용한다.			
수업일수	1학기: 105일 / 2학기: 88일			
특성화 프로그램				
영성교육	· 채플			
인성 및 체험교육	· 미술치료 · 연극치료 · 원예치료 · 상담치료			
특기적성교육	· 제과제빵			
기타교육	· 성교육 · 금연교육 · 다양한 치료프로그램(원예, 미술, 연극, 음악, 상담, 미디어)			
교육과정 특징				

본 대안학교의 교육과정은 교과활동, 재량활동, 특별활동으로 편성하고 교과는 보통 교과와 대안교과로 구분하여 운영하고 있다. 보통교과의 경우 국어, 영어, 수학, 사회, 과학, 도덕, 한문, 음악, 체육 과목으로 구성되어 있다. 보통교과의 교사는 해당교과 교사자격증 소지자로 임명한다. 대안교과는 미술치료, 연극치료, 상담치료, 종교, 프로젝트 학습 등을 진행하며, 해당 분야 경력 전문가를 초빙하여 운영한다. 재량활동과 특별활동의 경우에는 문화·진로·체험학습을 바탕으로 하여 운영한다. 재량활동과 특별활동을 통해 정서 안정과 자아존중감 향상 및 재능을 발견하고 성장할 수 있도록 한다.

구분	분류	교과 명
교과활동	보통교과	국어, 사회, 수학, 과학, 영어, 도덕, 한문, 음악, 체육
	대안교과	미술치료, 상담치료, 연극치료, 미디어치료, 원예치료, DIY, 종교, 프로젝트학습
재량활동	창의적 재량활동	성경, 성교육, 금연교육
특별활동		제과제빵, 집단 프로그램, 실용음악, 봉사활동

충청 6 - 글로벌선진학교(음성캠퍼스)

인가	기숙	전원형

주소	새주소: 충북 음성군 원남면 조촌리 549번지 (현주소: 충북 음성군 원남면 406-9번지)		
전화번호	043-871-7099	홈페이지	www.gemgem.org
학제	중등1학년~고등3학년	개교년도	2003년 3월 개교
교사수(정교사수)	43명(39명)	학생수	411명
설립/운영주체	법인(글로벌교육선교회)	소속단체	기독교학교교육연구소 기독교대안학교연맹 ACSI
학교공간	학교독립건물	주요시설	운동장, 교실, 과학실, 양호실, 미술실, 교무실, 도서관, 컴퓨터실, 식당, 체육 관, 채플실, 태권도장, 세미나실, 기숙사

전형방법	면접(학생), 면접(학부모), 전학교 내신, 관련수상실적, 봉사활동 등 관련경력, 집단토론 등 체험관찰, 논술(자기소개서 포함), 자체 지필시험
주요학생 선발조건	부모님이 기독교인 학생이 기독교인 정기적 학부모교육 참여 입학 후 사교육 제한 기본적인 영어 소통 능력이 필요한 사람
학생구성	※ 기독교가정의 학생 95%, 해외경험 80%, 공교육 부적응 3%

학교 교육목적	1. 성숙한 인격을 가진 글로벌 선진 인재양성 2. 민족을 사랑하는 글로벌 선진 인재양성 3. 인류를 이끌어 가는 능력 있는 글로벌 선진 인재양성			
교과서 사용	외국교과서를 (그대로 혹은 번역하여) 사용한다. 교과 별로 다르다(제2외국어의 경우 시중 국내서적 사용).			
수업일수	1학기: 90일 / 2학기: 90일			

해외이동수업	나라	시기	기간	참석여부
	미국	9학년 or 10학년	1년 or 2년	원하는 사람만 참석 (모든 경비 자비부담)

특성화 프로그램				
영성교육	· 채플 · QT · 성경공부(수업) · 단기선교 기타 프로그램: 매 학기초에 CPE 행사, Clean, Pure, Excellent라는 구호를 갖고, 캠퍼스 생활 (깨끗하고, 순결하고, 우수하게 하기 위해 3일간 갖는 다양한 체험 프로그램, 3 일간 매일 저녁 영성부흥회도 실시)			
인성 및 체험교육	· 성품교육 · 멘토링 · 봉사활동 · 견학 및 탐방 기타 프로그램: 학교 전교생과 전 교직원이 School Family라는 그룹을 형성해서 한 교직원 당 9명 의 학생들을 묶어서 월 1회 학생들을 만나 격려하고 상담하며, care하고 있습니다.			
특기적성교육	· 공연예술 · 사진 및 영상 · 음악활동 · 미술활동 · 체육활동 · 독서 · 영어캠프 · 컴퓨터교육 기타 프로그램: 30여 개 동아리활동이 있어서 매주 목요일 오후마다 2시간씩 원하는 동아리 에 가입해서 활동을 합니다.			

교육과정 특징

본교 교육의 기본방향은 인성교육, 공동체교육, 개인의 존엄성이 존중되는 신나는 교육, 자연 친화적인 교육, 선진국형 교육이며, 각각의 내용은 다음과 같다.

1. 모든 학생들을 창조주의 뜻을 구현하는 사명감으로 훈련시켜 자신의 삶과 세상을 이해하고 그에 따라 삶의 자세와 가치관을 확립하게 하는 인성 교육의 장이다.
2. 모든 학생은 생활관에서 함께 생활하며, 이를 통해 남을 배려하는 공동체 정신과 자율성을 익히게 하여 더불어 사는 따뜻한 가슴을 지닌 이웃사랑의 사람으로 길러낸다.
3. 다양한 탐구 클래스에서 학생들은 즐겁고 신나는 학교생활을 경험하게 되며, 이를 통해 학교는 학생 개개인의 개별성과 차별성을 개발하여 학업 성취 및 개인의 존엄성을 극대화시킨다.
4. 아름다운 자연 속에 위치한 학교의 전원적인 분위기를 통해 학생들을 감성과 지성이 균형을 이룬 사람이 되게 교육하며, 아울러 환경보존의 중요성과 자연에 대한 관심과 사랑을 갖게 한다.
5. 원어민 교사의 주도 아래 진행되는 글로벌 인재 교육은 선진국형 현장 교육을 실시하며, 학생들은 이러한 교육시스템 속에서 국제경쟁력을 키운다.

각 학년의 교육과정은 초,중등교육법 시행령 제43조에 따른 교과 중에서 국어 및 국사는 교육과학기술부 장관이 정한 수업시간 수의 100분의 50 이상으로 하고, 표준이수 교과과목은 공통교과와 선택교과로 편성하고, 선택교과는 재량교과와 교양교과로 나누어진다. 창의적 체험활동으로는 자율활동, 봉사활동, 동아리활동으로 편성한다.

이에 중학교 교육과정은 도교육청 필수인 국어, 국사와 학교특성교과로서 영어, 성경, 태권도, 독서, 일반교과로서 수학, 과학, 사회, Debate & Speech, 음악/미술 그리고 Global Language(중국어, 스페인어, 일본어 중 택 1), 창의적 체험활동으로 자율활동, 동아리활동, 진로활동 등이 있다.

고등학교 교육과정은 도교육청 필수인 국어, 국사와 학교 필수교과로서 영어, 성경, 태권도, 독서, 선택교과로서 수학, 과학, 사회, 음악/미술 그리고 Global Language(중국어, 스페인어, 일본어 중 택 1), 창의적 체험활동으로 자율활동, 동아리활동, 진로활동(인턴쉽, 리더십캠프) 등이 있다.

글로벌선진학교 음성캠퍼스는 83분제 수업으로 한 학기 내 한 교과목을 끝내는 집중이수제를 실시하며, 학생들이 원하는 과목을 선택해서 이동하는 교과 교실제로 운영한다. 봄, 가을학기는 보통 하루에 4블럭, 일주일에 20블록, 한 학기 18주의 정규 수업과 여름방학, 겨울방학 동안에는 해외로의 Mission Trip, TOEFL/SAT 캠프, 영어와 수학 Remedial Program, 진학 캠프 등을 열어서 여러 학생들이 원하는 프로그램에 참여할 수 있도록 진행한다.

충청 7 - 승리기독학교

미인가	통학	도시형

주소	새주소: 대전광역시 유성구 북유성대로 161 주성천교회 (현주소: 대전광역시 유성구 지족동 871-7번지 주성천교회)		
전화번호	042-824-9541	홈페이지	www.jusc.org
학제	중등1학년~고등3학년	개교년도	2004년 9월 개교
교사수(정교사수)	17명(7명)	학생수	18명
설립/운영주체	주성천교회(예장개혁)	소속단체	-
학교공간	교회건물사용	주요시설	교실, 도서관, 컴퓨터실, 식당

전형방법	면접(학생), 면접(학부모), 기타(등본, 서약서)
주요학생 선발조건	부모님이 기독교인 학생이 기독교인 정기적 학부모교육 참여 설립 및 운영 교회 교인 자녀 우선 선발
학생구성	※ 기독교가정의 학생 100%, 공교육 부적응학생 1%
학교 교육목적	하나님의 말씀에 바탕을 둔 창조론에 입각한 교육, 영성, 지성, 인성을 갖춘 국가적, 세계적 지도자 육성, 교회와 가정, 부모와 자녀의 연결을 통한 부흥
교과서 사용	국정교육과정에 따른 교과서를 사용한다. 교과 별로 다르다(국어, 영어, 수학, 과학, 사회).
수업일수	1학기: 110일 / 2학기: 102일

특성화 프로그램

영성교육	· 채플 · QT · 성경공부(수업)
인성 및 체험교육	· 성품교육 · 멘토링
특기적성교육	· 음악활동 · 미술활동 · 체육활동 · 독서 · 컴퓨터교육

교육과정 특징

구분	주요내용	비고
영성	예배	영성훈련, 공예배(주일, 수요, 철야)
	수련회	하계, 동계
	기도회	8시기도회, 9시기도회(분기별1회)
	예수 영성 아카데미	연2회
지성	등급제	자기 주도적 학습으로 스스로 준비하고 공부한다.
	팀제체 교육시스템	팀장과 팀원으로 구성
	발표 수업&평가	자신이 느끼고 깨달은 것을 다양하게 표현하는 법을 배우고 스스로 평가하 여 자신을 돌아본다.
	직업 체험	자신의 비전을 하나님 안에서 찾고 직업체험을 통하여 더욱 구체화시킨다.
인성	본보기 교육	교사, 학부모, 선배, 팀장들이 삶에서 먼저 본을 보이며, 서로에게 거울이 되어 준다.
	좋은 문화 형성	순수한 섬김과 협동으로 천국의 문화를 만들어 간다.
	관계 회복	하나님안에서 가족, 교우, 이웃, 사회적 관계를 회복한다.
	봉사 활동	사회시설과 연결되어 실질적 경험을 통하여 예수님의 섬김의 자세와 마음 의 태도를 배운다(현, 장애인 복지관 봉사).

충청 8 - 공동체비전고등학교

특성화	기숙	전원형

주소	새주소: 충남 서천군 서천읍 서문로 327 (현주소: 충남 서천군 서천읍 태월리 75-1)		
전화번호	041-953-6292	홈페이지	www.vision.hs.kr
학제	고등1학년~고등3학년	개교년도	2003년 3월 개교
교사수(정교사수)	17명(8명)	학생수	104명
설립/운영주체	학교법인(선천학원)	소속단체	한국대안학교 협의회
학교공간	독립건물	주요시설	운동장, 교실, 양호실, 음악실, 교무실, 도서관, 컴퓨터실, 식당, 이사장실, 급식실, 사이버실, 기도실
전형방법	면접(학생), 면접(학부모), 전학교 내신, 관련수상실적, 봉사활동 등 관련 경력, 집단 토론 등 체험 관찰, 논술(자기소개서 포함)		
주요학생 선발조건	부모님이 기독교인 학생이 기독교인		
학생구성	※ 기독교가정의 학생 100%, 해외경험 6.7%		

학교 교육목적	신앙적 인간, 지성적 인간, 공동체적 인간, 사업적 인간
교과서 사용	국정교육과정에 따른 교과서를 사용한다.
수업일수	1학기: 105일 / 2학기: 102일

특성화 프로그램

영성교육	· 채플 · QT · 성경공부(수업)
인성 및 체험교육	· 성품교육 · 멘토링 · 봉사활동 · 견학 및 탐방
평화 및 생태교육	· 노작
특기적성교육	· 공연예술 · 사진 및 영상 · 음악활동 · 체육활동 · 독서 · 영어캠프
기타교육	· 태권도 수업 · 전교생 1인 1악기 수업 및 오케스트라 구성

교육과정 특징

1. 비전 오케스트라(1인 1악기 교육)
   1) 목적: 한국의 '엘 시스테마' 시스템을 꿈꾸며, 악기 연주를 통해 정서안정과 창의성, 미적 감수성을 향상
      시킴으로 21세기형 미래 인재 육성
   2) 추진방침 : 가. 매주 군산 시립교향악단 단원들의 지도 및 멘토 활동
      나. 각자 재능에 맞는 악기를 선택, 기량향상으로 연주회 참여를 통한 자신감 회복
      다. 국제교류음악 연주, 각종 대회 참여 및 풍부한 봉사활동으로 사회에 기여
2. 비항합창단(합창수업)
   1) 목적: 합창을 통하여 진정한 찬양과 경배의 삶을 실천하고 공동체 생활의 조화를 실현
   2) 추진방침 : 가. 여러 시대의 음악을 감상하고 불러 봄으로써 다양한 음악 경험 체험
      나. 위문공연 및 지역민을 위한 연주봉사활동으로 사회공헌에 일조
      다. 합창과 봉사를 통해 공동체 생활에서의 개성의 조화와 나눔의 아름다움 체험
3. 동아리 활동
   1) 목적 : 청소년의 건전한 문화 활동을 통해 자기계발과 협동심을 배양한다.
   2) 추진방침 : 가. 동아리활동시간으로 주간 2시간 이상 확보
      나. 지도교사를 지정하여 학생 중심으로 자율적으로 조직

　　　　다. 교내축제 및 교외 경연대회 참가
　　　　라. 지역사회에 공헌하는 봉사활동 활성화
　　3) 교내 동아리 현황: 학습, 음악, 교양, 스포츠, 봉사, 신앙동아리
4. 태권도교육
　　1) 목적 : 태권도를 통해 자신의 건강을 지키고 집중력을 향상시켜 자신감 넘치는 학교 생활 지향
　　2) 추진방침 : 가. 매주 2시간 수업
　　　　　　　　나. 졸업 전 초단이상 취득할 수 있도록 수업진행
　　　　　　　　다. 유단자는 상급단을 취득할 수 있도록 수업진행
　　　　　　　　라. 학교축제 등에 태권도 수업 공개

충청 9 - 풀무농업고등기술학교

고등기술학교		기숙		전원형
주소	새주소: 충남 홍성군 홍동면 광금남로 699번길 22-33 (현주소: 충남 홍성군 홍동면 팔괘리 664)			
전화번호	041-633-3021	홈페이지		www.poolmoo.or.kr
학제	고등1학년~고등3학년	개교년도		1958년 4월 개교
교사수(정교사수)	24명(33명)	학생수		80명
설립/운영주체	설립: 개인(이찬갑, 주옥로) 운영: 학교법인(풀무학원)	소속단체		대안교육연대
학교공간	독립건물	주요시설		운동장, 교실, 과학실, 양호실, 미술실, 음악실, 교무실, 도서관, 컴퓨터실, 식당, 학생실, 동아리실, 행정실, 자연체험장, 자습실

전형방법	면접(학생), 전학교 내신, 관련수상실적, 봉사활동 등 관련 경력, 논술(자기소개서포함)
주요학생 선발조건	정기적 학부모교육 참여
학생구성	※ 기독교가정의 학생 50%
학교 교육목적	풀무는 성서에 바탕을 둔 깊이 있는 인생관과 학문과 실제 능력에서 균형 잡힌 인격으로 하나님과 이웃, 지역과 세계, 자연과 모든 생명과 함께 더불어 사는 평민(교훈)을 기르고자 한다.
교과서 사용	국정교육과정에 따른 교과서를 사용한다. 교과 별로 다르다(농업-자체 제작).
수업일수	1학기: 105일 / 2학기: 105일

특성화 프로그램

영성교육	·성경공부(수업)
인성 및 체험교육	· 봉사활동 · 견학 및 탐방
평화 및 생태교육	· 평화교육 · 노작 · 목공 실습 · 가정실습 · 환경교육
특기적성교육	· 음악활동 · 미술활동 · 체육활동 · 독서

교육과정 특징

1. 성서 위에 학원
   학생이 재학 중 성경을 배우고 그리스도를 만나는 것을 바른 인격교육의 바탕으로 믿는다.
2. 기본층의 평민
   자기와 남의 가치를 자각, 존중하면서 주어진 자기 실현과 사회 기여에 힘쓰는 기본층의 '깨어난 평민'은 사회 대다수를 차지하고, 이는 이 사회의 저력이자 향상의 희망이다.
3. 머리, 가슴, 손의 조화
   입시편중 교육을 배격하고 머리(학문), 가슴(신앙), 손(노작)을 고루 발전시켜 인문 직업교육의 극단적 2원성을 극복하여 전인교육을 지향한다.
4. 작은 학교
   한 사람 한사람을 소중히 여기고, 다양한 소질과 능력을 찾아내어 스스로 배울 수 있게 돕고, 그들이 창조적 힘을 발휘하며, 생활 속에서 인격적 만남을 할 수 있도록 학교 규모를 작게 한다.
5. 전원 생활관 생활
   전원 생활관 생활을 통하여 학교는 예배하고, 배우며, 생산하고 생활하는 공동체를 지향한다.
6. 머리도 꼬리도 없다(무두무미).
   교직원과 학생은 예수를 교주로 하여 각기 자기 역할을 하면서 유기적 공동체를 이루는 일원이며, 동료로서 학교일을 민주적으로 협의, 결정한다.

7. 밝은 학교 생활

학교에서 정한 10가지 약속을 바탕으로 학생들이 검소하고 고상한 가치를 추구하도록 학생문화 환경을 마련하며, 개별지도, 묵학시간 활용과 교실 안팎에서의 공동학습, 자치활동을 장려하여 학교생활을 밝고 뜻있게 한다.

8. 더불어 사는 지역과 학교

지역의 교육적 환경을 선용하며, 지역과 함께 더불어 사는 사회 실현에 협력한다.

9. 국제 이해

평화로운 동북아시아 건설을 위해 중국어와 일본어를 선택하여 배우고 일본의 자매학교와 교류하며, 재학 중 일본이나 중국으로 교류 학습을 하여 동북아 중간 역할을 감당할 성실한 시민을 기른다.

10. 사학의 책임

학업이나 생활지도에 열심이고 사회에도 책임이 있는 사학의 자율적인 정신을 살린 풀무는 작은 학교로서 사람을 기르는 교육과 학교의 바른 모습을 꾸준히 추구하려고 한다.

5. 전라

전라 1 - 꿈꾸는요셉학교

미인가		통학	도시형+전원형
주소	colspan새주소: 전남 목포시 텃골로 5 (현주소: 전남 목포시 석현동 815-2)		
전화번호	061-281-7185	홈페이지	www.dreamsc.net
학제	초등1학년~중등2학년	개교년도	2007년 3월 개교
교사수(정교사수)	18명(6명)	학생수	41명
설립/운영주체	새목포제일교회(예장합동)	소속단체	기독교대안학교연맹
학교공간	교회건물사용	주요시설	교실, 음악실, 교무실, 식당

전형방법	면접(학생), 기타(등본, 추천서)
주요학생 선발조건	부모님이 기독교인 학생이 기독교인 정기적 학부모교육 참여 설립 및 운영 교회 교인 자녀 우선 선발
학생구성	※ 기독교가정의 학생 100%

학교 교육목적	기독교세계관을 바탕으로 한 하나님과 이웃을 섬기는 예수님의 제자양육
교과서 사용	국정교육과정에 따른 교과서를 사용한다. 학교 자체 내에서 개발한 교과서를 사용한다.
수업일수	1학기: 99일 / 2학기: 99일

특성화 프로그램

영성교육	· 채플 · QT · 성경공부(수업)
인성 및 체험교육	· 성품교육
특기적성교육	· 음악활동 · 미술활동 · 체육활동 · 독서
기타교육	· 역할분담 · 봉사체험활동 · 행사 · 동아리(공예, 차와 예절, NIE, 영어예배, 선교기도, 예배팀, 연필화)

교육과정 특징

국민공통기본교과	재량활동	특별활동

지적 영역
  국어(한자), 영어, 사회, 역사,
  수학, 과학, 컴퓨터, 음악, 미술
  (조형미술)
신체적 영역
  체육, 산책
영적 영역
  성경, 성품, 예배
사회적 영역
  통합교과 수업, 주제학습
	음악
	  바이올린, 첼로, 플루트, 피아노
	체육
	  태권도, 축구, 무용
		역할분담
		봉사체험활동
		행사
		동아리
		  (공예, 차와 예절, NIE, 영어예
		  배, 선교기도, 예배팀, 연필화)

전라 2 - 다니엘지혜학교

미인가		통학		도시형	
주소	새주소: 광주광역시 광산구 우산로 95번길 94 (현주소: 광주광역시 광산구 우산동 1331-1)				
전화번호	062-941-6040		**홈페이지**	www.gwangsan.org	
학제	초등1학년~고등1학년		**개교년도**	2005년 9월 개교	
교사수(정교사수)	6명		**학생수**	44명	
설립/운영주체	광산교회(기장)		**소속단체**	기독교대안학교연맹	
학교공간	독립건물		**주요시설**	운동장, 교실, 교무실, 식당, 양호실, 도서관	

전형방법	면접(학생) 면접(학부모) 논술(자기소개서 포함) 자체 지필시험
주요학생 선발조건	부모님이 기독교인 학생이 기독교인 정기적 학부모교육 참여 입학 후 사교육 제한
학생구성	-

학교 교육목적	본 학교는 영성, 품성, 실력을 갖춘, 이 시대를 이기는 사람이 되는 것을 목적으로 한다.
교과서 사용	국정교육과정에 따른 교과서를 사용한다. 외국교과서를 (그대로 혹은 번역하여) 사용한다. 기독교세계관으로 재구성한 교과서를 사용한다.
수업일수	-

해외이동수업	나라	시기	기간	참석여부
	중국	중등3학년	2주	전원참석

특성화 프로그램	
영성교육	· QT ·성경공부(수업)
인성 및 체험교육	· 성품교육 · 국토순례 · 봉사활동 · 견학 및 탐방
평화 및 생태교육	· 노작
특기적성교육	· 음악활동 · 독서 · 영어캠프

교육과정 특징

1. 매일 QT나눔을 통하여 믿음을 세우며, 자신을 성찰하도록 돕는다.
2. 일반 입시위주의 영어교육의 틀을 벗어나 영어성경을 암송하며, 실제적으로 현장에서 사용할 수 있는 장기적인 영어교육을 실시한다.
3. 모든 수업의 과정과 학교생활 속에서 학생이 계획을 스스로 세우고 스스로 학습을 진행하며, 자신에게 맞는 방법을 찾아가도록 교사는 돕는 역할, 학습내용을 점검하는 역할을 한다.
4. 공동체 훈련이나 체험학습에는 훈련기간 동안 학생이 스스로 팀을 결성하고 식사를 해결하는 등 어려운 일을 함께 해결하도록 함으로서 섬기고 단합하며, 극복하는 훈련을 한다.

전라 3 - 비전국제학교

미인가		기숙+통학	도시형+전원형
주소	새주소: 전북 전주시 덕진구 건산로 280 전주창대교회 2층 (현주소: 전북 전주시 덕진구 우이동 2가 866-3 전주창대교회 2층)		
전화번호	063-714-3939	홈페이지	www.vis.or.kr
학제	초등1학년~고등1학년	개교년도	2009년 3월 개교
교사수(정교사수)	13명(11명)	학생수	23명
설립/운영주체	전주창대교회(예장합동)	소속단체	-
학교공간	교회건물사용	주요시설	운동장, 교실, 교무실, 과학실, 미술실, 음악실, 컴퓨터실, 도서관, 강당, 체육관, 식당, 양호실, 기숙사

전형방법	면접(학생), 면접(학부모), 집단토론 등 체험관찰
주요학생 선발조건	부모님이 기독교인 학생이 기독교인 정기적 학부모교육 참여 입학 후 사교육 제한
학생구성	※ 기독교가정의 학생 100%

학교 교육목적	대한민국과 이 세계를 위한 준비된 지도자를 양성하는 것입니다.
교과서 사용	기독교세계관으로 재구성한 교과서를 사용한다.
수업일수	1학기: 117일 / 2학기: 117일

해외이동수업	나라	시기	기간	참석여부
	필리핀	초등4학년	6개월	전원참석
	중국	초등5학년	3개월	전원참석

특성화 프로그램

영성교육	· 채플 · QT · 성경공부(수업)
인성 및 체험교육	· 성품교육
특기적성교육	· 음악활동 · 미술활동 · 체육활동 · 영어캠프

교육과정 특징

1. 초등1~3학년:
   - 영어: 듣기, 말하기, 읽기중심의 영어프로그램으로 회화가 가능한 수준까지 교육합니다.
   - 수학: 초등 전 과정(국정교과)의 개념정리를 학습합니다.
   - 국어·독서: 독서 및 논술교육을 통해 독서학습의 기초를 세웁니다.
   - 음악: 바이올린, 중창단 활동을 진행합니다.
   - 체육: 수영
2. 초등4학년:
   - 필리핀에 6개월 영어연수를 다녀옵니다.
3. 초등5학년~중1학년:
   - 중국에 3개월 언어연수를 다녀옵니다.
   - 라틴어과정
   - 고전 인문독서과정
   - 중/고등수학과정
   - 사회, 과학, 역사

4. 중등2학년~중등3학년
   - 고입 /대입검정고시
5. 고등1학년~고등3학년
   - 학사고시 및 수능준비

전라 4 - 올네이션국제학교

미인가	기숙+통학	도시형

주소	새주소: 전북 전주시 완산구 세내로 253 (현주소: 전북 전주시 완산구 효자동 2가 1159-7)		
전화번호	063-223-8485	홈페이지	http://ancs.co.kr
학제	초등1학년~고등3학년	개교년도	2008년 3월 개교
교사수(정교사수)	17명(9명)	학생수	-
설립/운영주체	설립: 특정개인 운영: 교사 학부모 공동	소속단체	-
학교공간	건물임대	주요시설	운동장, 교실, 과학실, 양호실, 미술실, 음악실, 교무실, 도서관, 컴퓨터실, 식당, 기숙사

전형방법	면접(학생), 면접(학부모), 논술(자기소개서포함)			
주요학생 선발조건	부모님이 기독교인 학생이 기독교인 정기적 학부모교육 참여 입학 후 사교육 제한 수업시 기본적인 영어소통가능자 설립 및 운영 교회 교인 자녀 우선 선발			
학생구성	※ 기독교가정의 학생 100%, 해외경험 85%			
학교 교육목적	소명으로 불타는 인물, 창의적 실력이 갖추어진 인물, 함께 갈 동역자가 있는 인물, 영과 마음과 몸을 건강하게 만드는 인물, 하나님이 주신 가정과 사회에 공헌하는 인물로 키운다			
교과서 사용	국정교육과정에 따른 교과서를 사용한다. 외국교과서를 (그대로 혹은 번역하여) 사용한다.			
수업일수	1학기: 105일 / 2학기: 101일			
해외이동수업	나라	시기	기간	참석여부
	필리핀	매 학년말	1주일	전원참석
특성화 프로그램				
영성교육	· 채플 · QT · 성경공부(수업) · 단기선교			
교육과정 특징				

ANCS의 모든 교육과정은 소명, 실력, 동역자, 건강, 사회적 공헌을 하기 위한 인물을 만드는 데 초점을 맞추어 가장 효과적이고 검증된 방법은 채택하여 학생들에게 제공하여 훈련합니다.

이에 목사부일체를 지향합니다.

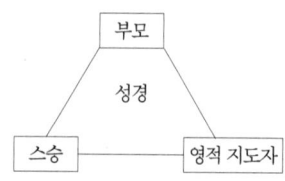

전라 5 - 월광드림스쿨

미인가	통학	도시형

주소	새주소: 광주광역시 서구 염화로 23-20 (현주소: 광주광역시 서구 화정 4동 425-6번지)		
전화번호	062-714-3000	홈페이지	http://wk22.or.kr/chnet2/school_mini/home.htm?codeid=wks
학제	초등1학년~고등3학년	개교년도	2009년 3월 개교
교사수(정교사수)	21명(10명)	학생수	98명
설립/운영주체	월광교회(예장통합)	소속단체	기독교학교교육연구소 기독교대안학교연맹
학교공간	독립건물	주요시설	운동장, 교실, 과학실, 양호실, 미술실, 음악실, 교무실, 도서관, 컴퓨터실, 식당, 체육관

전형방법	면접(학생), 면접(학부모)
주요학생 선발조건	부모님이 기독교인 학생이 기독교인 정기적 학부모교육 참여 입학 후 사교육 제한 설립 및 운영 교회 교인 자녀 우선 선발
학생구성	※ 기독교가정의 학생 100%

학교 교육목적	영적 성장: 거룩한 신앙(마 22:36-38) 지적 성장: 하나님을 알아감(잠 9:10) 신체적 성장: 건강한 삶(딤전 4:8) 사회적 성장: 겸손한 섬김(마 22:39)
교과서 사용	기독교세계관으로 재구성한 교과서를 사용한다.
수업일수	1학기: 102일 / 2학기: 88일

해외이동수업	나라	시기	기간	참석여부
	(예정)영어권	초등6학년	10개월	전원참석

특성화 프로그램	
영성교육	· 채플 · QT · 성경공부(수업) · 단기선교 · 절기교육
인성 및 체험교육	· 국토순례 · 봉사활동 · 견학 및 탐방
평화 및 생태교육	· 통일교육
특기적성교육	· 공연예술 · 음악활동 · 미술활동 · 체육활동 · 독서 · 영어캠프 · 컴퓨터교육 · 4D프레임

교육과정 특징

교육의 본질은 하나님이 원하시는 사람으로 변화하는 것입니다. 이 세상의 주인은 하나님이시고(우리가 날마다 고백) 하나님이 원하는 대로 살아가길 소망하고 있습니다. 그런데도 우리는 학교에서 배우는 것과 교회에서 배우는 것을 구별하고 있습니다. 학교에서 배우는 모든 내용도 결국 하나님의 세상에 대한 이야기이며, 그 내용은 하나님의 말씀의 관점으로 배워야만 합니다. 배우는 원리, 배움의 방법 또한 성경적인 관점에서 이루어질 때 가장 탁월한 교육이 될 수 있습니다. 월광드림스쿨은 성경을 바탕으로한 기독교교육을 실현하고 있으며, 탁월한 교육을 이루어 가고 있습니다.

1. 영성 교육

본교의 가장 기본바탕이 되는 분야입니다. 모든 과목을 성경적 세계관에 입각한 교육을 하며, 성경과목을 정규 커리큘럼에 포함하고 있고, 매일 아침 큐티를 실시하고, 매주 정규 채플, 영어 말씀 암송, 영어 찬양 등으로 영적 분위기에 둘러싸여 자연스럽게 하나님을 깊이 알아 가게 하는 교육시스템을 운영합니다.

2. 영어교육

영어교육은 주당 6시간이며, 필요시 보충수업을 하며, 매월 1회 English Day를 실시하여 다양한 프로그램을 영어로 진행하고 하루 동안 영어를 사용할 수 있도록 하고, 수업은 이머전 수업으로 진행합니다. 또한 English Master Course는 매학기 말에 실시하며, 원어민 선생님들과 함께 학기 동안 배웠던 영어를 실습하고, 영어 집중 시간을 이용하여 실력을 향상시키는 계기를 마련합니다. 무엇보다도 학생들이 왜 영어를 배우는가에 대한 정확한 이유를 알고, 즐겁고 기쁘게 배우고 있습니다.

3. 현장 체험 학습

본교는 학년에 따라 다양한 체험학습을 실시합니다. 현장학습은 각 교과와 연계하여 현장에서 직접 체험하는 단원을 선정하여, 동물원, 박물관, 도서관, 공항 등을 직접 방문하여 체험을 통한 학습이 될 수 있도록 합니다. 또한 학기 별로 월광드림 한마당, 가족 등반, 가족 캠프 등을 학년 별 프로그램으로 운영됩니다.

4. 태도교육/자기 주도형 학습 훈련

학습의 효과는 결국 올바른 태도에 달려 있습니다. 학생들은 모두 타고난 재능을 가지고 있습니다. 그런데 태도에 의해 잘 개발되기도 하고, 개발되지 않기도 합니다. 하나님과 사람 앞에 어떤 자세로 서야 하는지에 대해 중점을 두고 교육합니다.

본교는 모든 학생들이 자기 주도형 학습 습관을 갖도록 프로그램을 운영합니다. 크리스천 품성 훈련, 학습다이어리 사용훈련, 독서훈련, 효과적인 학습 방법 훈련 등입니다. 이 프로그램은 전 교사와 학부모가 함께 동참하는 것이 성공의 전제조건이 됩니다.

전라 6 - 토기장이학교

미인가		통학		도시형	
주소	새주소: 전북 전주시 완산구 중화산동 매너머 3길 30-19 (현주소: 전북 전주시 완산구 중화산동 734-6)				
전화번호	063-237-4625		홈페이지	www.potterschool.or.kr	
학제	(유치)초등1학년~고등3학년		개교년도	2008년 3월 개교	
교사수(정교사수)	14명(6명)		학생수	13명	
설립/운영주체	하늘소망교회(예장통합)		소속단체	-	
학교공간	교회건물사용		주요시설	교실, 교무실, 컴퓨터실, 자연체험장	

전형방법	면접(학생), 면접(학부모), 논술(자기소개서 포함)
주요학생 선발조건	부모님이 기독교인 정기적 학부모교육 참여 입학 후 사교육 제한 설립 및 운영 교회 교인 자녀 우선 선발
학생구성	※ 기독교가정의 학생 92.3% 장애학생 7.6% 공교육 부적응학생 15.2%

학교 교육목적	성경적 세계관을 기초로 하여 기독교 가정의 자녀들을 '섬기는 제자'로 만들어 하나님과 이웃을 사랑하고, 학문과 문화를 회복하며, 하나님께서 주관하시는 역사와 사회를 재창조하기 위해 존재한다.
교과서 사용	기독교세계관으로 재구성한 교과서를 사용한다.
수업일수	1학기: 90일 / 2학기: 82일

해외이동수업	나라	시기	기간	참석여부
	필리핀	고등1학년	1년	부분참석

특성화 프로그램	
영성교육	· 채플 · QT · 성경공부(수업) · 절기교육
인성 및 체험교육	· 성품교육 · 멘토링 · 국토순례 · 봉사활동 · 견학 및 탐방 · 공동체훈련 · 산악종주 및 여행
평화 및 생태교육	· 노작 · 목공실습 · 자연체험 활동 · 도서관활동
특기적성교육	· 사진 및 영상 · 음악활동 · 미술활동 · 체육활동 · 독서 · 컴퓨터교육 · 악기배우기
기타교육	· 프로젝트 수업을 통한 통합수업 · 디에베트 · 다중지능 접근 활용

교육과정 특징

토기장이학교는 하나님의 형상대로 창조된 아이들을 위한 교육을 하는 교육공동체를 지향하고, 아이들이 배움을 즐거워하고 성숙한 하나님의 일꾼으로 자라도록 돕는 것을 목표로 하고 있습니다. 교육과정은 '교육은 관계의 과학이다'라는 명제 아래 하나님과의 관계, 인간과의 관계, 창조세계와 관계를 온전히 회복하고 올바른 관계를 맺도록 하는 것을 목표로 하고 있습니다. 일반적인 교과학습뿐만 아니라 다양한 교육활동(신앙교육, 성품교육, 자연체험, 노작교육, 공동체훈련, 체험활동, 극기활동, 봉사활동, 여행, 체험활동 등)을 균형있고 체계적으로 구성하여 전인적으로 성장을 할 수 있는 배움을 해가고 있습니다. 그래서 중요하게 생각하는 것은 단편적인 지식을 제공하는 교과서나 자료를 획일적이고 주입식으로 가르치거나 입시위주의 교육을 하는 것이 아니라 살아 있는 책, 곧 바른 사상과 이야기를 담고 있는 자료와 다양한 경험을 아이들에게 제공하고 아이들이 배움을 즐거워하여 스스로 학습을 하고 지식을 재구성하는 성숙한 학습자로 키워가도록 노력하고 있습니다. 또한 아이들이 배움을 즐거워하도록 다양한 교육방법(프로젝트 접근법, 발도로프 교육방법, 다중지능 접근법 등)을 도구로 아이들이 자신의 생각과 능력을 발휘하여 학습하고 개발하도록 도와주려고 합니다.

전라 7 - 굼나제사랑학교

미인가		기숙	전원형
주소	새주소: 전북 임실군 신평면 석등슬치로 402 (현주소: 전북 임실군 신평면 원천리 150)		
전화번호	063- 642-1006	홈페이지	www.goomnaje.com
학제	중등1학년~고등3학년	개교년도	2004년 3월 개교
교사수(정교사수)	6명	학생수	30명
설립/운영주체	굼나제학교교회(예장합동)	소속단체	-
학교공간	독립건물	주요시설	운동장, 교실, 교무실, 과학실, 미술실, 음악실, 컴퓨터실, 도서관, 강당, 체육관, 식당, 양호실, 기숙사

전형방법	면접(학생), 면접(학부모)			
주요학생 선발조건	-			
학생구성	※ 기독교가정의 학생 93%, 장애학생 16%, 해외경험 1%, 공교육 부적응학생 100%			

학교 교육목적	온전한 사람 곧 섬김의 사람이 되게 하는 것			
교과서 사용	국정교육과정에 따른 교과서를 사용한다. 학교 자체 내에서 개발한 교과서를 사용한다.			
수업일수	1학기: 100일 / 2학기: 80일			
해외이동수업	나라	시기	기간	참석여부
	정기적으로 바뀐다	2~3년에 한 번	10~15	전원참석

특성화 프로그램	
영성교육	· 채플 · QT · 성경공부(수업) · 하나님 나라 · 하나님과 나 그리고 세상
인성 및 체험교육	· 봉사활동 · 견학 및 탐방
특기적성교육	· 사진 및 영상 · 음악활동 · 체육활동 · 영어캠프 · 달란트교육 · 만화에니메이션
기타교육	· 영어회화 · 한자 · 오케스트라

교육과정 특징

굼나제사랑학교는 온전한 사람으로 교육하여 하나님께 영광을 돌리는 하나님 교육을 하고자 2003년에 설립된 중, 고 통합 기독교대안학교입니다.

굼나제사랑학교는 세계최초 '사랑하기 과목', '체계적인 달란트 교육', '세계를 경영하는 사람교육'이 있습니다.

전라 8 - 시냇가에심은나무학교

미인가	기숙	전원형

주소	새주소: 전북 진안군 마령면 덕천로 72-8 (현주소: 전북 진안군 마령면 덕천리 1663)		
전화번호	070-8257-0534	홈페이지	www.esisim.kr
학제	중등1학년~고등3학년	개교년도	2009년 2월 개교
교사수(정교사수)	18명(17명)	학생수	37명
설립/운영주체	설립: 예수전도단과 생명나무학교 운영: 특정 개인	소속단체	-
학교공간	독립건물	주요시설	운동장, 교실, 과학실, 미술실, 음악실, 교무실, 도서관, 식당

전형방법	면접(학생), 면접(학부모), 집단 토론 등 체험관찰, 논술
주요학생 선발조건	부모님이 기독교인 학생이 기독교인 정기적 학부모교육 참여
학생구성	※ 기독교가정의 학생 100%

학교 교육목적	시냇가에심은나무학교는 하나님의 꿈, 즉 열방이 주께 돌아오는 것을 꿈꿉니다. 복음의 진리를 알지 못하며, 삶의 의미를 잃어버린 많은 영혼들에게 하나님의 사랑을 나누는 자를 양육하는 것을 목적으로 합니다. 우리는 이런 사람을 nation changer라고 부릅니다. 요한계시록 7장의 말씀과 같이 구원하심이 보좌에 앉으신 이와 어린양께 있음을 모든 민족이 고백하도록 하는 데 본교와 학생들이 쓰임 받게 될 것입니다.
교과서 사용	국정교육과정에 따른 교과서를 사용한다. 외국교과서를 (그대로 혹은 번역하여) 사용한다. 학교 자체 내에서 개발한 교과서를 사용한다. 기독교세계관으로 재구성한 교과서를 사용한다. 교과 별로 다르다(국어, 영어, 수학, 과학, 사회).
수업일수	1학기: 95일 / 2학기: 92일

해외이동수업	나라	시기	기간	참석여부
	인도네시아		1년	

특성화 프로그램

영성교육	· 채플 · QT · 성경공부(수업) · 단기선교
인성 및 체험교육	· 성품교육 · 멘토링 · 국토순례 · 봉사활동 · 견학 및 탐방
평화 및 생태교육	· 목공실습 · 가정실습
특기적성교육	· 사진 및 영상 · 음악활동 · 미술활동 · 체육활동 · 독서

교육과정 특징

시냇가에심은나무학교는 대안적 교육 형식의 미션스쿨입니다. 말씀과 예배를 통해 하나님을 알고 하나님을 알리는 삶을 기반으로 거룩함과 사랑을 배웁니다. 이런 배움의 목적은 예수 그리스도의 십자가 복음을 들고 열방에서 나누는 삶을 위해서입니다. 또한 선교사 자녀들을 위한 한국인 학교로서 국내외 선교지 현장과 다문화를 경험하고 동시에 한국적 교육과정과 정체성을 다지려고 합니다.

교육시스템
1. 개인 별 학사상담교사 - 맞춤식 학습지도 및 생활상담
2. 자기 주도적 학습 원리 - 시간 및 목표의 계획관리
3. 개별화 유연한 교육과정 - 무학년 학생 시스템
4. 탐구식, 토론식 수업진행
5. 준비하는 맞춤식 진로지도

전라 9 - 예뜨랑아카데미

미인가	기숙	도시형
주소	새주소: 전남 무안군 삼향읍 왕산로 411-48 (현주소: 전남 무안군 삼향읍 왕산리 금동 151)	

전화번호	061-281-4052	홈페이지	www.yetrang.org
학제	중등1학년~고등3학년	개교년도	2004년 12월 개교
교사수(정교사수)	9명(5명)	학생수	34명
설립/운영주체	법인	소속단체	
학교공간	독립건물	주요시설	운동장, 교실, 과학실, 미술실, 도서관, 식당, 양호실

전형방법	면접(학생), 면접(학부모), 전학교 내신, 봉사활동 등 관련경력, 집단토론 등 체험관찰, 논술(자기소개서 포함), 자체지필시험, 기타(선발평가)
주요학생 선발조건	부모님이 기독교인 학생이 기독교인 정기적 학부모교육 참여 입학 후 사교육 제한
학생구성	※ 기독교가정의 학생 100%, 해외경험 12%, 공교육 부적응학생 5%
학교 교육목적	자연 속 배움의 공동체 안에서 진리, 자유, 사랑의 기독교 정신을 바탕으로 한 교육을 통해 지성과 영성을 겸비하고 섬김과 나눔을 실천하는 그리스도인으로의 성장을 돕는다.
교과서 사용	교과 별로 다르다(중등: 국어-국정, 영어-외국, 수학-국정.외국, 과학-국정.외국, 국사-국정 사회-외국, 제2외국어-외국/고등: 국어-국정, 영어-외국, 수학-국정.외국, 과학-국정.외국, 국사-국정 사회-외국, 제2외국어-외국).
수업일수	1학기: 110일 / 2학기: 110일

해외이동수업	나라	시기	기간	참석여부
	필리핀	2년 간격	2주	전원참석
	인도	2년 간격	2주	전원참석
	인도네시아	2년 간격	2주	전원참석

특성화 프로그램	
영성교육	· 채플 · QT · 성경공부(수업) · 단기선교 · 절기교육
인성 및 체험교육	· 성품교육 · 멘토링 · 국토순례 · 봉사활동 · 견학 및 탐방
평화 및 생태교육	· 평화교육 · 통일교육 · 노작 · 목공실습 · 다문화교육 · 가정실습 · 환경교육
특기적성교육	· 공연예술 · 사진 및 영상 · 음악활동 · 미술활동 · 체육활동 · 독서 · 영어캠프 · 컴퓨터교육

교육과정 특징

서해안 다도해의 빼어난 정경이 펼쳐 보이는 산중턱에 자리한 예뜨랑아카데미는 가족과 같은 자기 주도적 배움터입니다. 가족 같은 배움의 공동체를 지향하는 예뜨랑아카데미는 홈스쿨링 체제를 기본으로 '스스로 학습'을 원칙으로 하며, 타율적이고 수동적인 학습 방법에서 과감히 탈피, 수업수준, 학습 진도는 물론 과목까지 학생 자신이 주도적으로 설계하도록 지도하고 있습니다. 21세기가 추구하는 다재다능한 인재 양성을 위해 서예, 택견, 수영을 비롯한 다양한 예체능활동, 학생들이 서로 배우고 가르치는 악기 시간 및 자율적인 동아리 구성과 활동을 적극 지원하고 있습니다.

예뜨랑아카데미는 또한 바른 우리말 교육, 민족 정체성, 신앙 정체성 교육과 더불어 학원이나 과외 없이 학교 울타리 안에서 실질적으로 필요한 영어를 습득할 수 있도록 최적의 영어교육 환경을 제공하고 있습니다. 교과목의 80%이상을 영어로 진행하며, 교실 밖에서도 영어 사용을 생활화하고 있습니다. 또한 2년 간격으로 나가는 해외 전지훈련을 통해서 학교에서 배운 영어를 국제무대에서 실제 시험해 보는 기회를 갖습니다.

또한 평소 동아리/수업을 통해 준비한 다채로운 볼거리와 사물놀이, 택견, 태권도, 부채춤 등 한국의 전통적인 문화/예술을 공연하고 전도봉사활동을 병행하여 크리스천으로서의 올바른 가치관과 인격 형성에 기여하고 있습니다.

이곳을 졸업한 학생 대부분은 미국 우수 대학에 입학해 지금도 자신들의 꿈을 개척해 가고 있습니다.

예뜨랑아카데미에서는 서로에게 신중한 선택을 위해 4주간의 예비 수업 후 학생, 학부모, 교사들의 협의를 거쳐 입학 여부가 결정되고 있습니다.

전라 10 - 이랑학교

미인가		기숙	전원형
주소	새주소: 전북 진안군 부귀면 잠동길 82 (현주소: 전북 진안군 부귀면 세동리 43)		
전화번호	070-7724-9734	**홈페이지**	www.irangschool.net
학제	중등1학년~고등3학년	**개교년도**	2009년 3월 개교
교사수(정교사수)	13명(11명)	**학생수**	54명
설립/운영주체	교회(공동체 이랑둥지)	**소속단체**	기독교대안학교연맹
학교공간	독립건물	**주요시설**	운동장, 교실, 교무실, 음악실, 컴퓨터실, 도서관, 식당, 예배실(강당), 기숙사
전형방법	전학교 내신 30%, 면접(학생) 30%, 면접(학부모) 참고, 논술(자기소개서 포함) 30%, 기타(출석 10%)		
주요학생 선발조건	부모님이 기독교인 학생이 기독교인 정기적 학부모교육 참여		
학생구성	※ 기독교가정의 학생 100%, 장애학생 3.7%, 다문화가정 학생 3.7%		
학교 교육목적	이랑학교는 학생들이 기독교 세계관을 확립하고 그리스도인으로서 선교적 마인드를 갖고 자라날 수 있도록 성경에 기초한 학문을 두루 가르치며, 공동체 생활을 통하여 그리스도의 인격을 배우고 희생과 봉사, 섬김의 자세를 배운다.		
교과서 사용	교과 별로 다르다(중등: 성경-기독교세계관, 국어-국정, 영어-국정, 수학-국정, 과학-기독교세계관, 사회-자체 제작, 일어와 불어- 국정/ 고등: 성경-기독교세계관, 국어-국정, 영어-국정, 수학-국정, 과학-기독교세계관, 사회-자체 제작, 일어과 불어: 국정).		
수업일수	1학기: 125일 / 2학기: 92일		

해외이동수업	나라	시기	기간	참석여부
	미국	고등2학년, 중등2학년	(창조탐사교육)10일	전원참석

특성화 프로그램

영성교육	· 채플 · QT · 성경공부(수업) · 단기선교
인성 및 체험교육	· 성품교육 · 견학 및 탐방
평화 및 생태교육	· 노작 · 가정실습 · 환경교육
특기적성교육	· 사진 및 영상 · 음악활동 · 체육활동 · 독서 · 컴퓨터교육
기타교육	· 창조교육(미국 창조 과학회 초청 탐사 교육)

교육과정 특징

1. 학생들이 성경적 세계관을 갖도록 기독교적 교육을 지향한다.
   이랑학교의 모든 교육적 활동은 성경에 기초하고 있다. 학생들은 성경적 세계관이 반영된 수업을 배우며, 활동을 한다. 모든 교사들도 성경적 세계관으로 무장되어 있으며, 더욱 훈련한다. 이랑학교는 모든 학생들이 성경적 세계관을 갖도록 격려하며, 매일 아침 성경 읽기, 예배 시간을 갖는다. 동시에 창조, 구속, 선교의 성경 연구에 관련된 과목을 개설하고 창조탐사 교육과 선교 체험을 실행한다.

2. 선교적 마인드를 가지도록 교육한다.
   어떤 가치관을 가지고 있느냐에 따라 세상을 보는 관점이 달라질 수 있다. 세계관은 교육에 의해 학습된다. 이랑학교는 학생들이 선교에 대한 마인드를 가질 수 있도록 교과와 특강, 교사들을 통해 선교적 세계관을 가질 수 있도록 한다.

3. 외국어교육을 지향한다.
   선교를 함에 있어 가장 기본적으로 갖추어야 할 것은 언어이다. 이랑학교는 영어와 제2외국어를 사용할 수 있도록 언어 교육에 중점을 둔다. 외국어는 기본 교육 과정 이외에 특별 교육으로 편성하여 실제로 유용하게 쓸 수 있도록 교육하며, 필요한 경우 외국 학교와 연결, 언어 연수도 추진한다.

4. 체험학습을 지향한다.

모든 학문은 그 뿌리를 인간의 실제 경험에 두고 있다. 수학과 같은 추상적인 학문조차 그 내용은 매우 현실적인 바탕을 가지고 있다. 학생들이 학교에서 배우는 모든 내용은 체험되고 실제화되어야 한다. 그것이 구체적인 경험을 통하여 나타나든 아니면 다른 방법으로 나타나든 반드시 드러나야 한다. 이러한 생각을 바탕으로 이랑학교는 체험학습을 강조한다. 특히 실제적 봉사활동, 선교여행, 테마 수업 등을 통해 주로 이성적으로 사고하는 학문적 특성을 보완하고 인간에 대한 이해를 높인다.

5. 연계교육을 지향한다.

학교는 그 특성상 연계성과 계열성을 갖는다. 그러므로 단계적으로 연결하여 교육하는 것은 중요하다. 초등학교를 졸업하고 중학교에 입학하면서부터 학생들은 청소년기를 맞이하게 되고 자아형성이 시작되는 시기인 만큼 중학교부터 대학교까지의 연계교육은 많은 교육적 효과를 기대할 수 있다. 이랑학교는 선교를 중점으로 하는 학교이므로 중학교와 고등학교를 통합 운영하여 학생들이 올바른 기독교적 세계관과 선교적 마인드를 형성할 수 있도록 하고 대학 이상의 교육기관에서 학업을 계속하기를 원하는 학생들을 돕고 자신이 가지고 있는 재능을 개발하도록 하는 동시에 선교사로 헌신할 수 있도록 돕는 연계적 시스템을 갖는다.

전라 11 - 진솔대안학교

미인가		기숙		전원형
주소		새주소: 전북 진안군 주천면 동상주천로 1344 (현주소: 전북 진안군 주천면 대불리 개화마을 1065)		
전화번호	063-432-6890		홈페이지	user.chollian.net/~jeansol/
학제	중등1학년~고등3학년		개교년도	2002년 3월 개교
교사수(정교사수)	7명		학생수	70명
설립/운영주체	법인		소속단체	-
학교공간	독립건물		주요시설	운동장, 교실, 교무실, 음악실, 컴퓨터 실, 도서관, 식당, 예배실(강당), 기숙사
전형방법	면접(학생), 면접(학부모), 전학교 내신, 관련수상 실적, 봉사활동 등 관련 경력, 집단 토론 등 체험관찰, 논술(자기소개서 포함), 예비학교			
주요학생 선발조건	정기적 학부모교육 참여			
학생구성	-			
학교 교육목적	목회자나 선교적인 사명에 입각, 이를 감당할 영적지도자의 양성에 교육의 모든 역량을 집중하며 이것들을 기쁨으로 감당하는 학생			
교과서 사용	국정교육과정에 따른 교과서를 사용한다. 학교 자체 내에서 개발한 교과서를 사용한다.			
수업일수	1학기: 102일 / 2학기: 99일			
특성화 프로그램				
영성교육	· 채플 · QT · 성경공부(수업) · 절기교육			
인성 및 체험교육	· 성품교육 · 멘토링 · 국토순례 · 봉사활동 · 견학 및 탐방			
평화 및 생태교육	· 노작 · 목공실습 · 자연체험 활동 · 도서관활동			
특기적성교육	· 사진 및 영상 · 음악활동 · 미술활동 · 체육활동 · 독서 · 컴퓨터교육 · 악기배우기			

전라 12 - 동명고등학교

특성화		기숙+통학		도시형+전원형
주소		새주소: 광주광역시 광산구 사이동길 16 (현주소: 광주광역시 광산구 서봉동 518)		
전화번호	062-943-2855~7	홈페이지		kdm.hs.kr
학제	고등1학년~고등3학년	개교년도		1999년 3월 개교
교사수(정교사수)	27명(19명)	학생수		180명
설립/운영주체	학교법인(동명학원)	소속단체		기독교대안학교연맹
학교공간	독립건물	주요시설		운동장, 교실, 과학실, 양호실, 미술실, 음악실, 교무실, 도서관, 컴퓨터실, 식당, 기숙사

전형방법	면접(학생), 면접(학부모), 전학교 내신, 관련수상 실적, 봉사활동 등 관련 경력, 집단 토론 등 체험관찰, 논술(자기소개서 포함)
주요학생 선발조건	정기적 학부모교육 참여
학생구성	-

학교 교육목적	1. 이웃 사랑 2. 진리 사랑 3. 나 사랑 4. 하나님 사랑
교과서 사용	국정교육과정에 따른 교과서를 사용한다.
수업일수	1학기: 105일 / 2학기: 103일

해외이동수업	나라	시기	기간	참석여부
	몽골, 중국, 일본 등	1학년 1학기		전원참석

특성화 프로그램	
영성교육	· 채플 · QT · 성경공부(수업) · 질기교육
인성 및 체험교육	· 성품교육 · 멘토링 · 봉사활동 · 견학 및 탐방
평화 및 생태교육	· 목공실습 · 가정실습 · 환경교육
특기적성교육	· 음악활동 · 미술활동 · 체육활동 · 독서 · 영어캠프

교육과정 특징

1. 설립이념
  1) 기독교 정신으로 인성교육
  2) 자연친화적 교육으로 자아실현
2. 교훈
  믿음(FAITH) : 믿음으로 모든 세계가 하나님의 말씀으로 지어진 줄을 우리가 아나니... (히 11:3)
3. 학교 교육 목표
  1) 이웃 사랑(Family) : 가족과 이웃의 소중함을 알고 사랑하는 사람
    (마 19:19) 네 부모를 공경하라 네 이웃을 네 자신과 같이 사랑하라 하신 것이니라
  2) 나 사랑(I) : 참된 나를 찾고 인성과 지성을 갖춘 조화로운 사람
    (막 8:36) 사람이 만일 온 천하를 얻고도 자기 목숨을 잃으면 무엇이 유익하리요
  3) 진리 사랑(Truth) : 올바른 지식을 배우고 실천하는 지혜로운 사람
    (요 8:32) 진리를 알지니 진리가 너희를 자유롭게 하리라
  4) 하나님 사랑(Heaven) : 창조의 사명을 깨닫고 하나님을 섬기는 사람
    (신 6:5) 너는 마음을 다하고 뜻을 다하고 힘을 다하여 네 하나님 여호와를 사랑하라

전라 13 - 세인고등학교

특성화		기숙		전원형
주소		새주소: 전북 완주군 화산로 1486번지 (현주소:) 전북 완주군 화산면 운산리 110-1		
전화번호	063-261-0077	홈페이지		www.seine.hs.kr
학제	고등1학년~고등3학년	개교년도		1999년 3월 개교
교사수(정교사수)	22명(21명)	학생수		179명
설립/운영주체	설립: 법인이 아닌 단체 (주사랑 목양회) 운영: DiA 학원	소속단체		대안교육연대 한국기독교학교연맹
학교공간	독립건물	주요시설		운동장, 교실, 과학실, 양호실, 미술실, 음악실, 교무실, 도서관, 컴퓨터실, 식당, 어학실, 면학실, 강당, 화장실, 기숙사

전형방법	면접(학생), 면접(학부모), 전학교 내신, 봉사활동 등 관련 경력, 비전 디자인, 교사추천서
주요학생 선발조건	-
학생구성	※ 기독교가정의 학생 90%, 해외경험 4%

학교 교육목적	5차원 전면 교육인 지력, 심력, 체력, 자기 관리 능력, 인간관계 능력의 5가지 기본 능력을 전반적으로 교육하여, 학생들의 타고난 소질과 재능(달란트)을 최대한 신장시켜 21세기를 주도할 다이아몬드 칼라의 세계인을 기른다.
교과서 사용	국정교육과정에 따른 교과서를 사용한다. 학교 자체 내에서 개발한 교과서를 사용한다(고1: 국정, 자체 제작, 고2: 국정, 고3: 국정).
수업일수	1학기: 119일 / 2학기: 88일

특성화 프로그램	
영성교육	· 채플 · QT 종교(수업) · 절기교육 · 아침, 저녁 기도회 · 부활절 체육대회 · 추수감사축제
인성 및 체험교육	· 성품교육 · 봉사활동 · 심력훈련 · 1학년 해외탐방 · 지리산 등반 · 테마여행
평화 및 생태교육	· 평화교육 · 통일교육 · 환경교육
특기적성교육	· 공연예술 · 사진 및 영상 · 음악활동 · 미술활동 · 체육활동 · 독서 · 컴퓨터교육
기타교육	· 5차원 학습에 따른 특성화 수업(자기관리, 인간관계) · 태권도 초단 따기 · 지리산 등반 · 속해 · 독서법 1인 1악기 연주

교육과정 특징

1. 건학이념

기독교 정신으로 미래의 생활을 준비하는 성실한 세계인을 기른다.
- 진리: 진리 안에서 깨어 항상 참된 생활을 하는 사람
- 사랑: 이웃을 아끼고 사랑하며, 헌신 봉사하는 사람
- 순종: 순종으로 자신의 재능을 최대한 발휘하는 사람

2. 교육의 기본 방향

대한민국의 국민으로서 진리 사랑 순종으로 국민의 권리와 의무를 다하여 국가 발전과 인류 공영에 이바지할 세계인을 기른다.

3. 교육목표

5차원 전면 교육으로 학생들의 타고난 소질과 재능을 최대한 신장시켜 21세기를 주도할 다이아몬드 칼라의 세계인으로 기른다.
1) 지혜 있는 올바른 공부로 자신이 가진 지적 능력을 최대한 발휘할 수 있는 현명한 지력인을 기른다(지력).

2) 삶의 목표를 설정하여 자신의 인생을 설계하고 실천하며, 꿈을 이루는 강인한 심력인을 기른다(심력).

3) 바른 삶의 실천을 위하여 지력과 심력을 실현할 수 있는 몸과 힘을 가진 건강한 체력인을 기른다(체력).

4) 자신의 능력을 발휘하기 위하여 일상 생활을 조직적이고 규모 있게 실천하는 자력인을 기른다(자기관리 능력).

5) 세계를 품을 인간관계와 공동체 의식을 갖고 남을 배려하고 섬길 수 있는 힘을 가진 인간을 기른다(인간 관계 능력).

전라 14 - 한마음기독학교

미인가	기숙	전원형

주소	새주소: 전북 남원시 사매면 용북길 89 (현주소: 전북 남원시 사매면 오신리 387-2)		
전화번호	062-630-9193	홈페이지	www.hcs.or.kr
학제	고등1학년~고등3학년	개교년도	2007년 3월 개교
교사수(정교사수)	9명(7명)	학생수	8명
설립/운영주체	학교법인(춘강학원)	소속단체	기독교학교교육연구소
학교공간	독립건물	주요시설	운동장, 교실, 교무실, 컴퓨터실, 도서관, 식당, 소예배실, 기숙사

전형방법	면접(학생), 면접(학부모), 전학교 내신, 논술(자기소개서포함)
주요학생 선발조건	입학 후 사교육 제한
학생구성	※ 기독교가정의 학생 68%, 해외경험 38%, 공교육 부적응학생 18%
학교 교육목적	사람이 세상에 태어날 때 하나님께서는 각자에게 해야 할 일과 능력을 주신다는 것을 믿습니다. 믿음을 가지고 각 학생들을 주님의 마음을 품은 글로벌 시대의 리더로 양육하기 위해서 한마음기독학교의 모든 구성원 한마음으로 최선을 다해 기쁨으로 노력하겠습니다.
교과서 사용	국정교육과정에 따른 교과서를 사용한다.
수업일수	1학기: 110일 / 2학기: 106일

해외이동수업	나라	시기	기간	참석여부
	미국	1학년 2학기	1학기(6개월내외)	부분참석
	뉴질랜드	1학년 2학기	1학기(6개월내외)	부분참석

특성화 프로그램	
영성교육	· 채플 · QT · 성경공부(수업) · 절기교육
인성 및 체험교육	· 멘토링 · 국토순례 · 봉사활동 · 견학 및 탐방
평화 및 생태교육	· 환경교육
특기적성교육	· 음악활동 · 체육활동 · 독서 · 컴퓨터교육

교육과정 특징

본교는 헌신과 사랑의 기독교적 정신을 바탕으로 QT, 수요예배, 수련회, 기도회 등의 다양한 활동을 통해 학교 부적응학생 및 다양한 학생들의 건전한 영성과 인성 형성을 위해 노력하고 있습니다. 더불어 학업 능력을 향상을 위해 선생님들과 함께 생활하며, 언제나 필요하면 학생들이 학습할 수 있도록 시스템을 형성하였습니다. 이를 바탕으로 영성, 인성과 지성을 모두 갖춘 인재를 육성하고 있습니다.

세계의 벽이 허물어진 사회에 살고 있는 현대인들에게 문화에 대한 다양한 이해와 상대적 관점은 필수적 요소입니다. 언어적 체험과 더불어 세계의 다양한 문화적 체험을 통해 우리문화와 외국의 문화 간의 차이를 이해하고 국제화시대에 걸맞은 안목과 견문 습득하기 위해 본교는 해외문화 체험연수를 실시하고 있습니다.

과도한 개발과 도시화로 인해 학생들이 자연을 직접 보고, 듣고, 느끼지 못함으로 자연의 소중함과 유익함을 인식하지 못하게 되고, 정서는 메말라가고 있으며, 농업의 중요성이 약화됨에 따라 농촌 인구 유출이 많아졌으며, 경제적 어려움이 극심해지고 있습니다. 이로 인해 지역 농촌 사회의 역동성이 사라지고 결속력이 약화되고 있습니다. 따라서 본교에서는 학생들 스스로가 자신의 주위를 둘러싸고 있는 자연, 인간, 사회와 미적 세계에 대하여 직접 보고, 듣고, 느끼고 체험함으로써 이에 대한 깊이 있고 폭 넓은 그리고 살아 있는 지식과 기술을 습득할 수 있게 하며, 실습지와 연계된 체험 위주의 생태 교육을 통해 다른 사람들을 이해하고 따뜻한 마음으로 감사하고 받아들여 줄 수 있는 자질과 성품을 형성할 수 있도록 도와주며, 다른 사람들과 더불어 살아가는 공동체 의식을 함양할 수 있도록 하고 있습니다.

본교는 전국에서 모인 학생들이 기숙사 생활을 통해 서로를 돕고 이해하는 정신을 배우고, 공동체 정신을 키워 이웃사랑의 길을 실천하도록 하고 있습니다. 단체생활의 어려움을 통해 인내와 사회성을 증진시키고, 자신의 생활을 스스로 처리해 가는 자립심을 기르도록 하고 있습니다.

교육내용

1. 하나님의 사명과 비전을 발견하는 신앙교육
2. 함께하는 기쁨의 소중함을 알게 하는 공동체교육
3. 개인의 소질과 적성을 개발하는 교육
4. 세계적 지도자를 양성하는 교육
5. 아름다운 자연을 체험하는 교육

전라 15 - 한빛고등학교

특성화	기숙	전원형

주소	새주소: 전남 담양군 대전면 추성1로 501-21 (현주소: 전남 담양군 대전면 행성리 11)		
전화번호	061-383-8340	홈페이지	www.hanbitschool.net
학제	고등1학년~고등3학년	개교년도	1998년 3월 개교
교사수(정교사수)	21명(20명)	학생수	214명
설립/운영주체	학교법인(거이학원)	소속단체	기독교대안학교연맹
학교공간	독립건물	주요시설	운동장, 교실, 교무실, 과학실, 미술실, 음악실, 컴퓨터실, 도서관, 식당, 양호실

전형방법	면접(학생), 면접(학부모), 전학교 내신, 관련수상실적, 봉사활동 및 관련경력, 논술(자기소개서 포함), 포트폴리오
주요학생 선발조건	입학 후 사교육 제한
학생구성	※ 기독교가정의 학생 53%, 장애학생 0.4%

학교 교육목적	기독교정신을 바탕으로 한 참사람 교육
교과서 사용	국정교육과정에 따른 교과서를 사용한다. 학교 자체 내에서 개발한 교과서를 사용한다.
수업일수	1학기: 106일 / 2학기: 98일

특성화 프로그램	
영성교육	· 채플 · QT · 성경공부(수업) · 단기선교 · 절기교육 신앙강좌 기도회(매일/철야) 일요예배 (학교예배당)
인성 및 체험교육	· 성품교육 · 멘토링 · 국토순례 · 봉사활동 · 견학 및 탐방 · 자연체험학습(1년-지리산종주, 섬진강 도보) · 봉사활동(2년-농촌봉사) · 역사유적답사(2학년) · 동아리기행(3학년)
평화 및 생태교육	· 평화교육 · 통일교육 · 노작 · 목공 실습 · 다문화교육 · 가정실습 · 환경교육
특기적성교육	· 공연예술 · 사진 및 영상 · 음악활동 · 미술활동 · 체육활동 · 독서 · 영어캠프 · 컴퓨터교육

교육과정 특징

1. 교육과정

보통과목(공통과목 52, 선택과목 114) + 특성화교과(필수과목 18, 선택과목 14) + 창의적 체험활동 24 = 222단위

2. 특성화교과

체험 영역 (1, 2, 3 공통)	감성교과 (1학년)		자립교과 (2학년)		특성화교양 (3학년)	
	생활예술		생활기술		생활교양	
섬진강 도보순례 (1학년 1학기) 지리산 종주 (1학년 2학기)	필수	생태입문 자연체험 문예창작	필수	자연체험 생활음악 생활체육 환경영어	필수	자연체험 생활음악 생활체육
농촌봉사활동 (2학년 1학기) 동학혁명유적지답사 (2학년 2학기) 통일기행 (3학년 1학기)	선택	가야금 풍물 무예(수벽치기) 묵화 애니메이션 연극 목공예 수공예	선택	제과제빵 도자기공예 죽물공예 음식만들기 생활의학연구 생태건축 옷만들기 공예(천연비누)	선택	영어문화 환경과학 문화비평 생태학과 문학적 상상력 미술감상 체육활동 실용음악 수학과사고

6. 경상

경상 1 - 글로벌선진학교(문경캠퍼스)

미인가		기숙	전원형
주소	새주소: 경북 문경시 영순면 영순로 366 (현주소: 경북 문경시 영순면 사근리 845-1)		
전화번호	054-559-7120	홈페이지	www.gemgem.org
학제	초등6학년~고등1학년	개교년도	2011년 3월 개교
교사수(정교사수)	40명(40명)	학생수	339명
설립/운영주체	법인 (글로벌교육선교회)	소속단체	기독학교교육연구소 기독교대안학교연맹
학교공간	독립건물	주요시설	운동장, 교실, 교무실, 과학실, 미술실, 음악실, 컴퓨터실, 도서관, 식당, 양호실, 기숙사

전형방법	-
주요학생 선발조건	부모님이 기독교인 학생이 기독교인 정기적 학부모교육 참여 입학 후 사교육 제한
학생구성	※ 기독교가정의 학생 97.9%, 장애학생 0.29%, 다문화가정 학생 0.29%, 해외경험 44.24%

학교 교육목적	100억의 인구를 섬길 크리스천 인재 양성			
교과서 사용	국정교육과정에 따른 교과서를 사용한다. 외국교과서를 (그대로 혹은 번역하여) 사용한다. 교과 별로 다르다(초등: 국어-국정, 사회-국정, 타과목-외국).			
수업일수	연 180일 이상			
해외이동수업	나라	시기	기간	참석여부
	미국	중등2~중등3학년	1년	부분참석

특성화 프로그램	
영성교육	· 채플 · QT · 성경공부(수업) · 단기선교 · 절기교육 · 신앙훈련제자반
인성 및 체험교육	· 성품교육 · 멘토링 · 봉사활동 · 견학 및 탐방 · 스쿨패밀리제도
평화 및 생태교육	· 통일교육 · 노작 · 환경교육
특기적성교육	· 창의적 체험활동의 동아리활동

교육과정 특징

1. 영어 심화교육 E. L. L(English Language Learner)
   국어, 국사를 제외한 전 과목이 영어로 수업이 진행되므로 영어능력이 일정 수준에 갖추어질 수 있도록 영어 읽기(Reading), 쓰기(Writing), 말하기(Speaking), 듣기(Listening)를 집중적으로 훈련하는 프로그램이다.

2. 일반교과
   국민공통기본교육과정을 기본으로 ACSI(국제크리스천학교협회) 규정을 따른 GVCS만의 커리큘럼을 운영하고 있다.

3. 특성화 교과
   캠퍼스 별로 특성화 교과를 마련하여 전문적인 교육과 진로/진학 지도를 하고 있다.

4. 개별지도

   방과후에 학생들이 부족한 과목을 자유롭게 담당과목 선생님을 만나 보충할 수 있는 기회를 제공하고 있다.

5. 방과후 활동

   학생 개인의 재능을 조기 발견/개발하고 그 재능을 많은 사람과 나누는 훈련 프로그램으로 다양한 클럽활동, 예능교육, 스포츠클럽이 있다. GVCS 모든 학생은 1인 1악기와 스포츠에 참여하여야 한다.

경상 2 - 나드림국제미션스쿨

미인가		기숙+통학		도시형
주소	새주소: 부산광역시 부산진구 전포동 동성로 25번길 33호 (현주소: 부산광역시 부산진구 전포동 356-3)			
전화번호	051-806-8291	홈페이지		www.nadrim.org
학제	초등1학년~고등3학년	개교년도		2005년 12월 개교
교사수(정교사수)	30명(8명)	학생수		56명
설립/운영주체	나드림교회(예장고신)	소속단체		기독교대안학교연맹 ACSI
학교공간	교회건물사용	주요시설		교실, 교무실, 음악실, 컴퓨터실, 도서관, 식당, 기숙사

전형방법	면접(학생), 면접(학부모), 전학교내신, 자체 지필시험
주요학생 선발조건	부모님이 기독교인 학생이 기독교인 정기적 학부모교육 참여 입학 후 사교육 제한 수업시 기본적인 영어소통가능자
학생구성	※ 기독교가정의 학생 100%, 해외경험 39%
학교 교육목적	개혁주의 신앙을 바탕으로 21세기 선교비전을 꿈꾸며, 국제적인 선교를 양성한다. 1. 개혁주의 신앙 2. 올바른 인격 3. 생활의 순결
교과서 사용	기독교세계관으로 재구성한 교과서를 사용한다. 교과 별로 다르다.
수업일수	1학기: 113일 / 2학기: 105일

해외이동수업	나라	시기	기간	참석여부
	중국	매학기	3-6개월	부분참석
	영국	매학기	3-6개월	부분참석
	일본	매학기	3-6개월	부분참석
	미국	매학기	3-6개월	부분참석
	필리핀	매학기	3-6개월	부분참석

특성화 프로그램	
영성교육	· 채플 · 성경공부(수업) · 단기선교 · 매일 새벽기도(한글 및 영어성경 각 2장씩) · 매일 저녁기도(한글 및 영어성경 각 2장씩) · 매일 5분 스피치(영어, 한글)
인성 및 체험교육	· 성품교육 · 국토순례 · 견학 및 탐방 · 필그림투어(매년 4박 5일간 100km걷기, 장소: 국내외선교지)
평화 및 생태교육	· 음악활동 · 미술활동 · 체육활동 · 독서 · 영어캠프 · 골프특성화 프로그램 · 평화교육 · 환경교육
특기적성교육	· 음악(합창) · 특성화 프로그램

교육과정 특징

1. 설립이념

웨스터민스터 신앙고백서 및 대·소요리문답을 신조로 삼는 국제적인 전문인 선교사 양성

1) 지성(아는 것)과 감성(믿는 것)과 영성(사는 것)을 하나로 만드는 전인적 교육

2) 21세기 선교 비전을 꿈꾸며, 120명 선교사들을 파송할 인재들에게 기독교 세계관을 심어 주는 교육

3) 지역사회를 살리는 교육

4) 성경적 삶이 효과적인 리더십 과정임을 알고 '21세기의 새로운 리더십'을 길러 주는 학교상 정립

  5) 나드림의 의미
    '나' 주님께 나를 온전히 드리고, 나가진 것을 드리며,
    '드' 이웃들에게 나의 것을 나누어 주고
    '림' 나그네들에게 드림(꿈)을 주는 학교

2. 교육목표
  개혁주의 신앙을 바탕으로 한 21세기 선교비전을 꿈꾸며, 국제적인 전문인 선교사를 양성한다.
  1) 개혁주의 신앙: 신구약성경은 하나님의 말씀이며, 신앙과 생활의 전반에 대하여 정확무오한 유일의 법칙
      임을 믿고 하나님의 영광을 위해 충성할 인재 양성
  2) 올바른 인격: 질서와 예의를 존중하고 섬길 줄 아는 전인적 교육으로, 정직한 사람, 섬김의 자세로 봉사,
      충성, 헌신하는 훈련
  3) 생활의 순결: 세상과 구별된 거룩한 삶을 살아가는 훈련, 세상의 소금과 빛으로서의 사명을 감당하는 훈련

경상 3 - 온누리국제크리스찬학교

미인가		기숙+통학		도시형+전원형	
주소	새주소: 경남 양산시 물금읍 신주로 11 (현주소: 경남 양산시 물금읍 범어리 2674번지)				
전화번호	055-387-2941		홈페이지	http://www.oicschool.com/	
학제	(유치)초등1학년~고등3학년		개교년도	2011년 3월 개교	
교사수(정교사수)	16명(13명)		학생수	50명	
설립/운영주체	온누리선교교회(합동정통)		소속단체	ACSI	
학교공간	독립건물		주요시설	운동장, 교실, 음악실, 교무실, 도서관, 컴퓨터실, 식당	

전형방법	면접(학생), 논술(자기소개서 포함), 자체 지필시험			
주요학생 선발조건	부모님이 기독교인 학생이 기독교인 정기적 학부모교육 참여 설립 및 운영 교회 교인 자녀 우선 선			
학생구성	※ 기독교가정의 학생 100%			

학교 교육목적	1. 사랑으로 하나되는 학교 2. 리더를 세워 가는 학교 3. 섬김으로 봉사하는 학교			
교과서 사용	외국교과서를 (그대로 혹은 번역하여) 사용한다.			
수업일수	1학기: 108일 / 2학기: 108일			
해외이동수업	나라	시기	기간	참석여부
	미국	방학중	1-2개월	전원참석

특성화 프로그램				
영성교육	· 채플 · QT · 성경공부(수업) 성경 암송: 성경을 늘 마음으로 익히고 생활속에서 되뇌일 수 있도록 매주 1~2 영문성경구절을 암송합니다. 암송한 영문성경구절은 매 학기 별로 테스트를 2회 실시하며, Bible 과목에 그 결과가 반영됩니다. 찬송가 암창: 때로는 따뜻한, 때로는 신나는, 때로는 감사힘으로 충만한 찬송가를 생활 속에서 늘 함께할 수 있도록 영문 찬송가를 암창합니다. 암창한 영문찬송은 매학기 별로 테스트를 2회 실시하며, Music 과목에 그 결과가 반영됩니다. 영성 수련회: 신앙심 함양은 물론 교우들과의 우정/단결심/협동심을 강화하기 위한 영성수련회를 실시합니다. 집/학교를 떠나 낯선 곳에서 며칠간 친구들 선생님들과 함께하면서 소중한 사람들에 대한 감사함을 알고, 하나님의 크신 사랑을 알게되는 은혜로운 시간입니다.			
인성 및 체험교육	· 성품교육 · 멘토링 · 국토순례 · 봉사활동 · 견학 및 탐방 야외 수업: 직접 보고 느끼며, 다양한 경험을 할 수 있도록 야외 수업을 진행합니다. 야외 수업은 견학, 체험 학습, 문화 공연 감상, 자연관찰 등으로 진행됩니다.			
평화 및 생태교육	· 평화교육 · 통일교육 · 노작 · 목공실습 · 다문화교육 · 가정실습 · 환경교육			

특기적성교육	· 음악활동 · 미술활동 · 체육활동 · 독서 · 영어캠프 · 컴퓨터교육
	English Speech Contest: 매 학기 1회 실시하는 English Speech Contest를 통해 학생들의 작문력 및 발표력을 향상시킵니다. 초등부/중등부/고등부로 각각 나눠 진행되며, Subject/Contents, Presentation, Pronunciation, Speed, Intonation 등 5개 영역으로 평가됩니다. Grand Prize, Excellence, Greatness, Distinguished 등의 상이 부상과 함께 수여되며, 별도의 Reward Point도 부여됩니다.

경상 4 - 한동글로벌학교

인가		기숙+통학	도시형+전원형
주소	새주소: 경북 포항시 북구 홍해읍 한동로 558 (현주소: 경북 포항시 북구 홍해읍 남송리 3번지)		
전화번호	054-250-1733	홈페이지	his.handong.edu
학제	초등1학년~고등3학년	개교년도	2001년 5월 개교
교사수(정교사수)	38명	학생수	410명
설립/운영주체	설립: 한동대 교수모임 운영: 현동학원	소속단체	-
학교공간	독립건물	주요시설	운동장, 교실, 과학실, 양호실, 미술실, 음악실, 교무실, 도서관, 컴퓨터실, 식당, 학생부실, 예체능실, 행정실, 프로그램실

전형방법	면접(학생), 면접(학부모), 봉사활동 등 관련 경력, 포트폴리오
주요학생 선발조건	부모님이 기독교인 학생이 기독교인 정기적 학부모교육 참여
학생구성	※ 기독교가정의 학생 100%, 해외경험 20%
학교 교육목적	선교사들의 자녀와 기독 청소년들의 교육을 도와 복음전파에 기여하며, 학생들이 진리 안에서 성장하여 민족과 세계를 위해 봉사하고 하나님의 영광을 드러내는 사람들이 되도록 가르치고 양육한다.
교과서 사용	국정교육과정에 따른 교과서를 사용한다. 외국교과서를 (그대로 혹은 번역하여) 사용한다. 교과 별로 다르다(국어, 사회, 역사, 도덕은 국정, 그 외는 외국교과서).
수업일수	1학기: 102일 / 2학기: 98일

특성화 프로그램	
영성교육	· 채플 · QT · 성경공부(수업) · 절기교육
인성 및 체험교육	· 성품교육 · 멘토링 · 봉사활동 · 견학 및 탐방
평화 및 생태교육	· 평화교육 · 다문화교육 · 환경교육
특기적성교육	· 사진 및 영상 · 음악활동 · 미술활동 · 체육활동 · 독서 · 영어캠프 · 컴퓨터교육

교육과정 특징

사명선언

한동글로벌학교는 선교사들의 자녀와 기독 청소년들의 교육을 도와 복음전파에 기여하며, 학생들이 진리 안에서 성장하여 민족과 세계를 위해 봉사하고 하나님의 영광을 드러내는 사람들이 되도록 가르치고 양육한다.

신앙고백

1. 우리는, 성경이 하나님의 영감을 받아 기록된 것으로 무오하며, 인간에 대한 하나님의 완전한 계시로서 모든 믿음과 행실에 있어서 절대적인 권위를 갖는 유일한 것으로 믿는다.

2. 우리는, 하나님이 스스로 존재하시는 분으로서 만물을 지으셨고 주관하시는 유일한 주권자이심을 믿는다.

3. 우리는, 모든 사람이 하나님의 형상대로 창조되었으나 우리의 죄로 말미암아 영원히 죽게 되었음을 믿는다.

4. 우리는, 주 예수 그리스도가 완전한 인간으로 오신 하나님의 본체이심을 믿으며, 우리의 죄를 대속하기 위하여 죽으신 것과 승리하여 부활하신 것과 승천하신 것과 다시 오실 것임을 믿는다.

5. 우리는, 오직 개인적으로 예수 그리스도를 믿음으로써만 하나님의 은혜로 죄의 권세로부터 완전하고 영원한 구원을 받을 수 있음을 믿는다.

경상 5 - 꿈꾸는학교

미인가		기숙+통학	도시형
주소	\multicolumn{3}{l}{새주소: 대구광역시 남구 두류공원로 120 (현주소: 대구광역시 남구 대명동 3046-36)}	
전화번호	053-623-0191	홈페이지	준비중
학제	중등1학년~고등3학년	개교년도	2011년 5월 개교
교사수(정교사수)	10명(10명)	학생수	3명
설립/운영주체	특정개인	소속단체	-
학교공간	건물임대	주요시설	교실, 교무실, 미술실, 음악실, 컴퓨터실, 도서관, 식당, 양호실

전형방법	면접(학생), 면접(학부모)
주요학생 선발조건	정기적 학부모교육 참여 입학 후 사교육 제한
학생구성	※ 기독교가정의 학생 100%
학교 교육목적	하나님의 말씀과 성령으로 충만한 영적 리더를 양성합니다. 영성과 지성, 체력, 실력을 겸비한 인재를 양성합니다. 사랑과 긍휼을 가지고 이웃을 섬기는 리더를 양성합니다.
교과서 사용	국정교육과정에 따른 교과서를 사용한다. 외국교과서를 (그대로 혹은 번역하여) 사용한다. 학교 자체 내에서 개발한 교과서를 사용한다. 기독교세계관으로 재구성한 교과서를 사용한다. 교과 별로 다르다.
수업일수	국가공휴일 및 여름방학 30일, 겨울방학 30일 제외한 나머지

특성화 프로그램

영성교육	· 채플 · QT · 성경공부(수업) · 단기선교
인성 및 체험교육	· 성품교육 · 국토순례 · 봉사활동 · 견학 및 탐방
평화 및 생태교육	· 평화교육 · 통일교육 · 환경교육
특기적성교육	· 공연예술 · 사진 및 영상 · 음악활동 · 미술활동 · 체육활동 · 독서 · 컴퓨터교육

교육과정 특징

1. 교육과정
  1) 음악전공과정: 영성을 갖춘 최고의 음악가
    하나님의 말씀 위에 근거한 신앙훈련을 기본으로 하며, 체계적인 음악교육 프로그램에 따라 학생들의 실력을 전문가 수준으로 도달케 합니다. 아울러 외국어교육 및 대입 준비를 철저히 하여 균형 있는 교육이 되도록 합니다.
    가. 과목: 피아노, 성악, 작곡, 관현악, 실용음악, 교회음악
    나. 수업구성: ① 중등부: 정규수업(영어중점)+전공(개인레슨), 검정고시 대비반
    　　　　　　② 고등부: 국내대학-정규수업(영어중점)+ 전공(개인레슨)
    　　　　　　　　　　국외대학-정규수업(영어중점)+ 전공(개인레슨), 검정고시 대비반
  2) 일반과정: 하나님의 눈으로 세상을 보는 기름 부음 받은 지도자
    가. 수업구성: ① 중등부: 정규수업(영어중점), 검정고시 대비반
    　　　　　　② 고등부(대학 준비반): 국내대학- 정규수업(영어중점), 검정고시 대비반
    　　　　　　　　　　국외대학- 정규수업(영어중점), 검정고시 대비반
    　　　　　　　　　　영어 주요 시험 대비, 봉사활동, 리더십 훈련, 예체능활동, 사회경험을 위한 다채로운 활동 지원

2. 교육내용

영성 훈련	Q.T, 성경공부, 정기적인 예배 및 기도회
나라사랑	나라와 민족을 위한 중보기도, 국토순례
독서 교육	체계적인 독서 프로그램(역사서, 신앙서적, 위인전 등), 논술, 주제 토론
예체능학습	1인 1운동, 1인 1악기(앙상블 수업, 정기 연주회), 합창, 공연 관람
체험학습 및 봉사활동	농어촌 체험, 텃밭 가꾸기, 국토순례, 고아원 및 양로원 봉사, 교도소 공연, 단기 선교, 배낭 여행, 자선 바자회
인성교육, 음악치료	예절 교육, 뮤직 테라피(음악 감상, 오르프, 달크로즈, 코다이)
외국어교육	영어 중점 수업, 원어민 수업, 제2외국어 선택(중국어, 히브리어)

경상 6 - 쉐마리더스쿨

미인가		통학	전원형
주소	새주소: 경북 봉화군 법전면 어르말길 162-168 (현주소: 경북 봉화군 법전면 어지리 532-1)		
전화번호	054-672-7595	홈페이지	http://cafe.daum.net/psgrace
학제	중등1학년~고등3학년	개교년도	2005년 11월 개교
교사수(정교사수)	7명(7명)	학생수	11명
설립/운영주체	부산은혜교회(예장합동)	소속단체	-
학교공간	독립건물	주요시설	교실, 교무실, 도서관, 컴퓨터실, 식당

전형방법	면접(학생), 면접(학부모), 기타
주요학생 선발조건	부모가 기독교인이어야 한다. 학생이 기독교인이어야 한다. 정기적인 학부모 교육에 반드시 참여해야 한다.
학생구성	※ 기독교가정의 학생 100%

학교 교육목적	쉐마학습과 아가피아의 학습 시스템을 통하여 전인적 리더로 양육한다.
교과서 사용	국정교육과정에 따른 교과서를 사용한다. 학교 자체 내에서 개발한 교과서를 사용한다.
수업일수	1학기: 101일 / 2학기: 101일

특성화 프로그램	
영성교육	· 채플 · QT · 성경공부(수업)
인성 및 체험교육	· 성품교육 · 멘토링 · 국토순례
특기적성교육	· 공연예술 · 사진 및 영상 · 음악활동 · 미술활동 · 체육활동 · 독서 · 영어캠프 · 컴퓨터교육

경상 7 - 하누리국제학교

미인가		기숙	도시형
주소	새주소: 부산광역시 해운대구 송정1로8번길 25-50 (현주소: 부산광역시 해운대구 송정동 682-2번지)		
전화번호	051-704-7991	홈페이지	http://www.ihanuri.net/
학제	중등1학년~고등3학년	개교년도	2004년 11월 개교
교사수(정교사수)	16명(16명)	학생수	98명
설립/운영주체	해운대연합교회(고신)	소속단체	기독교대안학교연맹
학교공간	교회건물사용	주요시설	운동장, 교실, 교무실, 도서관, 컴퓨터실, 식당, 기숙사, 음악실, 미술실

전형방법	면접(학생), 면접(학부모), 전학교 내신, 논술(자기소개서포함), 기타(추천서, 캠프)
주요학생 선발조건	부모가 기독교인이어야 한다. 학생이 기독교인이어야 한다. 정기적인 학부모교육에 참석해야 한다. 기본적인 영어 소통 능력이 필요한 사람이라야 한다.
학생구성	※ 기독교가정의 학생 100%

학교 교육목적	하나님을 사랑하고 이웃을 내 몸과 같이 사랑하는 인격과 실력, 비전을 가진 크리스천 지도자를 양성한다.
교과서 사용	국정교육과정에 따른 교과서를 사용한다. 외국교과서를 사용한다.
수업일수	1학기: 138일 / 2학기: 138일

특성화 프로그램	
영성교육	· 채플 · QT · 성경공부(수업)
인성 및 체험교육	· 성품교육 · 멘토링 · 국토순례
특기적성교육	· 공연예술 · 사진 및 영상 · 음악활동 · 미술활동 · 체육활동 · 독서 · 영어캠프 · 컴퓨터교육

경상 8 - 지구촌고등학교

특성화		기숙	도시형
주소	새주소: 부산광역시 연제구 중앙대로 1197 (현주소: 부산광역시 연제구 거제동 51-7		
전화번호	051-590-2700	홈페이지	www.glovillhigh.hs.kr
학제	고등1학년~고등3학년	개교년도	2002년 3월 개교
교사수(정교사수)	41명(8명)	학생수	83명
설립/운영주체	학교법인(복음학원)	소속단체	기독교대안학교연맹 기타(한국기독교학교연맹)
학교공간	독립건물	주요시설	운동장, 교실, 교무실, 과학실, 미술실, 음악실, 컴퓨터실, 도서관, 식당, 기숙사, 모둠학습실, 대강당, 교장실, 행정실

전형방법	면접(학생), 면접(학부모), 전학교 내신
주요학생 선발조건	정기적 학부모교육 참여
학생구성	※ 기독교가정의 학생 100%, 장애학생 1.2%, 다문화가정 학생 7.2%, 북한이탈 학생 4.8%, 해외경험 90.3%
학교 교육목적	본교 학생들이 교훈인 '하나님 나라의 시민, 세계의 청지기'로 자라도록 비전에 부르심을 받은 교사공동체가 우리에게 맡겨진 학생들을 책임 있는 학습자로 양육하여 이들이 학습공동체적 나눔과 세계를 섬기는 비전 공동체가 되도록 돕는 것이 본교의 교육목표이다.
교과서 사용	기독교세계관으로 재구성한 교과서를 사용한다.
수업일수	1학기: 99일 / 2학기: 100일

특성화 프로그램	
영성교육	· 채플 · QT · 성경공부(수업) · 단기선교 · 절기교육 · 언약성회(단기별부흥회) · 핍박받는 교회를 위한 기도주간
인성 및 체험교육	· 멘토링 · 국토순례 · 봉사활동 · 견학 및 탐방 · 국내기독교유적지탐방 · 농촌 봉사활동 · 난곳방언축제 · 학예제 · 친선체육대회 · 스승의 날 행사 · 활동 주제 별 1일 체험활동
평화 및 생태교육	· 평화교육 · 통일교육 · 다문화교육 · 환경교육 · 통일/다문화교육은 대상 학생과의 통합학교이기에 삶 속에서 교육실시 · 환경교육(주 땅 지킴이 운동) · 세계난민의 날 기념
특기적성교육	· 음악활동 학생들의 필요한 따른 다양한 과정개설(상시 개설이 아닌 학생들의 특별한 요청이 있을 때 한시적으로 개설됨, eg. 영어회화, AP SAT)
기타교육	· 언어/외국어: KSL 및 ESL, 중국어 등 6개 제2외국어, 책읽기를 통한 언어교육과정(수준별) · 예체능교과: 전 학년 매학기 음악수업, 공예/도예/서예/미술실기/태권도/택견/구기/무용 · 국제관련교과: 비교문화, 지역이해, 국제정치 등 · 기독교세계관, 삶과철학, 졸업논문, Year book(앨범 자체자작), 비교종교, 수준 별 성경수업

교육과정 특징

교훈	"하나님 나라의 시민, 세계의 청지기"

교육목표	· 책임 있는 학습자로 준비(learn to learn) · 학습공동체적 나눔(지식의 현장 적용) · 세계를 섬기는 사람

교육과정 영역	· 한국문화 적응영역
	· 수학능력개발/진로지도영역
	· 국제감각유지 및 신장영역
	· 목양/공동체 생활영역
교육과정 및 교육활동	본교 교육과정 편성표 참조

7. 제주

제주 1 - 제주열방대학교 부설 기독학교

미인가		기숙+통학		–
주소	새주소: 제주도 제주시 조천읍 북흘로 135 (현주소: 제주도 제주시 조천읍 북촌리 81)			
전화번호	064-780-2625/2627		홈페이지	club.cyworld.com/jejuchs
학제	중등1학년~중등3학년		개교년도	2011년 3월 개교
교사수(정교사수)	18명(8명)		학생수	18명
설립/운영주체	열방대학부설		소속단체	기독교대안학교연맹 기독교학교교육연구소
학교공간	독립건물		주요시설	교실, 과학실, 교무실, 도서관, 식당
전형방법	면접(학생), 면접(학부모), 자체 지필시험, 기타(추천서, 캠프)			
주요학생 선발조건	부모님이 기독교인 학생이 기독교인			
학생구성	※ 기독교가정의 학생 100%			
학교 교육목적	하나님과 그가 만드신 세상을 성경말씀에 따라 가르쳐 학생들로 하여금 인생의 목표를 영원한 생명이신 예수 그리스도 위에 세우고 그분을 따르기에 합당한 온전한 인격체로 성장시키는 것이다.			
교과서 사용	기독교세계관으로 재구성한 교과서를 사용한다.			
수업일수	학기제가 아닌 쿼터제로 1년에 4쿼터제이며, 한 쿼터당 약 12주 정도			
해외이동수업	나라	시기	기간	참석여부
	미국	중등3학년	3개월	전원참석
특성화 프로그램				
영성교육	· QT · 성경공부(수업) · 매주 월요예배 · 매주 목요예배 · 매월 첫주 금요일 7.14 예배			
인성 및 체험교육	· 봉사활동 · 견학 및 탐방			
평화 및 생태교육	· 목공실습			
특기적성교육	· 사진 및 영상 · 미술활동 · 체육활동			
기타교육	· 창의적 재량수업 진행(사진, 프리젠테이션, 경작, 드라마, 건강관리 등)			
교육과정 특징				

제주열방대학교 부설 기독학교의 교육철학의 궁극적 목표는 하나님을 아는 것이고 전 교과를 통해 자기 다스림을 배우고 크리스천 성품을 키워 가는 것이다.

이에 따라 기독학교는 성경이나 성품과목뿐만 아니라 전 교과가 배울 내용과 원리를 성경 속에서 연구하고(Researching), 성경적인 원리가 학생 자신에게 주는 의미를 추론하고(Reasoning), 실제적으로 생활에 적용하며(Relating), 기록하도록(Recording) 하고 있다. 즉 어느 교과를 배우더라도 모든 내용과 원리가 성경에서 나왔으며, 하나님이 살아 계심을 느낄 수 있도록 수업시간을 구성하고 있다. 텍스트 선정부터 교수방법 학습활동은 모두 이 4R의 원리에 입각해 이루어지고 있다. 자기 점검표, 규칙을 위반했을 때 주어지는 Warning Sheet, 성품일기는 교과목 시간을 뛰어넘어 생활 전반에서 하나님 안에서의 온전함을 이루어 가도록 돕는다.

기독학교는 묵상, 예배, 중보기도를 근간으로 하는 DTS의 훈련과정이 수업시간뿐만 아니라 일상생활 전반에 녹아들어 있는 학교이다.

기독학교는 1년에 4쿼터제로 운영되며, 수업은 주5일이며, 오전 8시의 묵상을 시작으로 오후 3시까지 성경, 성품, 교육철학, 국어, 문학, 사회, 영어, 수학, 과학, 한문, 중국어, 미술, 체육의 정규교과목을 배운다.

제주 2 - 미래창의력학교

미인가	통학	도시형

주소	새주소: 제주도 서귀포시 성산읍 서성일로 488 (현주소: 제주도 서귀포시 성산읍 난산리 2619-1)		
전화번호	1600-0691	홈페이지	http://www.kfcs.net/
학제	중등1학년~고등3학년	개교년도	2011년 3월 개교
교사수(정교사수)	12명(11명)	학생수	30명
설립/운영주체	기타	소속단체	-
학교공간	독립건물	주요시설	운동장, 교실, 과학실, 미술실, 음악실, 교무실, 도서관, 컴퓨터실, 식당

전형방법	면접(학생), 논술(자기소개서 포함)			
주요학생 선발조건	정기적 학부모교육 참여			
학생구성	※ 기독교가정의 학생 100%, 해외경험 1%, 공교육 부적응학생 1%			

학교 교육목적	하나님 사랑을 최우선으로 인성과 지성 그리고 영성을 겸비한 최우수 인재양성			
교과서 사용	국정교육과정에 따른 교과서를 사용한다. 외국교과서를 (그대로 혹은 번역하여) 사용한다.			
수업일수	1학기: 101일 / 2학기: 98일			
해외이동수업	나라	시기	기간	참석여부
	있음			

특성화 프로그램	
영성교육	· 채플 · QT · 성경공부(수업)
인성 및 체험교육	· 성품교육 · 멘토링 · 봉사활동 · 견학 및 탐방
평화 및 생태교육	· 통일교육 · 노작
특기적성교육	· 음악활동 · 미술활동 · 체육활동 · 독서

교육과정 특징

창의력학습-창의력을 향상시키도록 공부시킵니다.
기억법학습-빠른 영어정복을 위해 기억법을 가르칩니다.
영어완전정복-미국 중,고,대학진학을 목표로 가르칩니다.
음악 및 연기지도- 다양한 재능을 위해 위의 과목들을 체계적으로 가르칩니다.

제3부 기독교대안학교 Q&A

궁금증1_ 기독교대안학교를 알고 싶어요

1. 기독교대안학교란 무엇인가요? 미션스쿨과는 어떻게 다르죠? 특성화 중·고등학교 그
   리고 인가대안학교와 위탁형학교는 또 뭔가요?

기독교대안학교는 기독교적 건학 이념을 가지고, 학교교육의 모든 영역 안에서 기독교적인 대안성을 추구하는 학교입니다. 공교육 제도권 안에서 교육을 하고 있는 미션스쿨은 학생선발권과 교육과정 편성권에서 자율성이 제한되어 있기 때문에 예배나 성경수업 외의 교육과정이 일반 공립학교와 큰 차이를 가지기 어렵다는 한계성이 있습니다. 이와 달리 기독교대안학교는 현재 공교육이 가진 문제점과 한계점을 어느 정도는 극복하려는 형태로서 기독교세계관과 기독교교육철학을 기초로 기독교적인 대안교육을 함께 추구하는 학교의 유형이라고 볼 수 있습니다. 이러한 제도권 교육으로부터 자유로운 기독교대안학교들은 대체로 비인가형태의 학교로 정부의 지원금 없이 독자적으로 운영되고 있기 때문에 교육에 대한 재정적인 부담이 일반 공립학교보다 크며, 정부의 검정고시를 통하여만 학력을 인정받을 수 있습니다. 그러나 기독교대안학교에 꼭 비인가형태의 학교만 있는 것은 아닙니다. 정부로부터 인가를 받은 대안학교의 유형에는 특성화중·고등학교가 있습니다. 특성화중·고등학교는 소질과 적성 및 능력이 유사

한 학생을 대상으로 특정 분야의 인재 양성을 목적으로 하는 교육 또는 자연현장 실습 등 체험 위주의 교육을 전문적으로 실시하는 중·고등학교를 말합니다(초·중등교육법시행령 제91조). 현재 기독교대안학교에 포함되는 특성화중·고등학교는 모두 11개 학교로 공동체비전고등학교, 광주동명고등학교, 달구벌고등학교, 두레자연중학교, 두레자연고등학교, 세인고등학교, 중앙기독중학교, 지구촌고등학교, 팔렬고등학교, 푸른꿈고등학교, 한빛고등학교가 속합니다.

2007년 제정되고 2009년에 개정된 「초·중등 교육법」 제60조 제3항에 근거한 각종 학교로서의 대안학교인 인가 받은 대안학교는 2012년에 새로 설립된 지구촌학교를 포함해서 6개가 있으며, 서울실용음악학교, 여명학교, 쉐마기독학교, 글로벌선진학교, 한동글로벌학교가 이에 속합니다.

그리고 **위탁형대안학교**(성산효마을학교, 천안대안학교, 대안교육센터 시소학교, 로뎀청소년학교)가 있고, 그 외에 고등기술학교인 풀무농업기술학교가 있습니다.

2. 한국 기독교대안학교의 역사는 얼마나 됐나요?

한국 기독교대안학교의 역사를 논함에 있어서 그 출발점을 명확하게 제시하는 데 어려움이 있습니다. 보통 1998년을 기준으로 15년 가량 된 것으로 봅니다. 그러나 1900년대 초기에 한국 교회가 설립한 기독교학교들을 오늘날 대안학교의 뿌리로 생각한다면 그만큼 기독교대안학교의 역사는 긴 역사를 지니고 있다고 볼 수 있습니다.

한국에서의 기독교대안학교 역사는 과거로 거슬러 올라가 1958년 풀무농업고등기술학교의 개교로 시작되었다고 보고 있습니다. 1953년 개교한 거창고등학교도 대안학교는 아니지만 대안교육발전에 지대한 영향을 끼친 학교로 꼽습니다. 1990년대 들어서면서 대안교육에 대한 논의와 더불어 기독교대안학교에 대한 논의도 활성화되었습니다.

사회 전반에 민주화물결이 일어났던 1980년대를 지나면서 기존의 제도교육 체제를 넘어선 새로운 교육문화, 곧 대안교육에 대한 관심이 싹트게 되었습니다. 이러한 교육에 대한 새로운 변화의 일환으로 기독교대안학교들이 등장하기 시작했습니다. 1998년 3월 이후에는 이러한 기독교대안학교들 중에서 특성화학교로 인가를 받기 시작해서 2000년 중반까지 9개의 학교가 특성화학교로 인가를 받았습니다. 2000년을 전후로 해서 설립된 기독교대안학교는 기독교적인 교육철학을 교육과정에 반영하는 실험적인 학교 모습을 띄고 있습니다. 개교년도별로 분류하면 1990년대에 7개, 2000~2006년에 51개, 2007년~2011년 62개가 설립되었고 2012년 상반기에 이미 10개의 학교가 개교했습니다.

3. 대안학교법에 대해서 알고 싶습니다.

1995년 5월 31일 교육개혁방안으로 학생들의 다양한 개성을 존중하기 위해 고교설립준칙주의를 도입하였고, 그 이후 1996년 10월, '중고탈락예방종합대책'과 연관되어 7개의 초기 기독교대안학교들이 '특성화학교'로 편입되었습니다. 그러나 그 후에도 지속적으로 대안학교들이 설립되었고, 정부도 대안학교의 필요성을 인정하여 2005년 3월 25일에 「초·중등교육법」이 개정(법률 제7398호)되어 대안학교에 대한 법적 근거가 마련되었으며, 2007년 6월 28일에는 「대안학교의 설립·운영에 관한 규정」이 제정, 공포되어 실제적으로 대안학교가 정부의 인가를 받을 수 있는 길이 열리게 되었습니다. 그러나 이 규정에서 제시한 기준이 대안학교의 현실적 상황과 맞지 않는다는 비판을 받았고, 그 당시 인가 받은 곳이 TLBU글로벌학교, 서울실용음악학교 두 학교에 불과했습니다. 정부도 이에 한계를 인식하고 2009년 10월 27일에 「대안학교의 설립·운영에 관한 규정」을 개정하게 되었습니다. 그리고 2010년 2월 26일 서울시 교육청을 시작으로 대안학교법 세부기준이 고시되어 2010년 4월 이 규정에 의해서 여명학교가 최초로 인가를 받기에 이르렀습니다. 2012년 4월 기준, 인가 받은 대안학교는 총 14개이고, 이 가운데 기독교대안학교는 6개입니다.

대안학교를 명시하고 있는 제60조 제3항은 아래와 같고, 2009년에 개정된 「대안학교의 설립·운영에 관한 규정」은 부록에 실었습니다. 아래 법은 2005년 3월에 신설되었는데, 사실 정확하게 말하자면 대안학교법이 따로 있는 것이 아니라, 「초·중등교육법」에 대안학교 규정이 추가된 것입니다.

제60조의3 (대안학교)

① 학업을 중단하거나 개인적 특성에 맞는 교육을 받고자 하는 학생을 대상으로 현장실습 등 체험 위주의 교육, 인성위주의 교육 또는 개인의 소질·적성 계발 위주의 교육 등 다양한 교육을 실시하는 학교로서 제60조 제1항에 해당하는 학교(이하 "대안학교"라 한다)에 대하여는 제21조 제1항, 제23조 제2항, 제3항, 제24조 내지 제26조, 제29조 및 제30조의 4내지 제30조의 7의 규정을 적용하지 아니한다.

② 대안학교는 초등학교·중학교·고등학교의 과정을 통합하여 운영할 수 있다.

③ 대안학교의 설립기준·교육과정·수업연한·학력인정 그 밖에 설립·운영에 관하여 필요한 사항은 대통령령으로 정한다.

이에 따라 대안학교는 제21조 제1항(교장, 교감의 자격), 제23조(교육과정 등), 제24조(수업 등), 제26조(학년제), 제29조(교과용도서의 사용), 제30조(교육정보시스템의 구축·운영 등)의 규정으로부터 어느 정도 자유로울 수 있는 학교를 할 수 있는 근거가 마련되었습니다. 그러나 여전히 대안학교가 인가 받기 위해서는 제약이 따르고, 인가 후에도 대안학교에 맞는 행정지원이 미비하고 「초·중등교육법」에 제한을 받게 됩니다. 그리하여 「초·중등교육법」에서 벗어난 새로운 법을 재정하려는 움직임이 일고 있습니다.

4. 기독교대안학교를 알 수 있는 참고 도서들이 있다면 추천해 주세요.

기독교대안학교, 기독교학교에 관련된 참고 도서는 아래와 같습니다. 초기에 관련도서가 번역서에 의존했다면 지난 5년 동안 국내 현장전문가와 대안학교 연구를 통한 도서들이 다수 출간된 것이 주목할 점입니다. 그 외에 기독교대안학교에 관한 석·박사 논문도 활발히 쓰여졌습니다. 이 목록은 부록에 수록하였습니다.

1) 기독교학교개론서

『기독교교육의 기초』	Richard J. Edlin 저	그리심	2004
『기독교 대안교육과 대안학교』	전광식 저	독수리교육공동체	2006
『기독교학교교육론』	박상진 저	예영커뮤니케이션	2006
『고통의 교육에서 희망을 교육으로』	강영택 저	SFC 출판부	2009
『기독교학교이야기』	임경근 저	SFC 출판부	2009
『한국 기독교학교교육운동』	박상진 저	예영커뮤니케이션	2010
『학교교육에 대한 기독교적 이해』	기독교학교교육연구소 저	교육과학사	2010

2) 기독교학교 역사 및 철학

『신본주의교육』	프랭크 개블라인 저	기독교문서선교회	1991
『가르침과 배움의 영성』	파커 팔머 저	IVP	2005
『이야기가 있는 학교』	존 볼트 저	IVP	2006
『평양대부흥운동과 기독교학교』	기독교학교교육연구소 저	예영커뮤니케이션	2007
『조용한 혁명 기독교 학교』	브랜들리 히스 저	꿈을이루는사람들	2007
『지혜의 시작』(기독교학교의 성격과 역할)	존 반 다이크 저	꿈을이루는사람들	2007
『기독교세계관으로가르치기』 (무너진 교육에 대한 기독교적 제안)	알버트 E.그린 저	CUP	2009
『기독교학교에 길을 묻다』	박상진 외	예영커뮤니케이션	2012 출간 예정

3) 기독교학교설립

『(우리가 꿈꾸는) 기독교 학교』	기독교학교연구회 저	예영커뮤니케이션	1999
『하나님이 기뻐하시는 학교』	박은조 외	예영커뮤니케이션	1999
『기독교학교를 어떻게 시작할 것인가』	제임스 W. 브랠리 저	CUP	2006
『기독학교 운영원리』	제임스 듀잉크, 브라이언 캐러더스 저	존스북	2010
『기독교학교 리더 10인을 만나다』	기독교학교연구회 저	예영커뮤니케이션	2012

4) 기독교학교 교육과정 및 교육방법

『교실에서 하나님과 동행하십니까?』	반 브루멜른 저	IVP	1996
『가르침은 예술이다』	존 반 다이크 저	IVP	2003
『기독교적 교육과정 디딤돌』	반 브루멜른 저	IVP	2006
『진리와 하나 된 교육』	크리스천 오버만, 돈 존슨 저	예영커뮤니케이션	2007
『기독교적 교육과정 산책』	이정미 저	예영커뮤니케이션	2011
『기독교적 가르침 그게 뭔가요』 (리자에게 쓴 편지)	존 반 다이크 저	교육과학사	2012

5) 기독교학교 사례 및 연구

『장화신고 국회가요』	이월영 저	기독신문사	2000
『오늘은 두레학교 가는 날』	두레학교 교사와 아이들 저	두레학교출판부	2005
『삶으로 가르치는 것만 남는다』	김요셉 저	두란노	2006
『세상을 이기는 아이들』 (크리스천 대안학교 이야기)	양희욱 저	21세기북스	2007
『입시에 대한 기독교적 대응』	김창환, 김회권 외 2명 저	예영커뮤니케이션	2008
『유쾌한 학교 행복한 아이들』 (작지만 행복한 진짜 기독교학교 프로젝트)	제이슨 송 저	스텝스톤	2009
『입시에 대한 기독교적 이해』	강영택, 황병준 외 2명 저	예영커뮤니케이션	2009
『신앙공동체를 지향하는 기독교대안학교』	곽광 저	예영커뮤니케이션	2010
『기독교대안학교의 교육성과를 말한다』	박상진 외	예영커뮤니케이션	2012

6) 부모교육

『크리스천 부모학교』	유영업 저	생명의말씀사	2010
『기독 학부모 교실(개정판)』	박상진 저	예영커뮤니케이션	2012

5. 외국의 기독교학교 단체에 대해서도 알고 싶습니다. ACSI, CSI 회원학교라고 하는 학교들도 있는데, 그건 뭔가요?

미국의 경우 오랜 기간의 기독교학교 운동의 역사를 가지고 있습니다. 미국의 기독교학교는 ACSI(Association of Christian Schools International), CSI(Christian Schools International) 등의 기독교학교 연합체들을 통해서 그 정체성을 분명히 하고, 교재 및 교육과정, 학생의 선발 및 평가 방법, 부모의 학교 참여, 교사의 자격증명 등에서도 학교를 발전시켜 왔습니다. ACSI는 2011년 아시아에서 세 번째로 한국지부(ACSI KOREA)를 설립하였습니다.

● ACSI(Association of Christian Schools International): http://www.acsi.org

ACSI의 사명은 전 세계적으로 기독교교육가들과 기독교학교들이 그들의 학생들을 효과적으로 도울 수 있도록 관리하는 것입니다. 이를 위해 학교의 전문적인 성장을 위한 인증 프로그램, 특별한 돌봄이 필요한 어린이들을 지원하기 위한 프로그램, 세미나와 컨퍼런스, 리더십계발, 출판, 재정적, 법적 지원 등의 일을 합니다. 미국 콜로라도 스프링즈에 본부가 있고 전 세계적으로 18개의 지부가 있습니다. 현재 100개국에 약 5,300개 이상의 학교와 계약을 맺고 있으며, 등록되어 있는 학생수는 약 120만 명 정도 됩니다.

● CSI(Christian Schools International): http://csionline.org

미국 그랜 래피즈에 본부를 둔 CSI(Christian Schools International)는 미국에서 가장

오랜 전통을 자랑하는 기독교학교 연합체이며, 화란의 개혁신학에 확고히 기초한 개혁교단(CRC교단: Christian Reformed Church)과 밀접한 관련을 맺고 있는 단체입니다. 미국과 캐나다 전역, 특히 네덜란드인들이 많은 곳에는 CSI 소속의 기독교학교를 만날 수가 있습니다.

궁금증2_ 기독교학교를 세우고 싶어요

6. 기독교대안학교를 설립을 하고자 할 때 우선적으로 생각해야 할 것은 무엇입니까?

기독교대안학교를 설립하기 위해 먼저 체계적인 중장기 계획을 가지고 설립할 것을 제안드립니다. 새롭게 생겨나는 학교들 중에는 충분한 준비 없이 설립되어 몇 년을 넘기지 못하고 문을 닫는 학교들도 있었는데, 그로 인해 아이들이 입을 피해를 생각하면 이는 너무 무책임한 행동이 아닐 수 없습니다.

학교를 설립하고자 할 때, 가장 우선적으로 생각할 것은 '학교의 목적을 분명히 하는 것'입니다. 학교의 목적이란 학교의 교육철학, 비전, 사명, 교육목표 등을 의미합니다. 학교의 소명이 불분명할 경우, 다양한 필요들이 더해져 학교의 목적을 흐리게 만들 수 있으며, 서로 상치되는 목적이 동시에 추구되어 결국에는 학교가 갈 길을 잃어버릴 수도 있습니다. 이 과정에서 '교육의 대상을 누구로, 어느 연령대로 할 것인가를 정하는 것'도 함께 고려해야 합니다. 이는 가지고 있는 자원의 한계를 고려하여 결정하여야 합니다. 이 과정에서 학교 공동체의 '신앙고백문'을 함께 작성하는 것도 의미가 있습니다.

다음으로 '학교의 목적을 학교의 구성원들에게 확산하고, 공유하는 것'이 필요합니다. 여기의 학교의 구성원은 작게는 '교사', '학교행정가', '학부모'가 될 것이고, 넓게는 '학교를 지원하는 자들'을 포함되는 개념입니다. 충분한 논의를 통해 세워진 학교의 목적을 이들 학교 구성원에게 알리고, 한마음으로 교육에 참여하는 것이 중요합니다.

7. 기독교대안학교 설립의 준비과정은 어떻게 되나요?

분명한 학교의 목적의 설정이 되었다면, 그 다음 단계로 중요한 준비는 '교사'입니다. 학교에서 이루어지는 교육은 교사를 통해서 아이들에게 전달됩니다. 기독교학교 학생들은 교사의 인격과 세계관, 가치관이 담겨 있는 가르침을 통하여 교과를 배움과 동시에 창조주 하나님에 대한 경외심과 감사와 사랑과 봉사를 깊이 경험하게 됩니다. 기독교사 없이는 기독교교육이 이루어지지 않을 뿐만 아니라, 기독교학교도 존재하지 않습니다. 그러므로 기독교세계관으로 잘 갖춰진 교사는 기독교학교의 필수요소입니다. 개교되기 전에 학교의 목적에 공감하고 헌신되어 있는 교사들이 준비되어 하나의 팀워크를 갖추는 것이 필요합니다. 물론 이 과정에서 이러한 학교를 가장 잘 이끌어 갈 수 있는 '학교의 리더를 결정하는 것'도 중요합니다.

다음으로 '학교의 목적'을 성취할 수 있는 '기독교적 교육과정'을 만들고, 교실에서 그 교육이 실현될 수 있도록 준비하는 것입니다. '기독교적 교육과정'은 단순히 외국의 기독교학교 교과서를 번역하거나 다른 기독교학교의 교육과정을 조합하는 정도에서 끝나서는 안 됩니다. 우리나라 실정과 학교의 목적에 맞는 교육과정 연구가 필요합니다. 훗날 학교에서 일할 교사들이, 이 교육과정을 만드는 일에 동참하는 것이 좋습니다. '교육과정을 만드는 것'은 그 자체 이상의 효과를 가지기 때문입니다. 교육과정을 만드는 과정에서, 교사들이 '교육과정'으로 빚어져 갑니다. 그리고 만들어진 교육과정을 '단기 학교' 혹은 '주말 학교'를 통해 실시해 보는 것도 좋을 것입니다. 이는 교사들이 만든 교육과정을 검증하는 절차가 되기도 하고, 취학연령대의 아이를 키우고 있는 부모들에게 이 학교의 모습을 시범적으로 보여 주는 홍보의 효과를 내기도 합니다.

연구와 행정적인 준비들도 필요합니다. 학교가 교육의 대상으로 생각하는 학생과 학부모의 관심도와 지원 가능성은 어느 정도인지를 조사하고 연구합니다. 학교가 설립될 지역 주민들과의 반응과 관계도 고려해야 합니다. 학교 설립을 위한 실질적인 행정적인 준비에서 만약 정부의 인가를 받고자 한다면, '학교법인'을 세워야 하며, '학교 인가'를 위한 공식적인 절차들을 밟아야 합니다. '기독교교육'을 표방하는 학교를 정부로부터 인가 받는 것은 쉽지 않고, 시간이 오래 걸릴 수도 있습니다.

학교의 규모와 대상을 고려해 학교시설을 준비해야 합니다. 학교시설 또한 기독교교육의 연장선상으로 보고 교육이 이루어지기 적합한 환경으로 준비해야 합니다. 인가 받기를 원할 경우 국가 기준의 부지를 선정하고, 학교건물을 건축해야 합니다. 준비가 완료되면, 홍보활동을 통해 신입생을 모집합니다. 준비가 완료되지 않았을 때 홍보활동을 하면 결과적으로 과장되어 광고될 경우가 있을 수 있습니다. 홍보를 위해 '학교홍보물'과 '전단지'를 제작하고, 학교에 관심을 가지는 학부모들을 대상으로 설명회를 실시합니다. 이때 앞에서 언급한 것과 같이 '학교의 목적'을 충분히 공유하게 하는 것이 중요합니다.

기독교대안학교를 설립함에 있어서 마지막으로 가장 중요하고 빠져서는 안 될 준비는 '기도'라고 말씀드리고 싶습니다. 하나님의 말씀을 함께 묵상하고, 음성에 민감하게 반응하며, 모든 준비 과정 가운데 기도로 시작하여 기도로 끝내기를 바랍니다.

8. 학교를 공식적으로 인가 받으려면 어떤 과정을 거쳐야 할까요?

만약 정부 인가학교가 되고자 한다면, 「초·중등교육법」에서 제시하고 있는 학교의 기준들을 갖추어 설립하거나, 2009년에 개정된 대안학교법에 따라 대안학교를 설립할 수 있습니다.

일반적으로 정부 인가학교가 되려면 '학교법인'을 세워야 하며, '학교 인가'를 위한 공식적인 절차들을 밟아야 합니다. 가장 기본적으로 '교육용 기본재산'과 '수익용 기본재산'을 확보하여야 합니다. '교육용 기본재산'은 학교건물을 짓기 위해 필요한 토지 등 교육을 위해 반드시 있어야 하는 재산을 말하며, '수익용 기본재산'은 학교 설립 후에 학교를 운영하는 데 도움을 주기 위해 필요한 재원을 조달할 수 있는 일정액 이상의 자산을 의미합니다. '수익용 기본재산'은 부동산 이나 동산 모두 가능하며, 학교에 재정적인 지원을 할 수 있는 일정액의 수익을 창출하여야 합니다.

2009년에 개정된 「대안학교의 설립·운영에 관한 규정」은 조금 더 완화된 기준들을 제시하고 있습니다. 대안학교를 설립하려고 하는 자가 갖추어야 하는 시설·설비 등 학교의 설립기준에 관한 사항은 「고등학교 이하 각급 학교 설립·운영 규정」에 따른다고 되어 있으며, 그 내용을 보면 교육상 지장이 없는 범위 안에서 각종 기준 면적을 완화하여 인가할 수 있다고 되어 있습니다. 대안학교를 설립할 수 있는 설립주체는 「사립학교법」 제2조 제1항에 따른 설립주체로 한다고 하였으며, 이에는 학교법인 또는 공공단체 외의 법인, 기타 사인이 포함됩니다. 설립 인가를 받고자 하는 자는 다음의 사항이 기재된 서류를 갖추어 해당 시·도 교육 감에게 신청하여야 하고 대안학교 설립 운영위원회의 심의를 거쳐야합니다.

1. 목적
2. 명칭
3. 위치
4. 학칙
5. 학교헌장

6. 경비와 유지방법

7. 설비

8. 교지(校地)·실습지(實習地)의 지적도

9. 교사(체육장을 포함한다)의 배치도·평면도

10. 개교연월일

11. 병설학교 등을 둘 때에는 그 계획서

12. 설립자가 법인인 경우에는 등기 및 출연금 등에 관한 서류

13. 설립자가 사인인 경우에는 경비의 지급 및 변제능력에 관한 서류

궁금증3_ 아이를 기독교대안학교에 보내고 싶어요

9. 기독교대안학교를 다니면 우리나라 교육부의 학력인정을 받을 수 있나요?

해당 학교가 인가학교인지, 혹은 비인가학교인지가 중요합니다. 대부분의 대안학교는 비인가학교이므로 학력인정이 되고 있지 않습니다. 학력이 인정되는 인가된 학교는 특성화중고등학교, 인가대안학교, 원학교에 적을 두고 있는 위탁형대안학교가 있습니다.

이러한 인가형대안학교를 제외한 기독교대안학교는 학력인정을 받기 위해서 추후 검정고시에 응해야 합니다. 초등학교 검정고시는 연 1회 실시되는데, 5월 말에 시험을 치르고, 중학교와 고등학교 검정고시는 연 2회 실시되는데, 4월 초와 8월 초에 각각 시험을 치르게 됩니다.

10. 초등학교는 의무교육인데, 대안학교를 다니는 게 가능한가요?

「교육기본법」과 「초·중등교육법」에 따르면 우리나라에서는 초등교육 6년 및 중등교육 3년(중학교)까지 의무교육으로 되어 있습니다(「교육기본법」 제1장 제8조).

또한 초·중등교육법 제2장 제13조에서는 일정한 연령이 되면 초등학교 혹은 중학교에 취학시켜야 한다는 취학의무를 명시하고 있습니다.

그러나 교육의무와 취학의무를 동일시할 수 있는가에 대하여는 여전히 교육학자들 사이에서 연구가 진행 중인 부분입니다. 홈스쿨링, 대안학교 등과 같이 대안적인 교육방식을 찾는 사람들도 학부모가 국공립학교에 자녀를 취학시킬 의무를 가지고 있는가에 대해 이의를 제기합니다. 현재 우리나라 교육법에서는 초·중등학교 의무교육에 대한 강제 조항이 있어 이를 위반할 경우 100만 원 이하의 과태료 처분을 할 수 있습니다.

초등학교는 의무교육이기 때문에 자퇴시킬 수 없습니다. 그러므로 대안학교를 다닐 경우 자퇴처리가 아닌 유예처리 또는 정원 외 관리 대상이 됩니다. 정원 외 관리란 기존 학교에 학적을 두고 실제 출석은 하지 않는 경우를 뜻합니다. 일반적으로 외국으로 가서 학교를 다닐 경우도 같은 처리를 합니다.

> 「초·중등교육법 시행령 제2장」
> 29조 (유예자 등의 학적관리) ① 초등학교 및 중학교의 장은 취학의무를 유예받은 자 중 입학 이후 유예받은 자나 정당한 사유없이 3월 이상의 장기결석을 한 자에 대하여 학칙이 정하는 바에 따라 성원 외로 학적을 관리할 수 있다.

11. 기독교대안학교에서 일반 학교로의 전학이 가능한가요?

학생은 기독교대안학교에서 일반 학교로의 전학이 가능합니다. 현재 초등학교, 중학교는 의무교육이기 때문에 학생들이 학교에 전입을 하려고 할 때 받아 주어야 하는 의무가 학교 측에 있습니다. 학적 전반이 학교에 보관되어 있으므로 자격을 회복하는 데 문제가 없으며, 자퇴처리로 학적이 상실되었을 경우에도 의무교육 기간 내에 복학하면 학적을 생성시킬 수 있습니다. 혹시 학교를 다니지 않은 기간 동안의 학력검증을 요구한다면 대안학교에서 공부한 기간 동안의 성적표를 제시한 후, 학교의 조기 진급 및 조기 졸업에 관한 규정에 따라 들어갈 수 있습니다.

초·중등교육법 시행령 제2장

29조 (유예자 등의 학적관리) ② 초등학교 및 중학교의 장은 제1항의 규정에 의하여 장기결석을 한 자로서 정원 외로 학적이 관리되고 있는 자 또는 제28조의 규정에 의하여 취학의무의 면제나 유예결정을 받은 자가 다시 학교에 다니고자 하거나 취학하고자 하는 경우에는 「조기진급 및 조기졸업에 관한 규정」 제6조의 규정에 의한 교과목별이수인정평가위원회가 실시하는 교과목 별 이수인정평가의 결과에 따라 학년을 정할 수 있다. 〈신설 2001.3.2, 2004.2.17, 2005.9.29〉

12. 기독교대안학교를 선택할 때, 중요하게 살펴봐야 할 기준이 있다면 어떤 것입니까?

학교를 고르기에 앞서서 먼저 생각해야 할 것은 자녀를 왜 기독교대안학교에 보내려 하는가 입니다. 분명한 목적과 이유가 없이 자녀를 학교에 입학시킬 경우 나중에 갈등을 일으킬 수 있습니다. 먼저 자녀와 함께 기도하며, 왜, 어떤 목적으로 기독교대안학교를 선택하려 하는지 충분히 대화를 하셔야 합니다.

분명한 목적이 정해지면, 거기에 맞는 목적을 가진 학교가 있는지 조사합니다. 그런 학교를 찾아내었다면, 그 목적대로 잘 실현되고 있는지 살펴보아야 합니다. 우선 학교교육과정이 꼼꼼히 설정되었는지 보고, 그대로 실행되고 있는지 봅니다. 대안학교를 선택하실 때, 학력 인정에 대해서도 생각해 보아야 합니다. 현재 인가 받지 않은 기독교대안학교는 학력 인정이 되지 않아 상급학교 진학을 위해서는 검정고시를 치러야 합니다.

기독교학교의 신뢰성을 볼 필요가 있습니다. 우선 신앙적인 입장을 확인해 봅니다. 이는 학교가 작성한 '신앙고백문'이나 설립주체를 조사해 확인합니다.

그리고 학교를 주관하는 개인이나 기관이 어느 정도 신뢰할 만한지, 학교가 그 기관과 어느 정도 강력한 유대를 가지고 있는지를 보아야 합니다. 여기에는 교사의 신뢰도도 조사되어야 합니다. 결국 실질적인 교육은 교실에서 교사에게로부터 이뤄지기 때문입니다.

학교가 설립한 연도나 설립과정을 조사합니다. 세워진 지 얼마 되지 않은 학교는 아직 체제나 운영 등이 불안할 수 있으나, 설립 준비 과정을 체계적으로 잘 진행하여 개교한 학교는 안정적으로 운영되는 것을 볼 수 있습니다.

학교 홈페이지나 자료를 통해 학교를 알아본 후, 학교에 직접 방문해야 합니다. 학교시설을 살펴보고, 교육 현장을 견학하고 관계자를 만나 상담하는 것도 필요합니다. 매해 8월 중순, 기독교학교교육연구소와 기독교대안학교연맹이 함께 기독교대안학교박람회를 개최하오니, 이 자리에 참석해 여러 학교를 한 번에 둘러보고 상담해 보는 것 또한 학교를 선택하는 유용한 방법이 될 수 있습니다 (www.gocas.kr).

13. 기독교대안학교는 어떤 아이들이 가는 곳인가요? 별도의 입학자격이 있나요?

통념적으로 대안학교는 학교 부적응자들이 많이 가는 곳으로 알려져 있습니다. 그러나 실제로는 부적응자만이 아닌 기존의 공교육과는 다른 대안교육에 관심을 가지고 대안학교를 택하고 있습니다. 기독교대안학교 또한 일부 학교 부적응자를 포함하긴 하지만 그들만을 대상으로 하는 곳은 아닙니다. 대부분의 기독교대안학교의 건학 이념을 보면, 공통적으로 기독교적 세계관 안에서 학생들을 양육하고자 하는 목적을 갖고 있습니다. 따라서 기독교대안학교는 기독교적 양육을 하고자 하는 의도에 따라, 이러한 교육을 지향하는 사람들이 관심을 갖고 선택하는 학교입니다.

입학자격은 각 학교의 교육목적에 따라 차이가 있으나, 대부분 공통적으로 기독교인 학생이거나 기독교교육에 동의하는 학생을 받습니다. 그뿐 아니라 기독교학교에서는 부모님의 신앙도 중요하게 생각합니다. 왜냐하면 기독교학교는 부모를 기독교교육을 실현하는 중요한 교육의 주체로 보기 때문입니다.

교회가 세운 기독교대안학교인 경우, 교인의 자녀를 대상으로 입학을 허가하는 경우가 많고, 학교 설립 목적에 따라 특정 대상자들을 정해서 입학자격을 부여하기도 합니다(재외 동포 청소년, 장애우, 탈북 청소년). 학교 선발시험이나 이전 학교 성적으로 선발하는 학교도 있습니다. 자세한 내용은 입학을 원하는 학교의 입학규정을 참고하시기 바랍니다.

14. 1년 학비는 얼마나 되나요?

일반 학교는 정부가 대부분의 재정을 지원하기 때문에, 교육 공간 확보와 유지, 교사의 봉급, 양질의 교육을 위한 시설과 기자재의 확보는 국민의 세금으로 이루어집니다. 그러나 기독교대안학교의 대부분은 비인가학교이기 때문에, 학교 운영주체가 전입한 금액 외의 모든 비용이 고스란히 학부모의 몫이 됩니다. 정부에서 2009년부터 '학업중단학생 교육지원 사업'으로 재정 지원을 받기도 하지만 그 금액은 매우 미미합니다. 현재는 비인가 기독교대안학교들의 학부모 재정 부담 비율이 낮아질 수 없는 구조적 한계를 가지고 있습니다.

자녀를 기독교대안학교에 보내기 위해 드는 비용은 입학금, 수업료, 특별활동비(체험학습비, 보충학습비 등) 등이 있으며, 학교에 따라 기부금, 예탁금, 기숙사비, 통학차량운행비, 해외이동수업비 등을 내기도 합니다. 이번 실태조사에서는 기부금, 예탁금, 월수업료에 대해 조사했습니다(〈표 21, 22, 23〉 참조).

이들을 통해 평균 금액을 추정했을 때, 입학시 기부금 208만 원, 예탁금 47만 원 그 외 입학금을 학교에 내게 됩니다. 월 수업료는 58만 원으로 연간 학비 696만 원이며, 그 외에 위에서 언급한 별도 비용이 들어갈 수 있습니다. 이 금액은 평균 값인 만큼 학교들마다 편차가 있을 수 있습니다.

대안학교의 관계자들 중에는 일반 학교의 학부모가 사교육에 많은 재정을 들이는 것을 지적하면서, 사교육비 절감효과를 고려하면 대안학교의 수업료가 그다지 부담이 되지 않을 수도 있다고 주장합니다.

기독교대안학교는 조직의 효율성을 높여 불필요한 비용 지출을 줄이는 등 재정의 운용을 적절하게 할 필요가 있습니다. 장기적으로는 학교를 잘 운영할 수 있는 재원을 마련할 방법을 찾아야 합니다. 그래서 후원 행사를 통해, 또는 교회가 설립한 학교인 경우 교회의 지원금으로 재원을 마련하기도 합니다. 많은 기독교대안학교들이 공정하고 알맞은 등록금을 책정하려고 애쓰고, 특별히 재정적인 이유로 기독교교육에서 소외되는 이가 없도록 장학금 제도를 안정적으로 갖추려고 노력하고 있습니다.

15. 기독교대안학교의 교육과정은 일반 학교와는 어떤 차이점이 있나요?

기독교대안학교들은 각 학교의 교육목적과 교육목표를 달성하는 데 필요한 방향으로 교육과정을 편성합니다. 그리하여 대안학교의 설립 정신과 비전, 교육목적에 따라 특색 있는 교육과정을 가지고 있으며, 필요시 교과서 선정이나 교과 시수 배정도 학교마다 다른 모습을 드러냅니다.

일반 학교는 국가교육과정에 맞추어 국정교과서를 사용하는 데 반해, 대안학교는 교과 별로 국정교과서, 외국교과서 그리고 학교가 자체 제작한 교재를 혼용하고 있으며, 과목마다 차이가 있습니다. 대부분의 기독교대안학교는 교과 통합을 지향하고 성경의 보편적인 원리들을 모든 교과에 적용하려는 시도를 하고 있습니다.

또한 기독교대안학교의 중심교육방향은 '기독교적인 전인육성'입니다. 그래서 다양한 방학 프로그램과 문화활동을 장려하면서 지식과 감성, 영성을 통합하는 아웃리치 프로그램, 국토순례, 사회봉사, 각종 노작이 포함된 교육과정을 운영합니다. 기독교대안학교들은 각 학교의 특성에 따라 강조하는 교육과정이 다르기 때문에 각 학교의 교육과정을 확인하시기 바랍니다.

궁금증 4_ 기독교대안학교에서 일하고 싶어요

16. 교사자격증은 꼭 있어야 하나요?

물론 대안학교의 경우는 학교마다 추구하는 고유한 가치를 지니고 있기 때문에 교사가 학교의 교육철학과 비전을 충분히 공감하고 교육을 함께 펼쳐 나간다는 것이 교사자격증의 유무보다 중요할 수 있습니다. 이번 실태조사결과에서도, 전체 교사의 53.3%만이 자격증이 있다고 응답했고 교사 선발 조건에 '교사자격증 여부'는 5순위에 응답하여 '소명의식', '영성', '인성', '학교 이념 동의'를 우선적으로 보는 것을 나타냈습니다. 그러나 사회적으로 교사의 일정 수준 이상의 조건을 요구하는 것은 당연한 일입니다.

「기독교학교 자체평가 준거틀」[34] 연구에서는 교사의 자격에 대한 평가문항에 다음과 같이 명시하고 있습니다. '교사는 기독교학교의 교사로서의 자격을 갖추고 있다(학위, 교사자격증, 경력, 학교의 교사자격조건 충족).' 이는 교사가 교사로써 인정받을 수 있는 조건이 필요하다는 의미입니다. 그것이 교사자격증이 될 수 있고, 그 이상의 조건이 될 수도 있습니다. 특히 기독교대안학교는 교사자격증 외에도 대안교육과 기독교교육의 이해가 필요합니다. 그러므로 기독교학교 교사가 되기 위해서는 자격증 이외에도 교사로서의 부르심을 점검하고, 교과를 기독교 세계관으로 해석하는 소양을 갖춰야 합니다.

---

34) 기독교학교교육연구소, 「기독교학교 자체평가 준거틀」 미간행 연구보고서, 2007, p.48

17. 기독교대안학교에서 일하기 위해 좋은 예비교사교육이 있는지 알고 싶습니다.

현재 공식적인 기관이나 프로그램을 통해 이루어지고 있는 '예비교사교육'은 많지 않습니다. 샘물초등학교의 '샘물 기독교사 아카데미'와 기독교대안학교 교사을 대상으로 한 것은 아니지만 좋은교사운동에서 '예비교사 아카데미'가 있습니다. 대부분 학교에서는 예비교사교육을 미리 실시하기보다는 교사를 채용한 후에 자체적으로 교사교육을 시행합니다.

예비교사만을 대상으로 하는 교육은 아니지만 서울, 부산에서 진행되는 '기독교사 세움터'가 있고, 기독교학교교육연구소에서 실행하는 기독교학교 교사 컨퍼런스(홀수해 여름), 교육과정 아카데미(겨울), 기독-교육학 아카데미 등, 기독교대안학교연맹에서 매년 겨울에 개최하는 '기독교대안학교 컨퍼런스'가 있습니다.

기독교대안학교에서 함께 일할 수 있는 교사들을 미리 교육하는 것은 굉장히 중요한 일이며, 그 필요성 또한 시급하게 요청되고 있습니다. 이에 따라 현재 기독교학교와 그에 관련된 기관들은 기독교학교의 교사교육에 많은 관심을 갖고 교육과정 개발을 위해 노력하고 있습니다. 따라서 장기적인 안목에서 볼 때, 조만간 기독교대안학교 예비교사를 위한 교육과정이 체계화될 가능성과 이를 위한 교육기관의 설립 가능성이 높습니다.

궁금증 5_ 기독교대안학교에서 묻고 싶은 것이 있어요

18. 기독교대안학교의 '자기 발전'을 위해 어떤 노력을 해야 하나요?

기독교대안학교는 그 교육적 사명을 올바르게 감당하고 우수한 교육을 통해 세상에 모범이 되는 교육을 실현하기 위해 계속적인 노력을 해야 합니다. 이 노력은 학교행정가의 노력이나 교사 개인의 열정으로 끝나서는 안 될 것입니다. 학교를 교육 공동체적 입장에서 봤을 때, 이사회, 행정가, 교사, 학생, 더 나아가

학부모, 지역사회와의 협력적인 노력이 필요합니다. 이를 위해 '자체 평가'나 '컨설팅' 등이 있을 수 있습니다. 자체 평가는 기독교학교의 자발적인 발전 의지가 있고, 자체적인 정화활동이라고 할 수 있습니다. 학교 여건이나 문화상 자체 평가가 어려울 때는 공신력 있는 기관에 의뢰해 학교 컨설팅을 받을 수 있습니다.

'자체 평가'의 대충의 개요는 다음과 같습니다. 본 연구소는 기독교대안학교연맹 의뢰로 2006년 기독교학교 자체 평가 준거틀을 연구, 개발하였습니다. 자체평가 준거틀은 다음 5개 영역으로 나누어 학교를 평가합니다.[35]

1. 교육의 기초
2. 공동체
3. 교직원
4. 학생
5. 교육과정

첫째로 교육의 기초 영역은 모든 다른 영역을 평가하는 기초가 되는 영역입니다. 기독교학교가 학교의 교육목적을 개발하고 진술하며, 그것을 학교공동체에 알리고 실현할 수 있는 가능성을 평가합니다.

둘째로, 공동체 영역은 학교가 단순히 제도적 조직이 아니라 학생들의 교육활동을 지원하기 위한 시스템임을 말합니다. 학교는 가정과 교회, 지역사회와의 협력을 통해 공동체적으로 기능하며, 시스템을 구축합니다. 이를 위해 내부적으로 이사회의 구성, 선출, 역할을 평가하고, 행정 담당자의 선출, 업무분담, 훈련 및 전문성을 점검합니다. 그리고 가정의 역할, 학부모 모임과 학부모교육을 살펴보고, 학교의 협력교회, 지역사회와의 관계를 평가합니다. '공동체' 영역은 이러한 입장에서 단순한 행정의 영역으로 넘어서 교육을 위한 공동체가 되어야 함

35) 기독교학교교육연구소, 「기독교학교 자체평가 준거틀」 미간행 연구보고서, 2007, p.22-23

을 의미합니다.

셋째로, 교직원 영역은 학교에서 실질적인 교육활동을 담당하는 주체를 평가하는 영역입니다. 학교구성원에 교육행정가, 교목, 교사, 행정직원을 포함합니다. 이들의 영성과 소명, 공동체성, 전문성 및 복지를 평가합니다.

넷째로, 학생 영역은 하나님의 자녀로서 기독교학교에서 교육을 받고 있는 학생을 위한 영역입니다. 기독교학교는 학생에게 기독교적 가치를 바탕으로 한 시스템과 안전하고 쾌적한 환경을 제공해야 합니다. 이를 위해 본 평가 준거들은 입학, 급식, 상담 및 교육시설과 안전을 학생 영역에 포함시켰습니다.

마지막으로 교육과정 영역은 학교교육활동의 핵심으로써 교육목적 실현에 적절한 교육과정의 편성, 기독교세계관을 반영한 교과교육, 교수-학습활동 및 학습평가활동을 평가하고, 기독교학교로서 고유한 교육과정 개발과 문서화 및 특별활동에 관하여 평가합니다.

19. 기독교대안학교에서 해야 할 교육들에는 어떤 것이 있을까요?

기독교대안학교는 학생만 교육하는 것이 아니라 학교를 구성하는 다양한 사람들을 위한 교육도 필요합니다. 우선 교육을 이끌어 나가는 교사들이 지속적으로 기독교세계관과 학교의 교육목적에 기초하여 교육할 수 있도록 교사를 대상으로 하는 연수 프로그램이 필요합니다. 여기에는 기독교학교의 교장, 교감 및 교목까지 대상이 될 수 있으며, 교육과정, 교육방법, 교육평가 등 교사를 위한 과정과 기독교적인 경영, 교육행정에 대한 연수도 포함됩니다. 또한 예비교사들이 이러한 소양을 미리 가질 수 있도록 준비시키는 예비교사교육 프로그램도 필요합니다. 예비교사교육을 통하여 학교가 필요로 하는 인적자원을 확보할 수도 있기 때문입니다.

뿐만 아니라 부모들을 대상으로 하는 부모교육과 곧 입학할 학생들의 학부모를 위한 예비부모교육 또한 학교를 지원하는 협력교회 교인을 위한 교육이 필요할 것입니다. 학부모들의 경우 일반적으로 가지고 있던 진학과 학교에 대한 개념이 기독교대안학교가 추구하는 기독교세계관과 상충되어 갈등을 빚는 경우가 있습니다. 그러므로 학부모들이 학교가 가지고 있는 기독교세계관과 학교의 비전, 목적에 동의하고 함께 동역하며, 가정에서도 이러한 연장선상에서 교육을 이어나가도록 독려해야 합니다.

학교를 설립하였거나 혹은 지원하는 교회가 있는 경우 그 교회의 교인들에게도 기독교대안학교에 대한 이해 부족으로 인해 비슷한 문제가 발생할 수 있으므로 교육 프로그램을 통해 비전을 함께 공유하도록 할 필요가 있습니다.

이상에서 살펴본 바와 같이 기독교대안학교가 교육을 실시할 대상은 학생을 포함하여 학부모와 교사, 교회의 교인, 행정가, 교목 등 학교와 관계있는 모든 사람입니다. 학교에 참여하는 모든 사람이 이러한 교육을 통하여 학교의 목적을 향해 같은 걸음을 내딛을 수 있기 때문입니다.

20. 기독교대안학교 간의 교류는 어떻게 할 수 있을까요??

기독교대안학교는 그 수가 적은 편임에도 불구하고 아직까지 함께 연합할 수 있는 기회가 많지 않습니다. 기독교대안학교의 역사가 그리 오래되지 않았음을 고려해 볼 때, 각 학교의 자리매김을 위한 노력에 많은 시간과 에너지를 투자하는 편이고, 따라서 함께 교류하는 것보다는 자체적인 활동에 관심을 가질 수밖에 없었던 것이 사실입니다. 그러나 기독교대안학교의 활성화와 발전을 위해서 연합은 필수적입니다. 따라서 학교 간의 이야기들을 공유하고, 앞으로 기독교대안학교가 해결해 가야 할 과제들에 대해 함께 고민해야 합니다.

학교 간 네트워크의 활성화는 함께 연합하는 참여를 통해 가능한데, 현재는 기독교학교와 관련된 기관들에서 이러한 기회를 주로 제공하고 있습니다. 기독

교학교교육연구소와 기독교대안학교연맹, 기독교대안교육센터 등은 매년 교사
교육 및 나눔과 교제를 위한 교사 컨퍼런스를 실시하고 있으며, 각종 세미나를
통해 정보를 공유하고 함께 연합할 수 있는 기회를 제공하고 있습니다. 이 외에
도 기독교대안학교를 대상으로 하여 이루어지는 포럼이나 교과과정개발을 위한
연구모임 등은 기독교교육자료에 대한 구체적인 나눔과 공유를 통해 연합할 수
있는 기회를 마련하도록 도와주고 있습니다.

기독교대안학교연맹 www.casak.org

기독교대안교육센터 www.caeak.com

기독교학교교육연구소 www.cserc.or.kr

부록

1. 주요 표

1975	1997	1998	1999	2000	2001	2002	2003	2004	2005	2006	2007	2008	2009	2010	전체
1	2	5	4	1	12	13	12	13	13	12	5	4	11	6	114
0.9%	1.8%	4.4%	3.5%	0.9%	10.5%	11.4%	10.5%	11.4%	11.4%	10.5%	4.4%	3.5%	9.6%	5.3%	100.0%

〈표 70 일반 대안학교 연도 별 학교 분포〉

	학교유형-도시,전원				학교유형-기숙,통학			
	도시	도시+전원	전원	전체	통학	통학+기숙	기숙	전체
3년 미만	9	5	3	17	8	8	3	19
	52.9%	29.4%	17.6%	100.0%	42.1%	42.1%	15.8%	100.0%
3년~5년 미만	10	3	2	15	12	4	2	18
	66.7%	20.0%	13.3%	100.0%	66.7%	22.2%	11.1%	100.0%
5년~7년 미만	7	2	5	14	9	3	4	16
	50.0%	14.3%	35.7%	100.0%	56.3%	18.8%	25.0%	100.0%
7년~10년 미만	12	1	8	21	7	5	11	23
	57.1%	4.8%	38.1%	100.0%	30.4%	21.7%	47.8%	100.0%
10년 이상	0	3	6	9	2	2	6	10
	0%	33.3%	66.7%	100.0%	20.0%	20.0%	60.0%	100.0%
전체	38	14	24	76	38	22	26	86
	50.0%	18.4%	31.6%	100.0%	44.2%	25.6%	30.2%	100.0%

$\chi2=16.549a$(df=8, p=.035) $\chi2=16.485a$(df=8, p=.036)

〈표 71 개교년도에 따른 학교유형의 변화〉

	평화교육			환경교육		
	한다	안 한다	전체	한다	안 한다	전체
3년 미만	5	15	20	6	14	20
	25.0%	75.0%	100.0%	30.0%	70.0%	100.0%
3년~5년 미만	1	18	19	4	15	19
	5.3%	94.7%	100.0%	21.1%	78.9%	100.0%
5년~7년 미만	3	13	16	9	7	16
	18.8%	81.3%	100.0%	56.3%	43.8%	100.0%

7년~10년 미만	8	14	22	11	11	22
	36.4%	63.6%	100.0%	50.0%	50.0%	100.0%
10년 이상	7	3	10	8	2	10
	70.0%	30.0%	100.0%	80.0%	20.0%	100.0%
전체	24	63	87	38	49	87
	27.6%	72.4%	100.0%	43.7%	56.3%	100.0%

$\chi^2=15.286a(df=4\ p=.004)$ $\chi^2=12.223a(df=4\ p=.016)$

〈표 72 개교년도에 따른 평화 및 생태교육의 변화〉

	부모가 기독교인이어야 한다			학생이 기독교인이어야 한다		
	예	아니오	전체	예	아니오	전체
3년 미만	13	7	20	13	7	20
	65.0%	35.0%	100.0%	65.0%	35.0%	100.0%
3년~5년 미만	15	3	18	13	4	17
	83.3%	16.7%	100.0%	76.5%	23.5%	100.0%
5년~7년 미만	11	3	14	10	3	13
	78.6%	21.4%	100.0%	76.9%	23.1%	100.0%
7년~10년 미만	9	9	18	10	9	19
	50.0%	50.0%	100.0%	52.6%	47.4%	100.0%
10년 이상	1	8	9	1	8	9
	11.1%	88.9%	100.0%	11.1%	88.9%	100.0%
전체	49	30	79	47	31	78
	62.0%	38.0%	100.0%	60.3%	39.7%	100.0%

$\chi^2=16.182a(df=4\ p=.003)$ $\chi^2=13.100a(df=4\ p=.011)$

〈표 73 개교년도에 따른 학생선발 요건의 변화〉

2. 『대안학교 설립 및 운영에 따른 규정』

대안학교의 설립·운영에 관한 규정 [시행 2009.11.5]

[대통령령 제21809호, 2009.11.5. 일부개정]

제1조 (목적) 이 영은 「초·중등교육법」 제60조의 3에 따른 대안학교의 설립·운영에 관하여 필요한 사항을 규정함을 목적으로 한다.

□ 「초·중등교육법」

제60조의 3 (대안학교) ① 학업을 중단하거나 개인적 특성에 맞는 교육을 받고자 하는 학생을 대상으로 현장 실습 등 체험 위주의 교육, 인성 위주의 교육 또는 개인의 소질·적성 개발 위주의 교육 등 다양한 교육을 실시하는 학교로서 제60조 제1항에 해당하는 학교(이하 "대안학교"라 한다)에 대하여는 제21조 제1항, 제23조 제2항·제3항, 제24조 내지 제26조, 제29조 및 제30조의4 내지 제30조의7의 규정을 적용하지 아니한다.

② 대안학교는 초등학교·중학교·고등학교의 과정을 통합하여 운영할 수 있다.

③ 대안학교의 설립기준·교육과정·수업연한·학력인정 그 밖에 설립·운영에 관하여 필요한 사항은 대통령령으로 정한다.[본조신설 2005.3.24]

제2조 (다른 법령과의 관계) 「고등학교 이하 각급 학교 설립·운영 규정」은 대안학교의 설립·운영에 대하여 적용하지 아니한다.[전문개정 2009.11.5]

제3조 (시설·설비기준) ① 대안학교의 설립·운영에 필요한 시설·설비기준은 다음 각 호와 같다.

1. 안전·방음·환기·채광·소방 및 배수 등의 면에서 교수·학습에 적합한 교사[校舍(교실, 도서실 등 교수·학습활동에 직·간접적으로 필요한 시설물을 말한다)]

2. 배수가 잘되는 옥외체육장

3. 학생의 통학에 지장이 없는 곳에 위치한 교지[校地(교사용 대지와 옥외체육장용 대지를 합한 용지를 말한다)]

4. 학습에 필요한 도서·기계·기구 등의 교구

5. 수질검사 결과 위생상 무해하다고 판명된 급수시설 및 온수를 공급할 수 있는 시설

② 제1항의 교사 및 옥외체육장의 기준 면적은 각각 별표 1 및 별표 2와 같다.[전문개정 2009.11.5]

제3조의2 (사립 대안학교 교사·교지 등의 소유주체 등) ① 사립 대안학교의 교사 및 교지는 해당 대안학교를 설립·경영하는 자의 소유이어야 한다.

② 제1항에도 불구하고 대안학교의 정원을 기준으로 특별시·광역시·도 또는 특별자치도 교육감(이하 "교육감"이라 한다)이 정하여 고시하는 비율 이상의 「북한이탈주민의 보호 및 정착지원에 관한 법률」 제2조 제1호에 따른 북한이탈주민 및 그 자녀, 「다문화가족지원법」 제2조 제1호에 따른 다문화가족의 자녀, 「재한외국인 처우 기본법」 제2조 제1호에 따른 재한외국인의 자녀 또는 「초·중등교육법」(이하 "법"이라 한다) 제28조에 따른 학습부진아등을 교육대상으로 하는 대안학교를 설립하려는 자가 다음 각 호의 건물·시설 또는 부지를 교육감이 정하여 고시하는 기간 이상 임대하는 경우 그에 해당하는 교사와 교지의 요건을 갖춘 것으로 본다.

□ 북한이탈주민의 보호 및 정착지원에 관한 법률

제2조 (정의) 이 법에서 사용하는 용어의 정의는 다음과 같다.

1. "북한이탈주민"이라 함은 북한에 주소·직계가족·배우자·직장등을 두고 있는 자로서 북한을 벗어난 후 외국의 국적을 취득하지 아니한 자를 말한다.

□ 다문화가족지원법

제2조 (정의) 이 법에서 사용하는 용어의 뜻은 다음과 같다.

1. "다문화가족"이란 다음 각 목의 어느 하나에 해당하는 가족을 말한다.

가. 「재한외국인 처우 기본법」 제2조 제3호의 결혼이민자와 「국적법」 제2조에 따라 출생 시부터 대한민국 국적을 취득한 자로 이루어진 가족

나. 「국적법」 제4조에 따라 귀화허가를 받은 자와 같은 법 제2조에 따라 출생 시부터 대한민국 국적을 취득한 자로 이루어진 가족

□ 초·중등교육법

제28조 (학습부진아등에 대한 교육) 국가 및 지방자치단체는 학습부진 또는 성격장애 등의 사유로 정상적인 학교생활을 하기 어려운 학생 및 학업을 중단한 학생들을 위하여 대통령령이 정하는 바에 의하여 수업일수 및 교육과정의 신축적 운영등 교육상 필요한 시책을 강구하여야 한다.

1) 「폐교재산의 활용촉진을 위한 특별법」 제2조 제1호에 따른 폐교

> □ 폐교재산의 활용촉진을 위한 특별법
>
> 제2조 (정의) 이 법에서 사용하는 용어의 정의는 다음 각호와 같다.
>
> 〈개정 2002.12.5, 2007.1.3, 2007.4.11〉
>
> 1. "폐교"라 함은 「초·중등교육법」 제2조의 규정에 의한 학교로서 학생수의 감소, 학교의
>   통폐합 등의 사유로 폐지된 공립학교를 말한다.

2) 교육감이 안정적 사용이 가능하고 교육상 지장이 없다고 판단하는 건물이나 시설

③ 제1항에도 불구하고 대안학교를 설립하려는 자가 제3조의 기준에 적합한 국가나 지방자치단체의 일반재산을 분할 납부하는 조건으로 매입하는 경우 제1항의 요건을 갖춘 것으로 본다.

④ 제1항에도 불구하고 「도시공원 및 녹지 등에 관한 법률」 제2조 제1호에 따른 공원녹지 또는 국·공립 체육시설 등의 체육장 대용시설을 임대 등을 통하여 확보하는 경우로서 교육감이 안정적 사용이 가능하고 교육상 지장이 없다고 판단하는 때에는 제3조 제1항 제2호의 옥외체육장을 갖춘 것으로 본다.[본조신설 2009.11.5]

> □ 도시공원 및 녹지 등에 관한 법률
>
> 제2조 (정의) 이 법에서 사용하는 용어의 정의는 다음과 같다.〈개정 2008.2.29〉
>
> 1. "공원녹지" 라 함은 쾌적한 도시환경을 조성하고 시민의 휴식과 정서함양에 기여하는
>   다음 각목의 공간 또는 시설을 말한다.
>
> 가. 도시공원·녹지·유원지·공공공지(공공공지) 및 저수지
>
> 나. 도시자연공원구역
>
> 다. 나무·잔디·꽃·지피식물(지피식물) 등의 식생(이하 "식생"이라 한다)이 자라는 공간
>
> 라. 그 밖에 쾌적한 도시환경을 조성하고 시민의 휴식과 정서함양에 기여하는 공간 또는
>   시설로서 국토해양부령이 정하는 공간 또는 시설

제4조 (설립인가) ① 법 제4조 제2항에 따라 사립 대안학교의 설립인가를 받으려는 자는 다음 각 호의 사항이 기재된 서류를 갖추어 교육감에게 신청하여야 한다. 이 경우 교육감은 「전자정부법」 제21조 제1항에 따른 행정정보의 공동이용을 통하여 교지의 지적도를 확인하여야 한다. 〈개정 2008.12.31, 2009.11.5〉

1. 목적

2. 명칭

3. 위치

4. 학칙

5. 학교헌장

6. 경비와 유지방법

7. 설비

8. 삭제 〈2008.12.31〉

9. 교사(체육장을 포함한다)의 배치도·평면도

10. 개교연월일

11. 병설학교 등을 둘 때에는 그 계획서

12. 설립자가 법인인 경우에는 등기 및 출연금 등에 관한 서류

13. 설립자가 사인인 경우에는 경비의 지급 및 변제능력에 관한 서류

14. 교육과정 운영계획서

15. 교직원 배치계획서

② 교육감은 제1항에 따라 대안학교를 설립인가하는 경우 해당 학교의 교육과정 운영계획을 고려하여 그 대안학교를 졸업한 자에게 인정할 수 있는 학력을 설립인가서에 표시하여야 한다. 〈신설 2009.11.5〉

③ 법 제4조 제2항에 따라 사립 대안학교의 설립인가를 받으려는 자가 필요한 시설·설비를 갖추기 전에 대안학교 설립계획서를 교육감에게 제출하는 경우에는 교육감은 설립인가의 가능성 등 대안학교 설립을 위한 협의에 성실히 응하여야 한다. 〈신설 2009.11.5〉

□ 초·중등교육법

제4조 (학교의 설립 등) ① 학교를 설립하고자 하는 자는 시설·설비등 대통령령이 정하는 설립기준을 갖추어야 한다.

② 사립학교를 설립하고자 하는 자는 특별시·광역시 또는 도 교육감(이하 "교육감"이라 한다)의 인가를 받아야 한다.

③ 사립학교를 설립·경영하는 자가 학교를 폐지하거나 대통령령이 정하는 중요사항을 변경하고자 하는 경우에는 교육감의 인가를 받아야 한다.

□ 검토결과

· 설립계획서 제출:「고등학교이하 각급학교 설립·운영 규정(제15조 제2항)」및 동 시행규칙(제2조)의 규정에 근거하고 있으나,「대안학교의 설립·운영에 관한 규정」제2조 규정에 따른 적용 대상이 아님.

· 따라서 '설립계획서' 제출은 설립인가 신청인의 자율이며, 설립인가 신청만으로도 대안학교 설립이 가능

④ 제3항에 따른 대안학교 설립계획서에 포함하여야 할 사항 등 협의에 필요한 사항은 교육감이 정하여 고시한다. 〈신설 2009.11.5〉

제5조 (대안학교설립운영위원회의 구성·운영) ① 대안학교의 설립·운영에 관한 중요사항을 심의하기 위하여 교육감 소속하에 대안학교설립운영위원회(이하 "위원회"라 한다)를 둔다.

② 위원회는 위원장, 부위원장 각 1명을 포함한 7명 이상 9명 이하의 위원으로 구성하되, 대안교육관련 전문가가 과반수가 되도록 하여야 한다.

③ 위원회의 위원장은 관할 시·도 교육청의 부교육감이 되고, 위원은 교육감이 위촉하며, 부위원장은 위원 중에서 호선(互選)한다.

④ 위원회는 위원장이 소집하고, 재적위원 과반수의 출석과 출석위원 과반수의 찬성으로 의결한다.

⑤ 위원회는 다음 각 호의 사항을 심의한다. 〈개정 2009.11.5〉

1. 대안학교의 설립인가·변경인가 및 인가취소에 관한 사항

2. 대안학교의 교육과정 운영 및 제4조 제2항에 따른 인정학력에 관한 사항

3. 대안학교의 평가 및 운영 등에 관한 사항

4. 이 영에서 심의하도록 한 사항

5. 그 밖에 교육감이 필요하다고 인정하는 대안학교의 설립·운영에 관한 사항

⑥ 위원회의 구성·운영에 관하여 그 밖에 필요한 사항은 교육감이 따로 정한다.

제6조 (학력인정) 국·공립 대안학교를 졸업한 자와 제4조에 따라 설립인가를 받은 대안학교를 졸업한 자는 국·공립 대안학교의 설립 시 계획된 학교급 별 또는 사립 대안학교의 설립인가 시 표시된 인정학력에 따라 법 제2조의 초등학교·중학교 또는 고등학교 졸업 학력이 있는 것으로 본다.[전문개정 2009.11.5]

제7조 (학기운영 및 학년제) ① 대안학교의 학기 운영은 학교교육과정을 고려하여 학칙으로 정한다.

② 대안학교의 장은 교육과정 운영상 필요한 경우에는 학년 구분 없이 교육과정을 운영할 수 있다.

제8조 (수업연한 및 수업일수) ① 대안학교의 수업연한은 법 제39조, 제42조 및 제46조 본문에 따른다.〈개정 2009.11.5〉

    □ 초·중등교육법

    제39조 (수업년한) 초등학교의 수업연한은 6년으로 한다.

    제42조 (수업년한) 중학교의 수업연한은 3년으로 한다.

    제46조 (수업년한) 고등학교의 수업연한은 3년으로 한다. 다만, 제49조의 규정에 의한 시간제 및 통신제과정의 수업연한은 4년으로 한다.

② 대안학교의 수업일수는 매 학년 180일 이상으로 한다.

제9조 (교육과정) 대안학교의 교육과정은 대안학교의 장이 학칙으로 정한다. 다만, 「초·중등교육법 시행령」제43조에 따른 교과 중에서 국어 및 사회(중학교와 고등학교 과정의 사회 교과는 국사 또는 역사를 포함한다)를 교육과학기술부장관이 정한 교육과정상 수업시간 수의 100분의 50 이상을 운영하여야 한다.[전문개정 2009.11.5]

> □ 초·중등교육법 시행령
>
> 제43조 (교과) 법 제23조 제3항의 규정에 의한 학교의 교과는 다음 각호와 같다.〈개정 2001.1.29, 2003.1.29, 2008.2.29〉
>
> 1. 초등학교 및 공민학교: 국어, 도덕, 사회, 수학, 과학, 실과, 체육, 음악, 미술 및 외국어(영어)와 교육과학기술부장관이 필요하다고 인정하는 교과
>
> 2. 중학교 및 고등공민학교: 국어, 도덕, 사회, 수학, 과학, 기술·가정, 체육, 음악, 미술 및 외국어와 교육과학기술부장관이 필요하다고 인정하는 교과
>
> 3. 고등학교: 국어, 도덕, 사회, 수학, 과학, 기술·가정, 체육, 음악, 미술 및 외국어와 교육과학기술부장관이 필요하다고 인정하는 교과
>
> 4. 특수학교 및 고등기술학교 : 교육과학기술부장관이 정하는 교과

제10조 (교과용 도서) ① 대안학교의 장은 「교과용 도서에 관한 규정」에 따른 국정도서, 검정도서, 인정도서 중에서 선택하여 사용할 수 있다.

② 대안학교의 장은 자체 개발한 도서를 교과용으로 사용할 수 있다. 다만, 이 경우에는 해당 도서를 학교에 갖추어 두어야 한다. 〈개정 2009.11.5〉

제10조의2 (교직원의 배치기준) ① 초등학교 과정의 대안학교에는 교장·교감을 포함하여 학급마다 교사 1명을 배치한다.

② 중·고등학교 과정의 대안학교에는 교장·교감 외에 3학급까지는 학급마다 2명의 교사를, 3학급을 초과할 때에는 1학급이 증가할 때마다 1명의 비율로 교사를 더 배치한다.

③ 학생수가 100명 이하이거나 학급수가 5학급 이하인 대안학교의 경우에는 교감을

두지 아니할 수 있다.

④ 법 제60조의3 제2항에 따라 통합하여 운영하는 대안학교의 경우에는 각 학교 급별 배치기준을 합한 기준을 적용하되, 학교운영 및 교육에 지장이 없는 범위에서 교직원을 겸임하게 하는 경우 각각의 교직원이 있는 것으로 본다.

⑤ 법 제19조 제2항에 따라 대안학교에는 직원을 1명 이상 둔다.

⑥ 초등학교 과정의 대안학교를 설립인가하는 경우 교육감은 제1항에도 불구하고 대안학교의 소재지역, 교육대상 등을 고려하여 특히 필요한 경우에는 교육과학기술부장관과 협의하여 교직원의 배치기준을 완화할 수 있다.

⑦ 제1항부터 제4항까지의 규정에도 불구하고 그 배치기준에 따라 필요한 교원정원의 3분의 1 이내의 수를 법 제22조에 따른 산학겸임교사 등으로 대치할 수 있다.[본조신설 2009.11.5]

제11조 (학교생활기록 및 건강검사기록 유지) 대안학교의 장은 다음 각 호 사항이 기록된 것으로서 학교의 학업 성취도 등 학생 생활에 관한 기록 및 「학교보건법」 제7조의3 제1항에 따른 건강검사기록 중 학생의 진학이나 전학에 필요한 내용을 적절한 방법으로 기록·관리할 수 있다.

1. 인적사항
2. 학적사항
3. 출결상황
4. 자격증 및 인증취득상황
5. 교과학습발달상황
6. 행동특성 및 종합의견

□ 학교보건법

제7조의3 (건강검사기록) ① 학교의 장은 제7조에 따라 건강검사를 하였을 때에는 그 결과를 교육과학기술부령으로 정하는 기준에 따라 작성·관리하여야 한다.〈개정 2008.2.29〉

② 학교의 장이 제1항에 따라 건강검사 결과를 작성·관리할 때에 「초·중등교육법」 제30조의4에 따른 교육정보시스템을 이용하여 처리하여야 하는 자료는 다음과 같다.〈개정

2008.2.29)

1. 인적사항

2. 신체의 발달상황 및 능력

3. 그 밖에 교육목적을 이루기 위하여 필요한 범위에서 교육과학기술부령으로 정하는 사항

③ 학교의 장은 소속 학교의 학생이 전출하거나 고등학교까지의 상급학교에 진학할 때에는 그 학교의 장에게 제1항에 따른 자료를 넘겨 주어야 한다.[전문개정 2007.12.14]

제12조 (국·공립 대안학교의 위탁운영) ① 국·공립 대안학교의 설립자는 위탁운영계약을 통하여 「사립학교법」 제2조 제2항에 따른 학교법인과 그 밖에 안정적으로 대안교육을 실시할 수 있다고 판단되는 자에게 대안학교의 운영을 위탁할 수 있다.

② 국·공립 대안학교의 설립자가 대안학교를 제1항에 따라 위탁하여 운영하려는 때에는 위탁업무의 범위, 수탁법인의 선정절차 등이 포함된 위탁운영계획을 수립하고 이를 공고하여야 한다.

③ 제2항의 위탁운영계획을 수립할 때에는 다음 각 호의 사항이 달성될 수 있도록 하여야 한다.

1. 대안학교 운영의 안정적이고 계속적인 이행이 가능할 것

2. 대안학교 운영의 책임체제가 명확할 것

3. 학생의 개인정보가 보호될 수 있도록 할 것

④ 공립 대안학교의 설립자가 제2항의 위탁운영계획을 수립할 때에는 위원회의 심의를 거쳐야 한다.

⑤ 국·공립 대안학교의 설립자는 제1항에 따라 대안학교의 운영을 위탁하는 경우에는 다음 각 호에 관한 사항을 위탁계약의 내용에 포함하여야 한다.

1. 운영 위탁대안학교의 명칭

2. 위탁대상업무 등 위탁의 범위

3. 위탁계약기간

4. 위탁계약기간의 수정·갱신에 관한 사항

5. 위탁계약의 해지에 관한 사항

6. 위탁계약 해지 시 업무처리에 관한 사항

7. 위탁운영 비용 지급에 관한 사항

8. 회계 구분에 관한 사항

9. 공무원인 교직원을 위탁운영하는 대안학교에 파견하는 경우 그 업무 구분에 관한 사항

⑥ 국·공립 대안학교의 설립자는 위탁운영계약을 체결하는 경우 수탁법인의 명칭, 위탁업무의 범위, 위탁운영 개시일자 등을 고시하여야 한다. 위탁계약이 해지되거나 변경된 때에도 또한 같다.[본조신설 2009.11.5]

제13조 (다른 학교 학생의 위탁교육) ① 대안학교는 재학생 외에 다른 학교 학생을 위탁받아 대안교육을 할 수 있다.

② 제1항에 따른 위탁교육기간은 학교장 간 협의에 따라 정한다.

③ 제1항에 따라 위탁교육을 받은 학생은 위탁교육기간이 종료된 후 재학 중인 학교로 복귀하여야 한다.

④ 제3항에도 불구하고 위탁교육을 받은 학생이 원하는 경우 학교장 간 협의에 따라 위탁교육을 받은 대안학교로 전학할 수 있다. 이 경우 위탁교육을 받은 학생이 「교육기본법」 제8조에 따른 의무교육 대상자인 경우에는 보호자의 행방불명 등 부득이한 사유가 없으면 보호자의 동의가 있어야 한다.

> □ 교육기본법
>
> 제8조 (의무교육) ① 의무교육은 6년의 초등교육과 3년의 중등교육으로 한다.
>
> ② 모든 국민은 제1항에 따른 의무교육을 받을 권리를 가진다.

⑤ 제1항부터 제4항까지에서 규정한 사항 외에 위탁교육을 받을 학생의 선정기준, 학사관리에 관한 사항 등 대안학교의 위탁교육에 필요한 사항은 교육감이 정하여 고시한다.[본조신설 2009.11.5]

제14조 (입학전형 등) 대안학교의 장은 입학전형 및 학생 선발시기에 관하여 필요한 사

항을 학칙으로 정한다.[본조신설 2009.11.5]

제15조 (보고) 대안학교의 장은 교육과학기술부장관 또는 교육감이 정하는 바에 따라 매년 4월 1일 현재의 시설·설비 및 교원 등의 보유현황을 4월 30일까지 교육과학기술부장관 또는 교육감에게 보고하여야 한다.[본조신설 2009.11.5]

부칙 〈제20116호, 2007.6.28〉

제1조 (시행일) 이 영은 공포한 날부터 시행한다.

제2조 (설립절차에 관한 경과조치) ① 2008학년도 제1학기 개교를 예정으로 이 영에 따른 대안학교를 설립하고자 하는 자는 고등학교 이하 각급학교 설립·운영에 관한 법령에 따른 시한에 불구하고 개교예정일 4개월 이전까지 학교설립계획서 제출과 학교법인 설립허가신청 및 학교설립인가신청을 함께 할 수 있다.

② 교육감은 제1항에 따라 학교설립인가신청 등을 받은 때에는 고등학교 이하 각급학교 설립·운영에 관한 법령에 따른 시한에 불구하고 해당 학교의 개교 예정일 1개월 이전까지 승인·허가 및 인가여부를 신청인에게 통보하여야 한다.

제3조 (다른 법령의 개정) 초·중등교육법 시행령 일부를 다음과 같이 개정한다.

제96조 제1항에 제4호를 다음과 같이 신설한다.
4. 「대안학교의 설립·운영에 관한 규정」 제6조에 따라 초등학교 학력인정 지정을 받은 대안학교를 졸업한 자
제97조 제1항에 제6호를 다음과 같이 신설한다.
6. 「대안학교의 설립·운영에 관한 규정」 제6조에 따라 중학교 학력인정 지정을 받은 대안학교를 졸업한 자
제98조 제1항에 제8호를 다음과 같이 신설한다.

8. 「대안학교의 설립·운영에 관한 규정」 제6조에 따라 고등학교 학력인정 지정
을 받은 대안학교를 졸업한 자

부칙 〈제20740호, 2008.2.29〉 (교육과학기술부와 그 소속기관 직제)

제1조(시행일) 이 영은 공포한 날부터 시행한다.

　　제2조부터 제6조까지 생략

제7조(다른 법령의 개정) ① 부터 〈21〉까지 생략

　　〈22〉 대안학교의 설립·운영에 관한 규정 일부를 다음과 같이 개정한다.

　　제9조 제1항 단서 중 "교육인적자원부장관"을 "교육과학기술부장관"으로 한다.

　　〈23〉부터 〈102〉까지 생략

부칙 〈제21215호, 2008.12.31〉

(행정정보의 공동이용 및 문서감축을 위한 개별소비세법 시행령 등 일부개정령)
이 영은 공포한 날부터 시행한다.

부칙 〈제21809호, 2009.11.5〉

제1조 (시행일) 이 영은 공포한 날부터 시행한다.

제2조 (경과조치) 교육감은 이 영 시행 당시 종전의 규정에 따라 설립인가를 받은 대안
학교가 제9조의 개정규정에 따른 교육과정을 충족하는 경우 제4조 제2항의 개정규
정에 따라 해당 대안학교를 졸업한 자에게 인정할 수 있는 학력을 설립인가서에 표
시하여 이를 재교부하여야 한다.

제3조 (다른 법령의 개정) ① 고등학교 이하 각급 학교 설립·운영 규정 일부를 다음과 같이 개정한다.

제1조 중 "각종학교"를 "각종학교(대안학교는 제외한다)"로 한다.

② 초·중등교육법 시행령 일부를 다음과 같이 개정한다.

제96조 제1항 제4호 중 "초등학교 학력인정 지정을 받은 대안학교를 졸업한 자"를 "초등학교 과정 학력인정을 받은 자"로 한다.

제97조 제1항 제6호 중 "중학교 학력인정 지정을 받은 대안학교를 졸업한 자"를 "중학교 과정 학력인정을 받은 자"로 한다.

제98조제1항제8호 중 "고등학교 학력인정 지정을 받은 대안학교를 졸업한 자"를 "고등학교 과정 학력인정을 받은 자"로 한다.

별표 2의 산학겸임교사란의 제1호 중 "특성화중학교 및 특성화고등학교"를 "특성화중학교, 특성화고등학교 및 대안학교"로 한다.

[별표 1] 〈신설 2009.11.5〉

교사의 기준면적 (제3조 제2항 관련)

(단위: ㎡)

학교	학생수 별 기준면적	
초등학교 과정	120명 이하	121명 이상
대안학교	3.5×총학생정원	120+2.5×총학생정원
중학교 과정	60명 이하	61명 이상
대안학교	7×총학생정원	210+3.5×총학생정원
고등학교 과정	60명 이하	61명 이상
대안학교	7×총학생정원	180+4×총학생정원

비고
1. 총학생정원은 각급학교의 전 학년의 학생정원을 말한다.
2. 「초·중등교육법」 제60조의3 제2항에 따라 통합하여 운영하는 대안학교의 경우에는 각 학교 급별 기준면적을 합한 면적을 적용한다.

[별표 2] 〈신설 2009.11.5〉

옥외체육장의 기준면적 (제3조 제2항 관련)

(단위: ㎡)

학교	학생수 별 기준면적	
초등학교 과정	120명 이하	121명 이상
대안학교	1,500	1,350+0.5×총학생정원
중학교 과정	60명 이하	61명 이상
대안학교	2,000	2,025+0.5×총학생정원
고등학교 과정	60명 이하	61명 이상
대안학교	2,000	2,325+0.5×총학생정원

비고
1. 총학생정원은 각급학교의 전학년의 학생정원을 말한다.
2. 수영장·체육관·강당·무용실 등 실내체육시설이 있는 경우 실내체육시설 바닥면적의 2배 면적은 제외할 수 있다.
3. 「초·중등교육법」 제60조의3 제2항에 따라 통합하여 운영하는 대안학교의 경우에는 총학생 정원을 최상급학교의 학생정원으로 보아 적용한다.

3. 기독교대안학교 관련 석박사 논문 목록(1960~2012년)

번호	학위	제목	저자	출판사	출판일
1	석사	한국에서 적용가능한 기독교 대안학교 모형연구	김태연	총신대학교	1999
2	석사	기독교형 대안학교의 실천사례와 모형연구	한만오	기독신학대학원 대학교	2001
3	석사	대안학교 교육에 대한 기독교 교육적 성찰	김영성	계명대학교	2001
4	석사	기독교형 대안학교의 실천사례와 모형연구	김광태	한세대학교 대학원	2002
5	석사	생명을 추구하는 기독교교육 : 풀무농업고등기술학교를 중심으로	이성재	감리교신학대학교 대학원	2002
6	석사	생태학적 기독교대안학교에 대한 연구 : 풀무농업고등기술학교를 중심으로	이시호	서울신학대학교 대학원	2002
7	석사	우리나라 기독교대안학교 사례연구	오인탁 장선희	연세대학교 교육대학원	2002
8	석사	기독교대안학교 학생들의 영성 생활연구	신대호	명지대학교 사회교육대학원	2003
9	석사	기독교적 대안학교의 모형연구	유길상	장로회신학대학교 교육대학원	2003
10	석사	기독교대안학교의 교사상에 관한 연구	김재림	총신대학교 교육대학원	2004
11	석사	기독교대안학교의 운영 및 실태분석에 관한 연구	황규석	총신대학교 교육대학원	2004
12	석사	대안학교에 대한 기독교교육적 고찰	신혜영	총신대학교 교육대학원	2004
13	석사	새로운 기독교대안학교 유형에 관한 연구	권순극	영남신학대학교 신학대학원	2004
14	석사	EPIC 문화시대의 기독교교육 : P세대에 대한 발도르프 대안학교식 접근	전용우	목원대학교 신학대학원	2004
15	석사	기독교 대안교육의 한 실험 : 꿈나제청소년학교를 중심으로 연구	이재문	한일장신대학교 아시아태평양 국제신학대학원	2005
16	석사	사례를 통해서 본 기독교 대안교육의 성격 연구	임민정	한신대학교 대학원	2005
17	석사	기독교 대안교육과 학교운영의 방향성 연구	조성현	서울장신대학교 신학대학원	2006
18	석사	기독교대안교육운동의 한계성과 가능성 연구	황영숙	총신대학교 교육대학원	2006
19	석사	기독교 대안교육의 현황과 과제	정경수	숭실대학교 기독교학대학원	2006
20	석사	기독교적 대안학교에 관한 모형연구 : 세인고등학교, 풀무농업고등기술학교 사례를 통해	배유태	한일장신대학교 신학대학원	2006
21	석사	기독교초등대안학교의 교육과정 비교연구 : 어린이학교, 두레학교, 샘물학교를 중심으로	이희순	장로회신학대학교 대학원	2006

22	석사	기독이념형 대안학교 모형개별 연구	우제영	연세대학교 정경대학원	2006
23	석사	기독교대안학교의 교육과정에 대한 연구	권민정	한세대학교 영산신학대학원	2007
24	석사	기독교대안학교의 현황과 전망에 관한 연구 : 기독교대안학교의 교육사례 중심으로	윤경은	한세대학교 영산신학대학원	2007
25	석사	하나님나라를 지향하는 통전적 기독교대안학교 교 육에 관한 연구	양윤영	장로회신학대학교 교육대학원	2007
26	석사	한국 기독교대안학교의 운영개선에 관한 연구	전민배	성균관대학교 교육대학원	2007
27	석사	기독교대안학교의 종교활동 만족도와 학교생활 만족도의 관계	백성현	전북대학교 교육대학원	2008
28	석사	기독교학교의 교사교육과정 연구: 두레학교, 샘물 학교, 수원중앙기독초등학교를 중심으로	박병주	장로회신학대학교 대학원	2008
29	박사	한국의 기독교 대안학교 교육에 대한 개혁주의적 고찰	정영찬	고신대학교 대학원	2008
30	박사	기독교 대안학교 발전방안 모색 -신앙공동체 이론을 중심으로-	곽광	성결대학교 대학원	2009
31	박사	기독교 대안학교의 교육원리와 그 실천방안	정병원	총신대학교 일반대학원	2009
32	석사	기독교 대안학교 정체성의 위기와 바람직한 방향모색 : 국제 기독교학교를 중심으로	김종백	순복음대학원 대학교	2010
33	박사	기독교 대안학교와 일반 대안학교의 교육과정 비교 연구	고형섭	안양대학교 교육대학원	2011

4. 2011 기독교대안학교 실태조사 설문지

기독교대안학교 실태조사 설문지

안녕하십니까?

기독교학교교육연구소입니다. 이번에 본 연구소에서는 기독교대안학교의 실태분석 연구를 수행하고 있습니다.

본 조사의 내용은 맞고 틀린 답이 있는 것이 아니며, 설문에 응답하여 주신 내용은 향후 기독교대안학교 교육의 발전 방향을 모색하는 데 귀중한 자료로 사용될 것이며, 설문의 결과는 연구 목적 이외에는 사용되지 않을 것을 약속드립니다. 2011년 11월 27일(일)까지 연구소로 회신해 주시면 감사하겠습니다. 여러분의 적극적인 협조를 부탁드립니다. 바쁘신 중에도 본 연구에 협조해 주셔서 감사드리며, 귀하의 고견을 소중히 사용하겠습니다.

다시 한 번 설문에 응해 주신 데 대해 감사합니다.

2011년 11월
기독교학교교육연구소 소장 박상진 드림

· 각 학교에 실태조사 설문지 담당자를 정하여서 아래의 질문에 정확하게 대답해 주시기 바랍니다.

담당자	이름		보직	
	핸드폰		이메일	
학교	전화번호		팩스	
	홈페이지		주소	

· 〈학교의 기초사항〉에 대한 질문입니다. 아래의 사항에 정확하게 대답해 주시기 바랍니다.

1. 학교 명 : ＿＿＿＿＿＿＿＿＿＿＿

2. 법적 지위에 따른 학교 유형

① 대안교육 특성화학교　　② 인가대안학교　　③ 미인가대안학교

④ 대안교육 위탁기관　　⑤ 기타(　　)

3. 개교년도 : ＿＿＿＿년 ＿＿월

4. 설립 주체

　　① 특정 개인

　　② 교회(교회명 :＿＿＿＿＿＿＿＿ 교단명 :＿＿＿＿＿)

　　③ '사립학교법'에 의한 학교법인(법인명 :＿＿＿＿＿＿)

　　④ '공익법인의 설립·운영에 관한 법률'에 의한 공익법인

　　⑤ '민법'상 법인

　　⑥ 법인이 아닌 단체(교사 및 학부모 공동체 등)

　　⑦ 기타(　　　　　　　)

5. 운영 주체

　　① 설립주체와 동일　　　　　　② 설립주체와 다름

　　5-1) 설립주체와 다를 경우 운영주체에 대해 응답해 주세요.

　　　　① 특정 개인

　　　　② 교회(교회명 :＿＿＿＿＿＿＿＿ 교단명 :＿＿＿＿＿)

　　　　③ '사립학교법'에 의한 학교법인(법인명 :＿＿＿＿＿＿)

　　　　④ '공익법인의 설립·운영에 관한 법률'에 의한 공익법인

　　　　⑤ '민법'상 법인

　　　　⑥ 법인이 아닌 단체(교사 및 학부모 공동체 등)

　　　　⑦ 기타(　　　　　　　)

· 〈학교의 조직 및 운영〉에 대한 질문입니다. 아래의 사항에 정확하게 대답해 주시기 바랍니다.

6. 학교 급

　　＿＿＿＿＿＿학년부터 ＿＿＿＿＿＿학년까지(ex. 초등6학년부터 중등3학년까지)

7. 학교 교육 목표를 서술하시오.

　　＿＿＿＿＿＿＿＿＿＿＿＿＿＿＿＿＿＿＿＿＿＿＿＿＿＿＿＿＿＿＿＿＿

　　＿＿＿＿＿＿＿＿＿＿＿＿＿＿＿＿＿＿＿＿＿＿＿＿＿＿＿＿＿＿＿＿＿

8. 학교 주소 (새주소로 명시)

_____

9. 학교유형을 두 가지 범주로 나눌 때, 해당되는 사항에 모두 ∨표를 하세요.

   1) ① 기숙형   ② 통학형   ③ 혼합형(선택형)

   2) ① 도시형   ② 전원형   ③ 절충형[36]

10. 다음은 이사회에 대한 질문입니다. 해당사항에 ∨표를 하세요.

질문	네	아니오
우리 학교에는 이사회가 있다.		
매년 정기적인 이사회의를 하고 있다.		

11. 학부모에 대한 질문입니다. 해당사항에 ∨표를 하세요.

질문	네	아니오
우리 학교에는 학부모 기도회가 있다.		
우리 학교에는 학부모 운영위원회가 있다.		
정기적인 학부모교육을 하고 있다.		

12. 학부모교육이 있다면 학교에서 시행하고 있는 교육에 모두 ∨표를 하시오.

   1) 예비 학부모교육   ① 예   ② 아니오

   2) 초임 학부모교육   ① 예   ② 아니오

   3) 학부모 계속교육   주중 1회 / 학기 중 연수 / 방학 중 교육 / 외부 기관 교육

13. (연구용) 다음 항목에 해당사항이 있으면 ∨표를 하세요.

입학 시 내는 기부금	① 없다	② 100만원 미만	③ 100만원 이상-300만원 미만
	④ 300만원 이상-500만원 미만	⑤ 500만원 이상-1,000만원 미만	⑥ 1,000만원 이상
입학 시 내는 예탁금	① 없다	② 100만원 미만	③ 100만원 이상-300만원 미만
	④ 300만원 이상-500만원 미만	⑤ 500만원 이상-1,000만원 미만	⑥ 1,000만원 이상
월 수업료 (1년 총 학비를 12개월로 나눈 평균 수업료)	① 없다	② 10만원 미만	③ 10만원 이상-30만원 미만
	④ 30만원 이상-50만원 미만	⑤ 50만원 이상-100만원 미만	⑥ 100만원 이상-150만원 미만
	⑦ 150만원 이상		
장학금	연 등록금 총액 대비 장학금 지출 비율 %		

---

36) 도시 가까이에 있으면서 기숙사 생활은 하지 않지만, 전원형을 추구하는 학교.

14. (연구용) 학교 총 예산 세입 현황을 쓰시오.

   1) 연 총 세입 _____원

   2) 세입 비율(재단 : _____%, 학생 부담금 : _____%, 후원금 : _____%, 기타 : _____%)

15. 학교가 소속된 단체에 모두 ∨표를 하세요.

   ① 기독교대안학교연맹   ② ACSI KOREA

   ③ 기독교학교교육연구소   ④ 대안교육연대   ⑤ 기타(   )

· 〈교직원〉에 대한 질문입니다. 아래의 사항에 정확하게 대답해 주시기 바랍니다.

16. (연구용) 교직원 선발 방법(해당되는 것에 모두 ∨표를 하시오)

추천서	세례교인 증명서	이력서	자기소개서	캠프
면접	독후감	수업시연	포트폴리오	기타( )

17. (연구용) 교지원 선발 기준(우선순위대로 1, 2, 3순위를 뽑으시오)

① 인성   ② 영성   ③ 교사 자격증 여부 ④ 교사 경력   ⑤ 소명 의식 ⑥ 외국어 구사 능력 ⑦ 학교 이념 동의 ⑧ 예비교사교육 참여 ⑨ 교과에 대한 기독교세계관 해석능력 ⑩ 선교단체 훈련 여부 ⑪ 기타(   )

      1순위 : _____   2순위 : _____   3순위 : _____

18. 교직원수(직위 별, 성별)

교장	교감	교목	부장 교사	교사	양호 교사	사서 교사	특수 교사	기간제 교사	시간 강사	자원 교사	상담 교사	봉사자	행정인력		남	여	계
													상근	비상근			

19. (연구용) 자격증 취득 교직원수

교장	교감	정교사		산학 겸임교사[37]	특수 교사	사서 (교사)	보건 (교)사	상담 (교)사	영양 (교)사	교원자격증 미소지자	계
		초등	중등								

20. (연구용) 교원경력별 교직원 수(공교육 + 대안학교 + 대학 교직 경력)

3년 미만	3년 이상~5년 미만	5년 이상~7년미만	7년 이상~10년 미만	10년 이상	계

21. (연구용) 교사 교육(학교에서 시행하고 있는 교사 교육에 모두 ∨표를 하시오)

1) 예비 교사교육   ① 예   ② 아니오

2) 초임 교사교육   ① 예   ② 아니오

3) 교사 계속교육   · 주중 1회   · 학기 중 연수   · 방학 연수

                 · 외부 기관 연수   · 자체 연구모임   · 국가기관 연수

                 · 대학원 및 유학 지원   · 기타(   )

22. (연구용) 현 교장에 해당되는 사항에 모두 ∨표를 하시오.

① 설립 교회 담임목회자   ② 목회자

③ 일반 학교의 교사경험이 있는 자   ④ 대안학교의 교사경험이 있는 자

⑤ 교육학 전공자(교과교육학 포함)   ⑥ 박사 학위 이상 소지자

23. (연구용) 초임 교원 월 급여 수준

① 100만원 미만   ② 100만원 이상~150만원 미만   ③ 150만원 이상~200만원 미만

④ 200만원 이상~250만원 미만   ⑤ 250만원 이상-300만원 미만   ⑥ 300만원 이상

---

37) 산학겸임교사란, ① 전문대학졸업자 또는 이와 동등 이상의 학력자로서 산업체(특성화 중학교 및 특성화 고등학교의 경우에는 종교 단체를 포함한다)에서 담당과목과 관련되는 분야의 직무에 5년 이상 근무한 자, ② 국가기술자격법에 의한 기술 기능분야의 산업기사 이상, 서비스분야의 산업기사 이상의 자격증소지자(자격기본법에 의한 민간자격소지자로서 임용권자가 이와 동등한 능력이 있다고 인정하는 자를 포함한다)로서 산업체에서 담당과목과 관련되는 분야의 직무에 5년 이상 근무한 자, ③ 임용권자가 인정하는 국제대회(문화예술 체육 기능 분야) 입상자로서 담당과목과 관련되는 분야의 직무에 5년 이상 근무한 자, ④ 중요무형문화재의 보유자, 전수교육조교, 명장 등으로서 담당과목과 관련되는 분야의 전문성이 인정되는 자, ⑤ 제1호 내지 제4호와 유사한 자격이 있는 자로서 교육감이 따로 정하는 자격기준에 해당하는 자.

· 〈학생 및 시설〉에 대한 질문입니다. 아래의 사항에 정확하게 대답해 주시기 바랍니다.

24. 학급수 와 학생 정원 및 재학생수

학년		초1	초2	초3	초4	초5	초6	중1	중2	중3	고1	고2	고3	계
학급수														
정원														
재학생	남													
	여													

25. 기타 학생현황

	학생수	비율(%)		학생수	비율(%)
기독교 가정의 학생			장애 학생		
다문화 가정 학생			해외 유학 경험 학생		
북한 이탈 청소년 가정 학생			일반 학교의 부적응 학생		

26. 졸업생 현황

1) 졸업생 최초 배출 년도 _____ 년

2) 2011년 5월 현재까지 배출한 졸업생 누적수 초등: ____명, 중등: ____명, 고등: ____명

27. 신입생 전형 방법

전형방법	전형 요소	
· 선발전형 · 추첨전형 · 선착순 전형 · 기타( )	· 전학교 내신 · 관련 수상 실적 · 봉사활동 등 관련 경력 · 면접(학생) · 면접(학부모)	· 집단 토론 등 체험관찰 · 논술(자기소개서 포함) · 자체 지필시험 · 포트폴리오 · 기타( )

28. 기타 학생 선발 조건에 해당하는 것에 ∨표를 하세요.

선발 대상 기준	네	아니오	선발 대상 기준	네	아니오
부모가 기독교인이어야 한다.			입학 이후 사교육을 받지 않아야 한다.		
학생이 기독교인이어야 한다.			수업에 있어 기본적인 영어 소통 능력이 필요한 사람이어야 한다.		
정기적인 학부모 교육에 반드시 참여해야 한다.			설립 및 운영교회 교인 자녀이어야 하거나 입학우선권이 주어진다.		

29. 학교시설 소유형태

① 자가　　② 전세　　③ 월세　　④ 장기임대　　⑤ 기타( )

30. 학교 공간의 특징

① 학교독립건물　　② 교회건물사용　　③ 건물임대　　④ 기타(　　　　　　)

31. 학교보유 시설(아래 기재된 시설 외 더 있는 경우 추가해 적어 주십시오〈ex. 기숙사, 체육관, 강당〉)

시설	운동장	교실	과학실	양호실	미술실	음악실	교무실	도서관	컴퓨터실	식당				
수														

· 〈교육과정〉에 대한 질문입니다. 아래의 사항에 정확하게 대답해 주시기 바랍니다.

32. 교과서 사용 현황

① 국정교육과정에 따른 교과서를 사용한다.　② 외국교과서를 (그대로 혹은 번역하여) 사용한다.
③ 학교 자체 내에서 개발한 교과서를 사용한다. ④ 기독교세계관으로 재구성한 교과서를 사용한다.
⑤ 교과 별로 다르다.　　　　　　　　　　　⑥ 기타(　　　　　　　　　　)

32-1) 교과별로 다를 경우 기재해 주세요.

과목	초등				중등				고등			
	국정	외국	자체제작	기독교세계관	국정	외국	자체제작	기독교세계관	국정	외국	자체제작	기독교세계관
예) 국어	V							V				V

33. 외국 이동 수업 프로그램

① 있다　　　　　　　　　　　② 없다

33-1) 외국 이동 수업 프로그램이 있는 경우 기재해 주세요.

나라	시기	기간	참석여부 (전원참석/부분참석)	기타
예) 중국	중학교 2학년	6개월	전원참석	

34. 특성화 교과에 대한 질문입니다. 해당되는 것에 ∨표 한 후 기타 다른 프로그램을 서술하시오.

활동유형 및 수	
유형	프로그램 이름
신앙교육	· 채플 · QT · 성경공부(수업) · 단기선교 · 절기교육 기타 프로그램
인성 및 체험교육	· 성품교육 · 멘토링 · 국토순례 · 봉사활동 · 견학 및 탐방 기타 프로그램
평화 및 생태교육	· 평화교육 · 통일교육 · 노작 · 목공실습 · 다문화교육 · 가정실습 · 환경교육 기타 프로그램
특기적성교육	· 공연예술 · 사진 및 영상 · 음악활동 · 미술활동 · 체육활동 · 독서 · 영어캠프 · 컴퓨터교육 기타 프로그램
기타 교육 (학교의 특성이 나타나는 교육과정을 쓰시오)	

35. 총 수업 일수

1학기 : _____(일)   2학기 : _____(일)

36. 학교의 전반적인 교육과정과 그 특징을 간단한 표나 글로 서술해 주세요(이는 '기독교대안학교 가이드'에 개별 학교 소개에 들어갈 예정입니다. 분량은 1/2페이지가 넘지 않게 기술해 주시기 바랍니다).

설문에 응답해 주셔서 감사합니다.